SOY
LA DUEÑA

SANJUANA MARTINEZ

DISCARD

SOY LA DUEÑA

UNA HISTORIA DE PODER Y AVARICIA

temas 'de hoy.

Diseño de portada: Estudio la fe ciega / Domingo Martínez
Fotografía de portada: AFP/ Anadolu Agency
Fotografía de la autora: Marina Taibo
Fotografías en interiores: Páginas 1 y 3, Saúl López / Cuartoscuro.com;
página 5, Cuartoscuro.com; páginas 9 y 15, Sanjuana Martínez; página 14,
Adolfo Vladimir / Cuartoscuro.com

© 2016, Sanjuana Martínez

Derechos reservados

© 2016, Editorial Planeta Mexicana, S.A. de C.V.
Bajo el sello editorial TEMAS DE HOY[M.R.]
Avenida Presidente Masarik núm. 111, Piso 2
Colonia Polanco V Sección
Deleg. Miguel Hidalgo
C.P. 11560, Ciudad de México
www.planetadelibros.com.mx

Primera edición: noviembre de 2016
ISBN: 978-607-07-3652-0

Impreso en los talleres de Litográfica Ingramex, S.A. de C.V.
Centeno núm. 162-1, colonia Granjas Esmeralda, Ciudad de México
Impreso y hecho en México / *Printed and made in Mexico*

A Nubia Macías, amiga del alma
y compañera de batallas

Introducción

La consorte inconveniente

> El que tiene mucho desea más, lo cual demuestra que no tiene bastante; pero el que tiene bastante ha llegado a un punto al que el rico no llega jamás.
>
> — Séneca

BAJO LA OPACIDAD, el puesto de primera dama en México ofrece todo tipo de beneficios para quien lo ostenta. Oficialmente no existe presupuesto destinado a tan importante labor. Tampoco son publicados los gastos que eroga la consorte del presidente. Mucho menos las funciones que realiza, la estructura de su oficina, el personal a su servicio, las compras para su hogar, comida, vestimenta y accesorios, o bien la bitácora del uso de aeronaves, camionetas, escoltas… Nada.

Es el puesto más difuso y menos transparente. Ni siquiera está contemplado en la Constitución. Ni regulado. Oficialmente, la primera dama tiene el título de «anfitriona» de Los Pinos y carece de sueldo, aunque los beneficios que recibe con cargo al erario son permanentes durante todo el sexenio e incluso después, gracias a las extraordinarias pensiones vitalicias de sus maridos.

De hecho, existe la Dirección General Adjunta de Apoyo a las Actividades de la Esposa del Ciudadano Presidente. Hay personal destinado a auxiliar a la primera dama; también un presupuesto a su servicio, pero toda esa información es «confidencial», «inexistente», porque la señora «no es funcionaria pública».

En cada sexenio, las primeras damas cambian a su antojo las reglas del juego. Todo está basado en un anárquico sistema de usos y costumbres. Así lo demuestran las historias de las cinco ex primeras damas que sobreviven: Paloma Cordero, viuda de Miguel de la Madrid; Cecilia Occelli, ex esposa de Carlos Salinas de Gortari; Nilda Velasco, esposa de Ernesto Zedillo; Marta Sahagún, esposa de Vicente Fox, y Margarita Zavala, esposa de Felipe Calderón Hinojosa. Pero ninguna de ellas ha recibido el encono y el desprecio popular como Angélica Rivera, esposa de Enrique Peña Nieto.

Su ostentoso estilo de vida, en un país donde más de la mitad de la población vive en condiciones de pobreza, ha marcado su paso por Los Pinos. La Primera Dama ha abierto las puertas de su casa a la prensa rosa y su vida personal al espectro mediático de los espectáculos. La farándula en la política, el *reality show* de la familia presidencial, un vodevil cuya esencia se centra en la frivolidad y el lujo.

Sin pudor alguno, Angélica Rivera se ha cubierto de riquezas, ha exhibido sus propiedades y el súbito incremento de su patrimonio. Rechazó dirigir la labor social en el Desarrollo Integral de la Familia (DIF), una de las instituciones más opacas de la administración gubernamental y cuyas funciones son tan difusas como el cargo de primera dama. Prefirió ser «presidenta honoraria» del Consejo Consultivo, pero sin agenda social propia. Insensible a los problemas que afectan a los ciudadanos, no le interesaron la lucha contra las adicciones, los asuntos de la niñez mexicana ni el combate a la pobreza.

En cambio, se convirtió en la consorte perfecta. La mujer que acompaña a su esposo en sus viajes oficiales por el mundo, viajes que aprovecha para lucir su guardarropa, joyas, bolsos, zapatos y su millonario gusto por la alta costura.

De la admirada y amada «Gaviota» televisiva pasamos muy pronto a la abucheada Angélica Rivera. La sospecha de la corrupción la persigue a dondequiera que va. La sombra de la duda sobre sus riquezas han provocado un rechazo de ciudadanos hartos de una clase política señalada por el saqueo y el robo del erario.

Soy la dueña: una historia de poder y avaricia cuenta con detalle la acumulación de riqueza y el conflicto de interés que rodea a la pareja presidencial. A través de una investigación minuciosa con testimonios, documentos y fotos es posible ir armando el rompecabezas de los escándalos de corrupción y el lujoso estilo de vida que hay detrás de la Primera Dama.

El libro empieza con la trama que llevó a *la Gaviota* a convertirse en la novia y después en la esposa de Enrique Peña Nieto, una historia marcada por la ambición de poder y dinero. En las primeras páginas están los entresijos del plan para llevar a Peña Nieto al poder. Luego nos adentramos en las cloacas de la mayor televisora de América Latina. Las revelaciones de un ex trabajador de Televisa como Mario Lafontaine nos llevan a conocer las miserias, mezquindades y traiciones del mundo del espectáculo y los mecanismos utilizados para escalar posiciones en la intensa carrera artística de la pantalla chica. De allí pasamos a indagar los detalles de la vida de Angélica Rivera y sus inicios profesionales en Televisa. También lo que se esconde en la cuestionada «historia de amor» con Enrique Peña Nieto.

La riqueza ostentosa de la Primera Dama es motivo de investigación. Documentos y testimonios demuestran que la esposa de Peña Nieto disfruta usando dos departamentos en una lujosa urbanización. ¿Qué dicen sus vecinos? ¿Cómo es el lugar? ¿Cómo vive la familia Peña-Rivera en la isla de Key Biscayne, Florida? ¿Qué se esconde detrás de este escándalo sobre el patrimonio de la esposa del Presidente? ¿Cuántas propiedades tiene? ¿Existen prestanombres?

El supuesto «conflicto de interés» es analizado para establecer hasta dónde han llegado Angélica Rivera y su esposo al adquirir sus propiedades. La sombra de la corrupción aparece a lo largo de todo el libro, así como las consecuencias de las conductas inapropiadas que rozan la ilegalidad, conductas que dañan y lastiman la democracia y el Estado de derecho. ¿Hasta dónde han imperado en la pareja presidencial los intereses personales por encima de los intereses de todos los mexicanos? Los límites marcados por la ley para los servidores públicos han resultado insuficientes. La corrupción en la clase política es la constante. El robo al erario y el enriquecimiento ilícito se han convertido en noticia cotidiana sin consecuencia alguna. Las nuevas leyes anticorrupción han nacido con defectos de origen que no permiten plenamente la impartición de justicia en las altas esferas del Estado. Los discursos se quedan en el aire, las leyes solamente se aplican en papel. La simulación es la constante.

En este recorrido por los excesos del poder político pasamos luego a la puesta en escena y su principal personaje: Virgilio Andrade Martínez, ex secretario de la Función Pública, cuya misión no declarada fue precisamente estructurar todo un montaje en torno a las figuras investigadas. ¡El investigado nombrando al investigador! Un investigador que terminó su encargo envuelto en un escándalo oscuro de violencia contra su pareja extramarital.

En esta ruta de investigación no podía faltar la extensa frivolidad mostrada por la Primera Dama en su estilo de vida. El costoso vestuario, la opulencia, las joyas y accesorios de diseñador, el ritmo enajenado de compras y placer que ella, sus hijas, hijastras e hijastro gozan sin el menor pudor. ¿Quién paga semejante tren de vida? ¿Cómo sostiene la familia presidencial su lujoso y frenético día a día?

Finalmente, el camino de estos años en el poder ha convertido a Angélica Rivera en una especie de espectro que aparece y desaparece sólo en ocasiones especiales como cónyuge en eventos y viajes internacionales. Con su pretencioso *glamour* ha querido formar parte de la realeza, pero se ha transformado en una reina consorte inconveniente para nuestra mancillada República.

La Gaviota, el factor televisivo de fama que le proporcionó un buen número de votos al candidato, se fue convirtiendo poco a poco en un problema para el Presidente. Primero fue utilizada, después excluida. Desde el gobierno han querido protegerla, resguardarla, o más bien ocultarla para contener la ira popular. Una estrategia ciertamente poco efectiva. La sombra de la corrupción la persigue. La duda sobre el origen de su fortuna, también. En la memoria colectiva va quedando la figura de una mujer que no supo ganarse el aprecio de los ciudadanos; una mujer pueril, superficial, que jamás mostró preocupación alguna por los problemas sociales de México, una mujer distante e indolente; una mujer movida por la ambición, el poder y la avaricia.

SANJUANA MARTÍNEZ
Monterrey, septiembre de 2016

Un *reality show:*
de Televisa a Los Pinos

ANGÉLICA RIVERA llora. Atormentada por la traición de su pareja, los recuerdos no la dejan descansar.

—He cometido muchos errores, pero te quiero y voy a hacer hasta lo imposible por hacerte feliz —le dice él, mirándola a los ojos.

Pero la realidad se le aparece esta noche como un espectro maléfico. La promesa de fidelidad que alguna vez él le hizo fue falsa, como tantas otras. Él le mintió, no cumplió, le fue infiel…

Sentada sobre el borde de la cama, las lágrimas le surcan las mejillas, mientras afuera la tormenta no cesa. Los truenos, los relámpagos, el viento, todo la estremece. Entonces se levanta, sale de la habitación, corre escaleras abajo y abre la puerta principal para escapar de ahí. No le importa la lluvia. Su larga bata blanca resplandece en medio de la noche tempestuosa. Cae de rodillas sin poder tranquilizarse y mira al infinito. Alza la mano hacia el cielo y, dirigiéndose a Dios, le reclama a gritos:

—¡No me vencerás! ¡Ni tú ni nadie!

La mujer siente que Dios le ha fallado, que no atiende sus súplicas, que se ha olvidado de ella. ¿Por qué el Creador permitió que su pareja la engañara? ¿Por qué?

Ella, que ha «redefinido» el «poder femenino», según la revista *Marie Claire*. Ella, que se describe en las páginas de *¡Hola!* como una «mujer generosa, una esposa ejemplar», una mujer «muy realizada y muy amada» por un hombre que supuestamente la mima, que le pregunta si ya comió, que se quita el saco para ponérselo si tiene frío y que la hace sentir «protegida, querida», como jamás nadie lo había logrado. Ella, que ha trabajado tanto para que en su vida todo luzca y sea «perfecto». Ella, que está casada con un «ser maravilloso» con el que siempre soñó.

«Dios sabe que lo único que yo he querido siempre ha sido una familia y un hombre que me amara. Cuando veía una película de amor, invariablemente me daba tristeza, porque siempre deseé vivir y sentir algo así», dijo la Primera Dama en una entrevista que concedió a su revista favorita, *¡Hola!*, de la cual es huésped asidua. La prensa del corazón ha publicado cientos de páginas contando su historia de amor.

Aunque en otros momentos le ha agradecido a Dios todo cuanto posee —una vida «perfecta» y feliz—, ahora la imagen de Angélica es contrastante: llora, grita, está furiosa. No todo lo que brilla es oro. No todo lo que se relata en la prensa del corazón es cierto. Ni en la ficción ni en la vida real.

En medio del resplandor de la inmaculada bata blanca, alza los ojos y vuelve a dirigirse a Dios:

—¡Soy Regina Villarreal y yo manejo mi destino y mi vida! —dice, sin disminuir su enojo, y añade—: ¿Me entiendes? A nadie le pertenece, más que a mí, porque yo, ¡yo soy la dueña! Por esta tierra que ha pertenecido a mis antepasados, yo te juro, te juro que voy a tener la fuerza suficiente para hacer con mi vida lo que se me dé la gana, porque yo... ¡Yo soy la dueña!

La dramática escena pertenece a la telenovela *La dueña*, producida por Florinda Meza, la viuda de Roberto Gómez Bolaños, que Televisa transmitió en 1995. Su protagonista fue la actual Primera Dama.

La idea de aquel cuadro no es original, pues resulta muy similar a la escena de la película *Lo que el viento se llevó*, en la que Vivien Leigh, interpretando a Scarlett O'Hara, escarba la tierra, saca una zanahoria, la muerde y grita:

—¡Pongo a Dios por testigo! ¡Dios es mi testigo: no me vencerán! Sobreviviré a esto y, cuando haya terminado, ni yo, ni ninguno de los míos, volveremos a pasar hambre. Aunque tenga que mentir, robar o matar, pongo a Dios por testigo de que nunca volveré a pasar hambre.

Así que la escena principal de Angélica Rivera en aquella telenovela de Televisa ni siquiera era original, sino un refrito *mexicanizado*. Pero qué importa. Parece que lo principal fue que al público le gustó y aquella telenovela resultó una de las más exitosas.

Sin embargo, ninguno de sus triunfos telenoveleros se compara con el momento que ahora vive la Primera Dama. ¿Quién le iba a decir a Angélica Rivera que esa y otras de sus telenovelas se reproducirían tan nítidamente en su vida real? Bien dicen que la realidad supera la ficción. La Primera Dama nunca había protagonizado una trama más grande que su vida actual, una vida de ensueño relatada en las páginas de papel *couché* de las revistas, una vida de escaparate, un *reality show* en Los Pinos. Ambos, Enrique Peña Nieto y Angélica Rivera, han ventilado su relación sentimental en la prensa del corazón. Trasladaron a la política el mundo del espectáculo. Sólo que la representación teatral le ganó a la política. Convirtieron su vida privada en mercancía electoral para alcanzar el poder. Se trató de una operación de *marketing* al más puro estilo de Televisa, cuya finalidad era favorecer al candidato presidencial del Partido Revolucionario Institucional (PRI): una televisora dirigiendo las riendas del país, decidiendo quién se sienta en la Silla del Águila.

Para ello, Televisa urdió un plan desde mucho antes, un proyecto que incluso tiene nombre: «Enrique Peña Nieto: presupuesto 2005-2006», diseñado especialmente para promoverlo como candidato priista a la gubernatura del Estado de México. El costo de aquel plan de propaganda electoral fue de 346 millones 326 mil 750 pesos. Era una estrategia encubierta, a base de infomerciales con 200 noticias, entrevistas y reportajes en los que había que destacar las «bondades» del candidato a gobernador, quien más adelante sería encaminado a la candidatura a la Presidencia de la República. Los documentos que lo demuestran fueron filtrados a *The Guardian* por un ex empleado de la televisora más importante de América Latina.

Todo cuadraba. Así se trazó el ascenso de un hombre atractivo que se sobrepuso rápidamente a la trágica y misteriosa muerte de su esposa, Mónica Pretelini. Con un futuro político prometedor, Peña Nieto se convirtió en el «viudo de oro» y, mientras asumía con entereza la crianza de sus tres hijos, la todopoderosa televisora le preparaba varias candidatas a novia. ¿Galilea Montijo, Lucero, Angélica Rivera…? La más apta, la que encajaba perfectamente en el papel de novia y esposa, era sin lugar a dudas Angélica Rivera, mejor conocida como *la Gaviota* por su última telenovela. Muy pronto se convirtieron en la pareja ideal. Nada mejor que una actriz con millones de fans, nada mejor que una sublime historia de amor. Nada mejor que escribir el guión de una telenovela para entretener a un país entero.

El opio para el pueblo estaba garantizado. No con partidos de futbol, sino con un melodrama desde la cúpula del poder. Pero lo que empezó como un cuento de hadas fue convirtiéndose poco a poco en un vodevil, una puesta en escena con tintes de comedia o, mejor dicho, de tragicomedia, marcada por la frivolidad, la incapacidad de gobernar y, principalmente, la corrupción.

De la hilaridad pasamos a la sorpresa. Después al estupor.

UN ROSARIO DE TELENOVELAS

Aunque desde muy pequeña Angélica Rivera Hurtado mostró interés por la actuación, fue Verónica Castro quien impulsó su incipiente carrera artística. La animó a participar en El Rostro de El Heraldo, concurso de belleza que ganó en 1987. Nacida en 1969, a sus 17 años de edad Angélica protagonizó con Luis Miguel un videoclip de su canción «Ahora te puedes marchar».

Y a los 18 conoció al hombre que le cambiaría la vida: el productor de telenovelas José Alberto Castro, *el Güero*, hermano de su célebre mentora Verónica Castro. Anduvo con él dos años y luego decidieron vivir juntos. Para la pareja no fue ningún impedimento que él le llevara diez años. Al contrario, con él vivió sus mayores éxitos como actriz.

En 1988 participó en su primera telenovela: *Dulce desafío*, producida por Julissa y Eugenio Cobo, y dirigida por el cineasta Arturo Ripstein. La novela era de corte juvenil y la protagonizaban Adela Noriega, Eduardo Yáñez y Chantal Andere. Angélica interpretó a «María Inés», un personaje secundario.

En ese mismo año actuó en *Simplemente María,* y en 1990, en *Mi pequeña soledad,* donde coincidió con Verónica Castro. Con papeles secundarios intervino en *Alcanzar una estrella 2,* telenovela producida por Luis de Llano y en la cual se estrenó como cantante en el grupo Muñecos de Papel, al lado de Sasha Sokol, Ricky Martin, Erik Rubín, Bibi Gaytán y Pedro Fernández; en 1991, en *La pícara soñadora;* en 1993, en *Televiteatros.*

Su primer protagónico llegó junto a Omar Fierro en *Sueño de amor,* novela producida y dirigida por José Rendón. Pero no fue sino hasta 1995 cuando alcanzó un éxito sin precedentes con *La dueña*, en la que interpretaba a Regina Villarreal. Esa telenovela marcó el despegue de su carrera. Tenía 25 años.

Al año siguiente se tomó un receso para embarazarse. El 30 de octubre de 1996 dio a luz a Angélica Sofía Castro Rivera, la primera hija fruto de su relación con *el Güero* Castro.

Volvió a las telenovelas en 1997 y 1998 con *Huracán,* en un papel protagónico con Eduardo Palomo, sin éxito. Al año siguiente, 1999, volvió a suspender su actividad profesional para embarazarse de su segunda hija, Fernanda. Siguió con un protagónico en *Sin pecado concebido,* al lado de Sergio Goyri, Carlos Ponce e Itatí Cantoral. Después hizo su primer papel de villana en *Mariana de la noche,* del productor Salvador Mejía.

Y tras 20 años de carrera cosechó un nuevo éxito nacional e internacional: la telenovela *Destilando amor,* de 2007. Ahí interpretó su papel más famoso: el de «Gaviota», junto a Francisco Gattorno, Cynthia Klitbo y Eduardo Yáñez. Se trataba de la versión mexicana de la colombiana *Café con aroma de mujer,* sólo que aquí Televisa cambió el café por el tequila. Angélica Rivera cantaba el tema «Ay, Gaviota».

Fue su última novela en la pantalla chica, porque en el horizonte despuntaban grandes acontecimientos para ella. Televisa le preparaba un mejor futuro...

«LAS POMPIS» DE ANGÉLICA RIVERA

Hija de Manuel Rivera Ruiz (quien ya falleció) y María Eugenia Hurtado Escalante, Angélica nació en la Ciudad de México el 2 de agosto de 1969. La familia vivía en la calle Trujillo 672, en la colonia Lindavista, donde don Manuel tenía una clínica oftalmológica.

Desde niña, Angélica mostró interés por la actuación cuando participaba en las obras escolares del Colegio Las Rosas, ubicado en Garrido 23, colonia Aragón La Villa, donde estudiaba junto a sus cuatro hermanas. Su padre contaba que observaron su vocación a temprana edad: «Me pidió permiso desde pequeña para entrar al mundo de la actuación, mismo que compaginó con sus estudios. Me siento muy orgulloso por los logros que mi hija ha conseguido en más de 20 años de carrera gracias a su esfuerzo y dedicación».

En esos 20 años de carrera artística Angélica hizo un poco de todo. Por ejemplo, realizó dos comerciales, uno para Estados Unidos y otro para Japón, y condujo junto a Martha Aguayo el programa de videos musicales *TNT.*

Y también dio todo tipo de entrevistas. Una de las más memorables fue la que concedió en televisión a la conductora Shanik Berman. El tema: nada menos que las «pompis» de la actriz.

—Si no conoce, conozca; y si ya conoce, compare. Aquí con nosotros, las pompis más lindas del medio artístico, ¡las pompis de Angélica Rivera! —dice Shanik al presentarla con una gran sonrisa.

Angélica ríe y le da las gracias. Shanik le pide ponerse de pie para exhibir sus atributos y agrega:

—Las pompis de Angélica Rivera han causado temperaturas de más de 90 grados Fahrenheit a no pocos caballeros. Ella nos dirá qué es efectivo para bajar la calentura.

—Pues para bajar la calentura... ¡Yo creo que más bien mantenerla! —contesta Angélica con una sonora carcajada.

Shanik disfruta la respuesta. Como ambas acordaron previamente el tema de la entrevista, Angélica entra sin miramientos al juego seductor:

—De verdad, es un arma de dos filos porque luego le dices al galán que no; que un chavo se te acerque y te dice que le encantaste y yo muchas veces les digo: «¿Es que sabes qué?, mi novio ya va a llegar ahorita, espérame tantito». Y se van y llegan a la hora y me dicen: «Oye, Angélica, es que tu novio nunca ha llegado». Entonces, si les digo que sí, les mantengo esa calentura, por decirlo así, este... luego les doy alas o les doy... y luego los bateas. Entonces es muy feo, entonces a veces me confunden los hombres, no sé qué hacer.

—Es que el problema es que hay muchos o que no hay ninguno. Siempre es igual, ¿no? —observa la conductora.

—Dicen que los hombres son como los teléfonos: que los que sirven están ocupados.

—¿Y los que no?

—Pues quién sabe dónde andan, ¿no?

—Bueno, además tú dices, y nosotros todos estamos de acuerdo, que la mejor parte de tu cuerpo son las pompis. ¿Eso da fiebre?

—Pues yo creo sí, yo creo que sí. Definitivamente a mí me gusta mucho la parte de mi cuerpo que son las pompis. Fíjate que una vez un señor me estaba platicando y me dice: «Con todo respeto que te mereces, tus pompis son como el fuego». Yo dije: «¿Cómo como el fuego?». Y me dice: «Sí, que si te las quedas viendo mucho rato...».

—No las dejas de ver —interviene Shanik.

—No las dejas de ver, así me dijo, y pues bueno, fue un piropo muy bonito.

—Precioso, precioso, y además digno para tu cuerpo. Bueno, y ¿qué es lo que a ti te da fiebre? ¿Qué tiene que tener un hombre para que te dé fiebre a ti?

—Pues yo creo que lo mismo; físicamente me gustan mucho definitivamente las pompis y la espalda.

—¿La espalda cómo debe de ser?

—La espalda… hay muchos hombres que tienen… que tienen la rayita marcada, que es lo que divide… bueno no sé, es como que muy profunda la línea de la espalda.

—¿Como partida?

—Como partida. Entonces me llaman mucho la atención las pompis y la espalda, como que… como qué rico, ¿no? Como que abrazar a alguien y que tenga la espalda, no sé, no grande ni tampoco que haga ejercicio, no, pero que se sienta rica, que se sienta con esa división bonita me gusta mucho.

—Fíjate que yo tengo la espalda partida, pero pues no soy hombre…

Angélica sonríe, como sin saber qué decir en este profundo intercambio intelectual, pero de inmediato añade:

—Pero también en las mujeres es muy bonito, también en las mujeres se me hace bonito, cómo no, que también tengan la división. ¡Afortunada que tú la tienes así! Qué rico, ¿no? Entonces así te van a abrazar y van a poner la mano ahí, que se siente… Es como los huesitos de aquí —dice tocándose la clavícula—, que cuando se te salen es así como que muy sensual.

—Es una agarraderita, ¿no? —comenta Shanik.

—Yo creo que sí, yo creo que sí.

—¿Como cuando vas en el camión?

—Que te agarren de aquí, los huesitos. Yo por eso, a veces, ando de escote para que puedan agarrar el huesito.

—Para que no digan que no tienes de dónde… —Shanik hace una pausa y cambia de tema—: ¿Es cierto que la característica más escalofriante de los hombres es que son infieles?

—Yo creo que sí, se caracteriza a los hombres porque son infieles, ¿no? Pero fíjate que hay un 70 por ciento de la población en todo el mundo… se estaban haciendo unas estadísticas… y es la mujer. Lo que pasa es que yo siento que a la mujer… no nos cachan. Los hombres son un poquito, pues más mensones, la verdad, porque se ponen nerviosos. Y ¿a ver a dónde fuiste? Yo de… de… trabajar. ¡Y ahí te los cachas! Y la mujer no, la mujer dice: «Al súper, estuve con mi hermana, estuve en casa de mi mamá». Entonces no hay cómo cacharnos.

—Entonces, no es que sean ellos más infieles…

—Sí se les da, que todos los hombres son infieles. ¿Por qué? Porque la mujer es más escondidita —agrega Angélica muy seria.

—¿Es cierto que cuando cachas a tu hombre con otra mujer, ahí es cuando él llega y te ofrece que se va a casar contigo, que te va a regalar una casa en el campo, otra junto al mar, que va a dejar de fumar…?

—Claro, claro, que va a jugar tenis todas las mañanas y te va a hacer de desayunar huevos con jamón todos los días, eso sí es cierto: «Mi amor, te lo juro que voy a cambiar, me caso contigo, te hago esto», todo lo que tú dices.

—Pero… ¿y lo cumplen? —cuestiona la conductora.

—Pues quién sabe, yo creo que no, yo creo que no, porque en el momento en que están tan preocupados porque los apañaste ahí con una mujer a la mera hora ni piensan, ni piensan lo que te dijeron y yo creo que no lo cumplen, ¿no? No creo; como ni lo pensaron… «Mi amor te doy esto, te doy lo otro», pero a la mera hora, a ver, «Tú me dijiste…», bueno, y se ponen todos nerviosos, y yo creo que no lo cumplen.

«MI ESPOSO ME LLENA»

Con el Güero Castro, padre de sus tres hijas, Angélica vivió 18 años de relación amorosa, 14 de los cuales fueron en unión libre. A pesar de los rumores que surgían de que ambos se involucraban con otras parejas, como Eduardo Yáñez en el caso de ella o Gabriela Reséndiz en el de él, parecía que todo iba bien con el Güero Castro, con la salvedad de que ella deseaba casarse, formalizar la relación luego del nacimiento de sus hijas Sofía y Fernanda.

En 2009, en una entrevista que dio a la revista Quién, Angélica relató que durante años le insistió al Güero en que se casaran, pero él simplemente respondía: «Güera, yo no creo en el matrimonio».

Para Angélica, aquella situación estaba resultando angustiosa.

—Es algo que a mí siempre me pesó y me dolió, porque a mis dos hijas mayores les hacían comentarios en la escuela debido a que habían nacido fuera del matrimonio. Conforme fueron creciendo las niñas, me di cuenta que no era bueno estar así. Finalmente él accedió a casarse conmigo —dijo al sincerarse con la revista del corazón.

Finalmente, según el acta de matrimonio eclesiástico, el 2 de diciembre de 2004 se casaron por la Iglesia, en una ceremonia que se efectuó en la iglesia de Nuestra Señora de Fátima, ubicada en la calle Chiapas 107, colonia Roma, de la Ciudad de México. Fue el sacerdote Ramón García quien la ofició. Unos días después, el 11 de diciembre, el sacerdote José Luis Salinas renovó los votos matrimoniales de la pareja en otra misa de «bendición» celebrada en la finca El Paraíso de la playa Pichilingue, en Acapulco, Guerrero. Aquella noche, Angélica y *el Güero* Castro se juraron amor eterno, ante la presencia de sus hijas Sofía y Fernanda (Regina nacería en 2005).

Todo parecía perfecto. Era el retrato ideal de una hermosa historia de amor.

—José me llena en todos los sentidos —declaró la actriz en septiembre de 2006 a la revista *TVNotas* en la entrevista «Angélica, reina entre tres princesas».

—Angélica, ¿cómo le han hecho José Alberto y tú para tener una familia tan bonita? —le preguntan.

—Hace poco nos divorciaron, pero nos volvimos a casar *[ríe]*. Hablando en serio, la clave ha sido el respeto, el amor, la comunicación y las tres bellas hijas que tenemos. Al *Güero* lo quiero, lo respeto y lo amo muchísimo. Estos 15 años han sido maravillosos, no puedo pedirle más a Dios.

—¿Tienen alguna regla de oro para no enojarse?

—Lo que hacemos es no contradecirnos delante de nuestras hijas. Cuando les llamamos la atención y uno de los dos no está de acuerdo, platicamos y explicamos el porqué. Eso nos ha hecho tener una relación padre.

—¿Quién lleva las riendas en la casa?

—Mira, mi marido es el que lleva los pantalones, pero yo soy la que decido de qué color van puestos [*vuelve a reír*]. *El Güero* es estricto y perfeccionista en su trabajo, pero en casa yo decido. Imagínate, con cuatro mujeres no le queda de otra más que ser flexible y amoroso con nosotras. Sobre todo porque las niñas le dicen: «Papito chulo, hermoso, precioso, adorado»; ya con eso le hacen el día.

—¿Se llevan bien José Alberto y tú?

—¿Qué te puedo decir? Él me sigue diciendo que estoy guapa, que le encanto, y eso es importantísimo para mí. Por algo llevamos 15 años juntos. Ahora sólo le pido a Dios que me dé fuerzas para sacar adelante a mi familia.

—¿Cómo le hacen para no descuidarse como pareja?

—*El Güero* me dice: «¿Cómo voy a perder a cuatro mujeres por un par de…?» Igual yo. Tengo un hombre maravilloso, y aunque he trabajado con hombres guapísimos, él me llena en todos los sentidos y nos llevamos bien.

—¿Quién es más celoso?

—Esa palabra me queda chica. Él es alivianado, tranquilo y respeta mi trabajo. En esta época el hombre es comprensivo y las mujeres son las que se acercan. Nos han inventado un montón de chismes, pero hablamos y nos morimos de la risa luego, aunque en el medio hemos demostrado cuánto nos amamos y respetamos.

—¿Tu esposo se encela cuando haces escenas amorosas?

—No, entiende mi trabajo. He trabajado con Jorge Salinas, Juan Soler, Eduardo Palomo (q.e.p.d.), Francisco Gattorno. Nada más me falta Fernando Colunga. A mí me da mucha pena hacerlas, pero es parte de esto; sólo que ni él ni mis hijas las ven.

A pesar de este retrato de historia de amor eterno, la relación se fue desmoronando ante los rumores de infidelidad de ambos. El matrimonio «perfecto» duró apenas cuatro años.

MATRIMONIO ANULADO

—El día que me casé con *el Güero* Castro, ese día me divorcié por algo que sucedió entre él y yo después de la boda —confesó Angélica

Rivera a la revista *Quién* en 2009—. Pero eso sólo lo saben mis hijas y yo me lo voy a llevar a la tumba.

En aquella entrevista, la actriz hizo revelaciones que echaron por tierra el retrato de la historia de amor que había descrito apenas unos años atrás.

Y agregó:

—Hay algo que nunca he dicho y te lo voy a decir: José Alberto y yo nos separamos hace mucho tiempo. Encontramos que los dos teníamos proyectos de vida totalmente diferentes y llegó un momento que ya no pudimos seguir. Luché toda mi vida por casarme, en una iglesia, vestida de novia, y que la cola me arrastrara. Él, después de 14 años, decidió casarse conmigo. Para mí ya era como que me estaba haciendo un favor. La vida me fue llevando a que yo ya no pudiera con la manera de ser y de pensar de él, así que a la larga me llegó a pesar que no tuviéramos ese mismo proyecto de vida.

—¿Fue una separación dolorosa?

—Sí, cómo no. Cuando uno lucha por tantos años en tener una casa, unas hijas y esa pareja... *[se le entrecorta la voz y suelta unas lágrimas]* y te das cuenta que esa pareja no tiene el mismo amor por esa vida, duele. Y no es que me duela ahora, sino lo que me duele es no haberme dado cuenta desde un principio de que éramos diferentes.

El divorcio fue simplemente la culminación de un acontecimiento que tenía lugar de forma paralela en su vida. En mayo de 2009 Angélica anunciaba en la misma revista del corazón que su matrimonio había sido declarado «nulo e inválido» por «defecto de forma canónica».

—Después de mi divorcio civil, pedí la anulación de mi matrimonio por la Iglesia y hasta entonces me enteré de que la Iglesia no pudo hacer válido el supuesto matrimonio de la iglesia de Fátima porque no se corrieron amonestaciones. En la ceremonia del 2 de diciembre no hubo anillo, no hubo lazo y, por si fuera poco, el padre de la iglesia de Fátima que firmó el acta no tenía permiso para celebrar el sacramento. Por eso la Arquidiócesis Primada de México lo resolvió como una «falta de forma canónica», pero la verdad fue un error nuestro porque no sabíamos que se podía presentar esta situación.

En efecto, se había consumado la anulación. El decreto de la Santa Sede del 19 de mayo de 2009, firmado por el sacerdote Alberto Pacheco Escobedo, vicario judicial del Tribunal Eclesiástico Interdiocesano de México, anunció: «Nulo e inválido por defecto de forma canónica el matrimonio que contrajeron José Alberto Castro Alva y Angélica Rivera Hurtado, el día 2 de diciembre de 2004, en la iglesia de Nuestra Señora de Fátima de esta Arquidiócesis de México y el que pretendieron contraer el día 11 de diciembre de 2004 en Acapulco, Guerrero. Por tal motivo, Angélica Rivera Hurtado queda libre canónicamente y puede por lo mismo contraer matrimonio canónico, si así lo desea, previos los trámites necesarios y oportunos que el Derecho Canónico establezca».

En ese momento el ex marido prefirió guardar silencio. Sin embargo, su hermana, la actriz Verónica Castro, no se quedó callada y expresó su enfado sobre la «anulación» del casamiento en una entrevista publicada en julio de 2009 en la revista *¡Hola!*:

—Qué bueno que todo el mundo sea feliz, pero vamos a ser claros: ¿ahora resulta que mi hermano y Angélica se casaron de mentira?

Mientras Angélica Rivera se paseaba con su nuevo amor, la actriz que impulsó su primera oportunidad laboral hablaba sin rodeos, indignada por la forma en que su ex cuñada estaba haciendo las cosas.

—Pensé: ¿cómo?, ¿ahora resulta que se casaron de mentira? ¿Ya no vamos a confiar en los padres o en la iglesia que te casa? ¿O ahora tienen que fijarse bien los que se casan en una playa o en una casa o en un parque, porque ya no es verdad?

—¿Crees que esto tuvo el propósito de allanar el camino de Angélica hacia un nuevo matrimonio religioso? —le preguntó la periodista de *¡Hola!*, Maru Ruiz de Icaza.

—Yo creo que así lo hicieron, y lo hicieron bien. A lo mejor todo se arregla con dinero o con una relación buena con el posible futuro presidente de México. Qué bueno que a todos les vaya bien, que todos resuelvan sus problemas, que todo el mundo sea feliz, pero vamos a ser claros: ahora resulta que somos una bola de idiotas los que estuvimos aquel día en ¿qué?, ¿en una función de payasos o de circo? No, a mí por una cosa así no me van a hacer que deje de creer en Dios, ni de tener mis creencias religiosas bien fundadas o mi fe.

—¿Sabía tu hermano que su matrimonio con Angélica no era válido?

—¡Por supuesto que no! Es otra de las cosas que me extrañan muchísimo. Mi hermano hizo las cosas como tenían que ser y pensó que todo era verdad, y hasta donde nosotros sabemos todo fue muy real, pero bueno...

—¿Cómo se enteró de que su matrimonio no tenía validez?

—Por las declaraciones que ha hecho Angélica a la prensa. ¿Te digo algo? José Alberto siempre estudió con los Legionarios de Cristo e iba a ser sacerdote, pero en esa época yo estaba trabajando en Argentina y lo convencí de acompañarme, porque no quería y no podía estar sola allá, pero él ya estaba yendo a retiros para profesar y consagrarse al sacerdocio.

—¿Con eso quieres decir que sabía perfectamente qué se necesitaba para casarse por la iglesia?

—Definitivamente.

Verónica añadió a manera de reclamo:

—Lo único que no me gustó fue lo que sucedió durante el programa que hicieron sobre el Día del Padre hace unos días. No me gustó que llevaran a las niñas al festejo del Día del Padre sin estar mi hermano, del que se habían despedido unos días antes. Fue una falta de tacto. Yo de verdad les deseo a ellos toda la felicidad del mundo, como se la deseo a toda la gente en esta tierra, pero, desgraciadamente, a veces por ser felices nosotros, somos un poco egoístas. Yo le pediría a ella que, obviamente, defienda su felicidad y que Dios la bendiga, pero que ponga un poquito más de atención en lo que puedan sentir las criaturas, que son muy sensibles, como cualquier niño.

La entrevista con Verónica Castro causó revuelo y obviamente cayó como un balde de agua fría en Televisa, donde por cierto la actriz ya había sido marginada. Tras sus declaraciones, Televisa acabó por «congelarla».

Al final su hermano difundió su verdad de los hechos en una carta fechada en octubre de 2010, en la cual defiende la validez de su matrimonio y exhibe las mentiras de la jerarquía católica en una operación orquestada junto con la madre de sus hijas:

En el año 2004 tanto yo como la señora Angélica Rivera Hurtado por mutuo acuerdo manifestamos al padre José Luis Salinas Aranda, amigo nuestro, el deseo de que fuera testigo de nuestro matrimonio eclesiástico. Al referirle nuestro deseo de que dicho matrimonio se celebrara en la Playa Pichilingue de Acapulco, Guerrero, el padre fue muy explícito con nosotros al explicarnos muy claramente que la celebración no era posible realizarse en ese lugar porque sería irregular hacerlo y no tendría validez alguna. Nos recomendó entonces tramitáramos la celebración en una iglesia de la Ciudad de México con un sacerdote debidamente delegado y de esta manera el matrimonio, sacramentalmente, tuviera la validez canónicamente debida y que una vez así hecho se celebrara en Acapulco una misa en que reuniéndonos con familiares y amigos renováramos el compromiso matrimonial ya previamente, legítima y canónicamente establecido. Procedimos entonces a tramitar la celebración del matrimonio en la iglesia de Fátima de la Ciudad de México, acto que efectivamente se realizó el 8 [sic] de diciembre de 2004, siendo testigo canónico el padre Ramón García. En todo momento fuimos conscientes de que el acto sacramental se realizaba allí, como queda constancia en acta matrimonial recibida, con firmas de los contrayentes y del sacerdote, así como también de los testigos que nos acompañaron. Posteriormente, en la Playa Pichilingue de Acapulco, Guerrero, el 11 de diciembre de 2004 se celebró la misa en que claramente el padre Salinas señaló que renovábamos el compromiso matrimonial. Firmo esta declaración a solicitud del padre José Luis Salinas y para los fines legítimos que a él convengan.

En realidad la validez del matrimonio no importaba, porque la jerarquía católica mexicana, encabezada por el cardenal Norberto Rivera Carrera, servil al poder en turno, ya había allanado el camino para Angélica Rivera. Todo estaba preparado. La Iglesia y el poder político se habían unido para perseguir sus propios intereses.

OPERACIÓN DE *MARKETING*

Lo que Angélica Rivera no contó fue que, cuando decidió poner punto final a su matrimonio con el *Güero* Castro y solicitar la anulación de su legítimo matrimonio religioso, ya había conocido a Enrique Peña Nieto. Entre las candidatas a seducirlo y convertirse no sólo en la imagen institucional del Estado de México, sino en novia del «viudo de oro», destacó *la Gaviota*. Muy pronto se convirtió en el rostro de su campaña y en su prometida. El plan estaba perfectamente orquestado. Se había diseñado una ambiciosa operación de *marketing* rumbo a Los Pinos.

Televisa echó un vistazo a sus actrices más famosas y decidió quién sería la novia del futuro presidente de México. Angélica Rivera era la más popular gracias a su papel de «Gaviota» en *Destilando amor,* fama que fue aprovechada para convertirla en la imagen de la campaña de los «300 compromisos cumplidos» en el Estado de México cuando era gobernado por Peña Nieto (que estuvo en el cargo de 2005 a 2011). *La Gaviota*, especialista en melodramas televisivos, pasó a ser propagandista política; y el político vendió su imagen, su vida personal y hasta su próxima historia de amor telenovelero.

La combinación fue espléndida: política y espectáculo. Se trató de un gran binomio político-electoral, la fabricación de una historia romántica para el gusto y consumo de las masas a través del espectro de medios cercano al poder. Apenas comenzaba un *reality show* que tenía en la mira las elecciones presidenciales de 2012.

La cuidadosa estrategia de *marketing* estuvo a cargo de Juan Carlos Limón García, conocido como «comunicador emocional» y autor de varios triunfos de diputados y gobernadores priistas. El hábil consultor político, cuyo trabajo se extiende por América Latina, ha sido galardonado con importantes premios, como el Victory Awards 2015. En su lista de triunfos no sólo está la gubernatura del Estado de México que conquistó Peña Nieto, sino también la presidencia de Guatemala de Otto Pérez Molina —más tarde encarcelado por corrupción—. Si son buenos o malos gobernantes, eso no le interesa a este experto en *marketing* electoral. Limón García, fundador y presidente de la empresa ByPower Group, se presenta como el «estratega» que construyó la campaña de «300 compromisos» firmados ante notario público por Peña Nieto durante su campaña para ser gobernador.

¿Cómo le hizo? El brillante operador lo reveló en el Seminario de Estrategias y Campañas Electorales «Claves para una campaña exitosa, principios y herramientas para el triunfo», impartido en la George Washington University, en Washington, D.C. Ante decenas de asistentes, dictó la conferencia «Desarrollo de mensajes y transferencia de imagen. El caso de Enrique Peña Nieto». Contó que su «estrategia de *marketing* electoral» se basó principalmente en estos elementos: «Realizar estudios de mercado, segmentar el territorio, segmentar la población, crear una identidad corporativa y un mensaje común, y trabajar una misma imagen del candidato, todo a base de la comunicación "emocional" unida a los más modernos modelos de comunicación política». Limón García asegura que es «pionero» en estos menesteres y también en buscar, a través de su empresa Inner Music, la representación artística de modelos, actores, cantantes… y también la organización de eventos masivos con enfoque «artístico».

Eso sí, Limón García se reserva sus fracasos. Por ejemplo, en 2010 asesoró al candidato de la alianza PRI-PVEM a gobernador de Puebla, Javier López Zavala, quien fue derrotado por el panista Rafael Moreno Valle. Tampoco cuenta que detrás de Peña Nieto había todo un aparato de movilización política del PRI para llevarlo a la Presidencia. Desde que Peña Nieto fue gobernador, Arturo Montiel, Emilio Chuayffet, César Camacho, Alfredo del Mazo e Ignacio Pichardo encaminaban al *Golden Boy*. Ellos fueron los responsables de convocar las fuerzas del priismo a favor de Peña Nieto. Allí estaban todos unidos con un mismo objetivo: la Silla del Águila. En su cuarto de guerra, aparte del talentoso estratega Limón García, se encontraban Luis Videgaray, Miguel Ángel Osorio Chong, Luis Enrique Miranda y un largo etcétera. Allí estaba el grupo Atlacomulco alineándose, disciplinado. Arturo Montiel acabó por entender que no tenía la más mínima posibilidad de ser candidato presidencial, tras el escándalo mediático sobre las sospechas de que su riqueza era producto de la corrupción.

Peña Nieto, comprendiendo que debía esmerarse en su quehacer como gobernador porque su destino manifiesto era la Presidencia, invirtió 120 mil millones de pesos únicamente en infraestructura vial en el Estado de México, donde viven 15 millones de personas, táctica que nunca falla.

En realidad, el *Golden Boy* había emprendido la ruta hacia a Los Pinos antes de ser gobernador: desde el 12 de enero de 2005, fecha en que se anunció que sería el candidato priista a ocupar ese cargo en el Estado de México.

La conocida actriz Angélica Rivera fue simplemente la cereza del pastel que vino a reforzar su imagen y popularidad; ella fue el último y definitivo empujón que le dio Televisa y sin el cual no habría ganado.

Sí, el *reality show* apenas comenzaba.

«El burdel más grande»

La prostitución y el matrimonio no son tan diferentes. Puedes convertirte en propiedad de la otra persona. Y cuando esa persona es como Jaime o como Pedro, tu vida deja de tener valor.
— VALÉRIE TASSO,
Diario de una ninfómana

MARIO LAFONTAINE mueve las manos, gesticula cuando habla, le brillan los ojos. Intuitivo, inteligente, su mente es un torbellino de ideas. Hace algunos años fue lanzado al ostracismo por atreverse a decir la verdad. Pero es de los pocos que conocen la vida y obra de Angélica Rivera y por primera vez rompe el silencio en torno a la Primera Dama, a quien, dice, metió a Televisa a «prostituirse», aunque aclara y matiza: a «prostituirse artísticamente».

Claro, comenta que de la prostitución artística a la prostitución sexual únicamente hay «un paso». Y asegura que ambas son una práctica común en Televisa, empresa a la que describe como «el burdel más grande de México».

Mario Lafontaine sabe de lo que habla. Trabajó allí durante más de 28 años. Es productor, director creativo de imagen y de arte, conductor de radio y televisión, y uno de los mejores especialistas en música que hay en México. Ha dirigido la imagen de los grupos pop más importantes de las últimas décadas. Es un portento de creatividad y su paso por Televisa marcó un antes y un después tanto en telenovelas como en expresiones musicales. En su haber está el surgimiento de grupos como Timbiriche, Garibaldi, Microchips y Kabah, y musicales como *Vaselina,* así como telenovelas del corte de *Alcanzar una estrella.* A lo largo de esos años conoció los entresijos de la televisora más importante de América Latina. Observó la podredumbre, rechazó las prácticas establecidas de abuso y vio pasar por sus pasillos a pederastas, drogadictos, alcohólicos, violadores, proxenetas…

—El burdel más grande de México se llama Televisa —declara Lafontaine, y con esas palabras comienza esta larga entrevista, en la que se define como «luchador de la verdad», un hombre que dice lo que piensa sin miramientos y de frente.

Y agrega:

—La prostitución artística, por ende, lleva de la mano a la otra prostitución, la sexual, y hay un núcleo nutrido de actrices en eso.

L A S   T R E S   A N G É L I C A S

El paso de Angélica Rivera por Televisa se reescribió después de que llegó a Los Pinos, como si la intención de la televisora hubiera sido ocultar el pasado de la Primera Dama, borrar episodios de su vida que debían ser olvidados.

—Las telenovelas donde ella aparece ahorita son patrimonio nacional; no se puede poner ninguna telenovela de ella, es más, por eso repitieron la de *Alcanzar una estrella 1,* pero no la 2, porque ni modo que editaran todo donde ella actúa, por eso nunca más vas a volver a ver al aire las cosas que hizo; hasta que se acabe el sexenio van a salir las que no se vieron porque ahí es donde viene la venganza. Ella hizo mucha cochinada, cochinada me refiero a vulgaridad, o sea, no pornografía, me refiero a cosas no cuidadas en su carrera.

Es complejo reconstruir más de 20 años de trayectoria de Angélica Rivera en Televisa. Todos aquellos que conocen su historia y siguen trabajando allí prefieren guardar silencio por miedo a represalias laborales. La mayoría de los que están fuera de la empresa tampoco quieren hablar por tratarse de la esposa del presidente de la República y temen por su seguridad. La censura ha ido sepultando sigilosamente los pasajes incómodos de la vida de la Primera Dama. A final de cuentas, Televisa es maestra de la autocensura en sus noticieros y ha impuesto, en distintos momentos históricos del país, su verdad absoluta.

No obstante, la verdad busca resquicios para salir a la luz y siempre hay uno por donde el periodismo de investigación se abre paso para desvelar aquello que los poderes fácticos ocultan.

¿Realmente existió una operación de Televisa para llevar a Enrique Peña Nieto a Los Pinos? ¿Hubo un *casting* de actrices para ofrecerle una novia ideal que aumentara su popularidad y por consiguiente el número de votos? ¿Hasta dónde se involucró Televisa en una estrategia de *marketing* a favor del candidato priista a la Presidencia?

Mario Lafontaine es un testigo clave en todo este proceso. Conoció de cerca la estructura que Televisa creó alrededor de Peña Nieto —una estructura que jamás ha sido revelada con todos sus detalles— con el firme propósito de llevarlo directamente a la Silla del Águila.

La historia de Lafontaine con Televisa empezó en 1984, mientras ofrecía un espectáculo de rock *underground* con su banda musical María Bonita. Cantaba «El break» con su hermano Mateo. Entre el público se encontraba un cazatalentos que observaba la originalidad de la pieza y la creatividad de la propuesta musical. Una vez que terminó el concierto, y ya en su camerino, Mario oyó que tocaron su puerta. Era su amiga Claudia Ramírez, acompañada de su novio, el productor estrella de Televisa, Luis de Llano, quien de inmediato le hizo una oferta laboral.

—Yo puedo cambiar tu vida —le dijo el productor, al tiempo que le entregaba una tarjeta de presentación para que lo buscara.

—Gracias —contestó el joven músico.

En ese momento a Mario Lafontaine no le interesaba Televisa, porque se sentía libre y feliz, pero por curiosidad más adelante aceptó trabajar allí. Ya era el año de 1986. Luis de Llano le ofreció un puesto en el programa ¡Cachún cachún ra ra! Al año siguiente, el productor lo contrató como director de Arte y comenzó a hacer programas sobre todo juveniles.

Gracias a eso conoció a la joven Angélica Rivera, quien llegó a Televisa con apenas 15 años de edad y al poco tiempo obtuvo un papel secundario en la telenovela Dulce desafío. Muy pronto se hizo amigo de ella. En ese entonces, Mario Lafontaine estaba realizando tres pilotos con jóvenes actores egresados del CEA (Centro de Educación Artística de Televisa).

—Yo tenía actores incipientes y muy jovencitos; tuve la suerte de tener un grupo muy nutrido, entre ellos Angélica Rivera. Ella siempre estaba cuidada y custodiada por su mamá, la señora María Eugenia Hurtado Escalante, una señora guapa de clase media, pero con problemas económicos; se veía que estaban necesitados, o sea, porque venían en camión, desde Satélite… para lo que se manejaba con la frivolidad del medio, eso era llamativo. Entonces, ahí conozco a Angélica y se hace novia de Héctor Suárez Gomís, que tenía fama de conquistador y de que pasaron muchas por ahí. Pero Angélica siempre estaba acompañada por su mamá o por su hermana Carito, que tenía algún problema físico, alguna discapacidad, porque era una persona de estas liliputienses que tienen la voz como si fuera un bebé y era muy bajita, bonita, güera también, como ella. Me consta que Angélica Rivera sí es güera porque hay otras que no, pero esta sí es güera, entonces siempre estaba cuidada y yo la tuve en el programa. Mi relación con Angélica fue buena, la quería, nos llevábamos bien, comíamos de vez en cuando.

Pero en los pasillos no se hablaba de música ni de talento. Actores y actrices fueron descubriendo el famoso «grupo especial», conocido también como el «star system». ¿Por qué era especial? ¿Era acaso un grupo de privilegiados de Televisa?

—Recuerdo que hasta allí mandaban a las chavas que no eran cantantes ni actrices ni conductoras, pero que estaban buenotas y tenían algo que ver con los ejecutivos. Las mandaban para que hicieran un curso de actuación, de imagen, de cómo maquillarse y todo eso.

La última generación que recuerdo son ahora señoras cuarentonas como Mariana Seoane, pienso que la señora esta [Angélica Rivera], y después lo cerraron porque pertenecía a Víctor Hugo O'Farril.

Este último es nieto de Rómulo O'Farril, primer concesionario de XHTV Canal 4 de la Ciudad de México, presidente de Televisa San Ángel en las décadas de los 70 y 80 y creador del CEA.

—En el CEA inventaron el famoso «grupo especial» —continúa Lafontaine abriendo sus expresivos ojos—. Para entrar allí tienen que tener 18 años, exigen mínimo la secundaria y estudian tres años la carrera de actuación. Este grupo especial era el que tenía o sigue teniendo padrinazgos o favoritismos. A todos los productores les mandan las fotos y los currículos. Se habla mucho de la prostitución femenina, pero aquí es de los dos lados. Casi todas las mujeres son del mismo corte, llegan de todos lados, pero las más hermosas son las norteñas de Chihuahua, Sonora y también de Guadalajara, casi nunca llegan de Puebla, Yucatán o Oaxaca. A estas mujeres y hombres les dan un curso de un año y pueden trabajar. Evidentemente hay mano negra e intereses creados, entonces eligen y les dan una exclusividad a manera de beca, les pagan la renta de departamentos cerca de Televisa donde desayunan, comen y cenan. La última que yo recuerdo que a fuerza tiene que haber pasado por esto, porque si no, no las apoyan ni llegan más lejos, es Esmeralda Pimentel, una niña mona, pero sin el padrinazgo no llegan a ningún lado.

—¿Y qué significaba estar en el «grupo especial»?

—En el grupo especial, los actores y actrices están a las órdenes de la empresa y, cuando te llamen o te digan que tienes que prestarte para ir a la fiesta de ejecutivos, lo tienes que hacer. Es el grupo de las que sí se sabe que van a ganarse una novela, pero ya sabes de qué forma.

—¿De qué forma?

—Con favores sexuales o en muchas ocasiones van de plano como prostitutas contratadas, porque me tocó ver actrices que se las tiraban cuatro o cinco. No es que traen un romance con un productor y ya; había otras que eran más exclusivas de un productor que dice: «Esta es mía, no me la toquen». Todas estas chavas son las que tiene Eugenio Cobo para convocarlas al cumpleaños de Pepe Bastón, de Emilio Azcárraga y de todos estos.

—¿En estas fiestas hay sexo, drogas y más, por un papel en una telenovela?

—Absolutamente. Y es muy perverso. Recuerdo una actriz en Acapulco que estaba metida en un cuarto donde alguien se la estaba tirando, salía y entraba otro, salía y entraba otro, y entraban de dos y de tres. Sí hay este rollo, yo lo vi. Lo único que se cuidaban son los rollos *gays*. El productor que tenía interés en un actor, tipo los escándalos de Fernando Colunga y David Zepeda o William Levy... por supuesto se maneja que hay productores de clóset. Tanto Emilio como Pepe y los altos ejecutivos tienen un rollo bisexual y hasta tienen que ver entre ellos, no me consta, pero siempre se ha dicho. Son bacanales de doble moral. Hay droga, pero no de una manera descarada, tienen que meterse al baño, no hay un espejo con coca en la mesa de centro.

—¿Se paga a las actrices con dinero los servicios sexuales, o el pago es tener un papel en una telenovela?

—Sí y la exclusividad. Se les da protagónico en las novelas, de las pocas series que tienen. Una chica que tiene un protagónico a fuerza te lo puedo asegurar que es porque tiene un padrinazgo de algún productor o ejecutivo. Lo primero que hacen cuando llega una actriz es pasar los exámenes del CEA. Eugenio Cobo [productor] claro que sabe el trasfondo, siempre es muy elegante; el vulgar es el productor Juan Osorio o el también productor Emilio Larrosa.

Desde esta óptica, ser productor de Televisa significaba tener un poder absoluto sobre las actrices. Así lo vivió la propia Angélica Rivera, cuya carrera no empezó a despegar sino hasta que conoció y se relacionó sentimentalmente con José Alberto *el Güero* Castro. Y vivió tres vidas en su travesía Televisa-Los Pinos: primero, una joven de 15 años recién llegada a la más importante televisora de América Latina; luego, la esposa del productor, y posteriormente su salto a Los Pinos.

—Angélica tuvo una triple vida, hay una Angélica antes y después del *Güero* Castro. Antes era más tontita, no era una chica como Daniela Castro, quien se casó con un Díaz Ordaz y tiene un rollo de política, era más trepadora. Angélica Rivera era tontita, con la mamá siempre siguiéndola cuando empieza a andar con *el Güero*. Después cambió y realmente no tiene una trayectoria impactante, hizo nada más dos novelas en plan estelar: *La dueña* y *Destilando amor,* ambas producidas por *el Güero,* que siempre se supo que era corrupto, cocainómano; ella misma lo acusó, lo corrieron de casa y luego regresó, y después la hija Sofía hizo un drama de que a su papá lo querían. Cuando Angélica todavía estaba con él fue entrando más y más en este papel de soberbia y de volverse más ambiciosa y poderosa. Aunque ahora todo se está cayendo a pedazos en Televisa.

MALA ACTRIZ...

Si bien la carrera de Angélica Rivera fue en ascenso gracias a su relación sentimental con el productor de telenovelas, Mario Lafontaine la recuerda en sus inicios, cuando participaba en su programa.

—Ella tenía un pequeño *sketch* en el cual salía de niña fresa; era, te digo, muy bonita de cara, era muy delgadita, no tenía casi busto ni pompas, era muy planita. Era, porque después se operó cuando estaba con *el Güero* Castro y se puso *bubis* y pompis, pero no estudió más que la secundaria, creo.

—¿Y cómo la calificas como actriz?

—Era muy mala actriz, pero ella ya había hecho *Dulce desafío* y también a la par hacía con la productora Carmen Armendáriz, que inventó el programa *Ventaneando* y *Hoy* y esas cosas, bueno, no se necesitaba mucho para inventar eso… Angélica tenía un programa de videos con ella en Cablevisión, que en aquel entonces todavía no era el consorcio en que se convirtió después. En ese entonces hacían un programa de videos que se llama *TNT*, porque la reina de los programas de videos era MTV y todos los videoclips eran la novedad, y la picuda era apoyada por Televisa y sobre todo por Raúl Velasco, que era el más poderoso en ese entonces, con Gloria Calzada, que tenía su programa, pero hicieron su versión de *TNT* como el detonador y las conductoras eran Angélica Rivera y otra chica que se llama Martha Aguayo.

—¿Y en tu programa participó poco?

—Nada más tenía un pequeño *sketch,* en el cual salía de una niña fresa… era como un Hard Rock Cafe y había un escenario y en el escenario el supuesto novio llegaba en una moto y andaba vestido como de Elvis, muy copetón, muy de los 50, y se bajaba de la moto y hacía su monólogo en el escenario y el monólogo era sobre las damas, de cómo se debe tratar una dama. Su participación fue bastante flojita, no era nada espectacular.

—¿Por qué dices que era mala actriz?

—Porque nunca fue una buena actriz, nunca fue una actriz del tamaño de las de ahora, como Maite Perroni, aunque bueno, es pan con lo mismo, para mí es pan con lo mismo, pero bueno. Nunca fue una Edith González o Adela Noriega, ni Daniela Castro o Kate del Castillo, nunca Cynthia Klitbo, ellas sí son grandes actrices. No tenía talento, no tenía lo histriónico que se necesita, era gris, gris, gris, gris, gris… Nunca te diría que fue del tamaño de otras que he visto.

—¿Era tímida?

—¿Tímida? Yo creo que era un caso más bien de una «indita güera» —sin querer llegar a discriminar a las razas indígenas—, pero yo creo que era una niña gris, seguramente quien la empujaba era la mamá, porque la mamá creo que estaba más que beneficiada con ella.

Era 1991, cuando Mario Lafontaine trabajaba con el productor Luis de Llano en la telenovela juvenil *Alcanzar una estrella,* que era franquicia de una telenovela argentina cuya casa productora se llamaba Ideas del Sur; los estelares eran de Mariana Garza, ex Timbiriche, y Eduardo Capetillo, con un argumento tipo *Betty la fea.*

—La música la hacía Ricardo Arjona, cuando Ricardo Arjona no era nadie, que sigue sin serlo, pero bueno. La novela *Alcanzar una estrella* tuvo tal éxito que de inmediato Luis de Llano me dijo: «Vamos a hacer la segunda parte», con su obsesión por el musical *Vaselina.* Me pidió que armara un grupo musical y yo era el director de *casting,* director creativo; entonces yo acababa de conocer, vía Angélica Vale, a un chavo muy guapo, sorprendentemente guapo y talentoso, que estaba en una obra que hacían ellos; un chavo que se llamaba Ricky Martin. Y entonces llegó Ricky Martin, quien venía de una situación precaria; él estaba viviendo en Nueva York; digo, la belleza la traía, pero tenía el cutis destrozado. Y venía con su mamá y con su hermano, yo lo ayudé muchísimo porque Luis de Llano no me lo quería comprar. Y empezamos a armar el grupo con Erik Rubín, Bibi Gaytán —que era un símbolo sexual en ese momento—, Pedro Fernández; eran puras súper estrellas del estilo de Sasha Sokol y me metieron a Angélica Rivera, que ahí decías bueno, si todos son tan, tan estrellas, si todos vienen con una historia, ¿por qué incluir a Angélica Rivera? Pero Luis creyó en ella. Al final, fueron tres hombres y tres mujeres.

... Y   M A L A   C A N T A N T E

Aquel grupo acabó llamándose Muñecos de Papel. Fue la oportunidad de Angélica Rivera para incursionar en el canto, aunque sin mucho éxito.

—Angélica no era una buena cantante, era de voz muy limitada. Ella cantaba una canción que se llama «Para llegar», y la letra es para llegar a ser alguien en la vida y para destacar y para triunfar, algo que es totalmente irónico con la vida que ha llevado; la canción la encuentran en YouTube.

La letra de la canción ciertamente no es muy profunda, pero coincide con el rumbo que ha tomado la vida de Angélica Rivera:

> *Para llegar a ser estrella y todos tus sueños alcanzar,*
> *para poder tener el mundo, para que nunca te detengas.*
> *Para llegar a ser estrella y todos tus sueños alcanzar,*
> *para poder tener al mundo, para ganar, para triunfar.*
> *Todo vale, todo cuenta cuando quieres llegar*
> *amigo lo que sientas, al salir a cantar.*
> *Todo tiene un alto precio que tú tienes que pagar.*

—El grupo Muñecos de Papel se convierte en un suceso, tanto que la novela deja de ser *Alcanzar una estrella 2* y pasó a ser *Muñecos de Papel*, y hacemos un disco donde cada quien canta una canción.

—Dices que no tenía buena voz, tal vez por eso Angélica Rivera no tuvo futuro en la música.

—Angélica, para hacerte honesto, siempre fue una niña callada, siempre fue una niña más apartada. En el grupo no la aceptaban. El grupo eran Sasha, Erik, Ricky… ellos se metían sus droguitas y llegaban algunos sustitos, había *gays* por ahí, y francamente Angélica no encajaba, de verdad, siempre fue una niña mucho más conservadora.

—¿Pero igualmente con ganas de triunfar?

—Siempre tuvo un hambre tremenda de crecer y de ser alguien en el medio. La novela fue un éxito rotundo, después viene la película y en la película ya se empezó a suplir a algunos, porque Sasha no quiso hacer la película, entonces entró Lorena Rojas, que en que paz descanse, entró a hacer lo que hacía Sasha; salió Angélica Rivera, entró Alejandro Ibarra en vez de Pedro Fernández, pues ya era una estrella, pero sí estaba Ricky… fue una revoltura. Angélica tuvo un desempeño… pues digo, seminotable en la telenovela en ese entonces, se podría decir aceptable.

—¿Y después?

—Después de esto, se termina la relación, porque nosotros tuvimos con Luis de Llano giras y se hacían discos, se hacían videoclips, se hacía todo esto. Yo recuerdo haber tenido con Angélica una cercanía, una amistad entrecomillada, como todo en el medio artístico; ahí nadie es tu amigo, son tus amigos si hablas bien de ellos, pero siempre tuve como protección hacia ella porque me caía bien, era una buena persona, era agradable, era callada, era dedicada, era estudiosa; a pesar de que era mala actriz, era estudiosa, cosa que los otros no. Era imposible hacer que Sasha, por ejemplo, se aprendiera los libretos, porque ya era estrella desde los ocho años en Timbiriche. Hubo un problema ahí mayor porque Héctor Suárez, que era novio de Angélica, terminó con ella, y Hectorcito pues anduvo ahí hablando cosas feas de ella, porque Héctor andaba tras de Andrea Legarreta; entonces Angélica decide terminar a Héctor porque ya juraba que le ponía el cuerno con Andrea, cuando realmente nada más eran amigos. Angélica comienza a tener éxito moderado, pero pues sí empezó a sonar entre las protagonistas.

—¿Y qué más recuerdas de ella?

—Conocí a la familia de Angélica. Los ubico que venían de Satélite. Ahí fue el momento de mayor cercanía con ella. Después la dejé de ver y cuando la dejo de ver ya viene su primer éxito, que es la novela de Florinda Meza *La dueña;* creo que estamos hablando de los 90. Entonces Angélica comienza a tener éxito, aunque no era del tamaño de Edith González ni por supuesto de Daniela Castro ni de Lucía Méndez ni Kate del Castillo, Adela Noriega o Cynthia Klitbo, quienes son grandes actrices. Pero luego viene lo que yo llamo el rapel artístico, viene la escaladora profesional entre Angélica y Verónica, porque logra conectarse al *Güero* Castro, a quien lo nombran productor y empieza a hacer sus pininos con Angélica. *El Güero* Castro era entonces muy poderoso porque todavía Verónica Castro las movía en Televisa, todavía estaba Emilio *el Tigre* Azcárraga; tú sabes que Verónica fue de los amores del *Tigre.*

—Luego de su relación con *el Güero* Castro, ¿Angélica Rivera cambió?

—Ahí ya era un poco más desmedida la ambición de Angélica; entonces yo me la topaba y le decía: «¿Cómo estás, mi güera, qué estás haciendo?». Y me contestaba: «No, pues tal novela y tal novela…». Desfilaron muchos años; yo la veía pasar y [me decía] hola, hola y adiós, pero ya nunca más como antes. Recuerdo que una vez me fui a comer con ella, la acompañé a su casa en las primeras cosas que hicimos entonces; pero luego del *Güero* Castro, Angélica pasa a ser, pues, «la señora del productor», en Televisa, que es la «fábrica de la doble y la triple moral»; como esposa del productor tienes muchos derechos.

Hacia 2009 Mario Lafontaine volvió a hacer telenovelas. Habiendo trabajado en ocho anteriormente, aceptó el reto de hacer *Atrévete a soñar*, basada en la argentina *Patito feo* y al estilo de *Betty la fea*. En la versión mexicana participaron Vanessa Guzmán, René Strickler, Danna Paola y Eleazar Gómez, así como Cynthia Klitbo y Violeta Isfel.

—La novela se convierte en un suceso. Yo diseño los uniformes y eran las divinas y las populares; estaban de moda las coreografías, las canciones y todo esto, y un día íbamos a dar un *show*, bueno dimos 10 o 12 *shows* en el Auditorio Nacional, y voy bajando las escaleras y me agarran de la mano, volteo y era Angélica Rivera. Ya se sabía que Angélica había terminado con *el Güero* Castro y ya estaba el runrún de que iba a ser la Primera Dama.

Mario refiere que en ese encuentro conversaron brevemente:

—¿Cómo estás, Angie? Qué gusto verte —le dijo él.

—Te quiero pedir un favor muy grande... ¿Tú estás en lo de Patito Feo?

—Sí, estoy con Luis de Llano.

—Oye, consígueme dos lugares para mis hijas, para que puedan conocerla y verla.

—Por supuesto —respondió Lafontaine.

Cuenta que en ese momento llamó por teléfono a Lourdes Dussauge Calzada, directora de Relaciones Públicas de Televisa y hermana de Consuelo Duval.

—Sabiendo que ya era algo presidencial, que era algo de altísimo nivel, entonces yo de inmediato hice todo. Fueron al teatro, salimos a recibir a Sofía, que en ese entonces tenía 13 años, y a las demás yo las pasé con Danna Paola, bla bla bla, y recuerdo que Luis de Llano me dijo: «Oye, hay que quedar bien», bla bla bla, cosa que a mí me valía gorro.

En la carrera artística de Angélica Rivera hay un poco de todo. Además de la actuación y su incursión en cuestiones musicales, la futura Primera Dama formó parte de almanaques con fotos en bikini. Por ejemplo, en el calendario de 2009 titulado «Guerreros» aparece con protagonistas de la lucha libre, posando y luciendo sus atributos femeninos en un bikini amarillo.

—Shanik Berman le hizo una entrevista donde desata el morbo hablando de sus pompis —continúa Lafontaine—. Shanik es experta en sacar el morbo, pero fíjate que no era el caso. Angélica Rivera ha sido la «mosca muerta» que ha llegado más lejos; pero es eso, es mosca muerta, nunca fue alardeadora, nunca. Lo que sí te puedo decir es que hizo muchas cosas muy vulgares, que no cuidaba su carrera. Por ejemplo, hizo una película chafísima con Televicine, una copia de *Beetlejuice* que se llamaba *Aquí espantan*, con Ernesto Laguardia, Rafael Inclán y Patricia Reyes Espíndola, en la que se les aparecen fantasmas. ¡Un churrazo de película! También hizo revistas de lucha libre, hizo calendarios con el Perro Aguayo, con Latin Lover, el Negro Black Magic y con el microbikini, y es que no era precisamente fina, aparecía siempre en fotos parando la pompa. Todo está en la red.

POR LA LIBERTAD DE EXPRESIÓN

La censura acecha a los medios de comunicación que se atreven a criticar a la Primera Dama. Y Mario Lafontaine ha sufrido en carne propia las consecuencias de hablar claro. Conoce la venganza del veto televisivo. Desde el inicio del sexenio lo obligaron a vivir en el ostracismo. Él y Horacio Villalobos han sido un dúo fantástico de creatividad musical, pero han pagado un precio muy alto por su libertad.

El 4 de agosto de 2008 Horacio Villalobos creó el programa *Nocturninos,* transmitido por el canal 52MX de MVS y del cual Lafontaine era colaborador constante mientras trabajaba en Televisa San Ángel. Con los más altos niveles de *rating,* el programa estaba en el primer lugar de audiencia. En una ocasión hicieron un programa satírico sobre las primeras damas y posteriormente, en enero de 2013, les dieron el aviso de que el programa se suspendía por falta de ventas de publicidad, algo a todas luces inverosímil. Atribuyeron el hecho a la crítica que pudo haberse tomado contra Angélica Rivera.

—Nos dijeron que no había ningún anunciante que quisiera anunciarse en el programa y que entonces teníamos que salir del aire. Horacio y yo nos quedamos sorprendidos y pensamos: «Esto viene de otro lado, esto viene por el programa sobre las primeras damas».

Por ese entonces, Mario Lafontaine también trabajaba en Televisa San Ángel y recibió la invitación para dar una conferencia sobre libertad de expresión en el Centro Cultural Donceles 66. Aprovechó el espacio para cuestionar:

—¿Cómo es posible que un programa como *Nocturninos* me lo saquen del aire dizque porque no le entran ventas, cuando realmente sabes que la orden viene del dueño del canal porque es amigo... bueno, más bien, porque quiere quedar bien con el otro señor que es el dueño del país?

Visiblemente molesto, Lafontaine continúa:

—¿Quién dice qué es legal y quién dice qué es ilegal? ¿Quién tiene el derecho de decir qué... por qué... en este país de corrupción? ¿Cómo se atreven a decir que esto está bien, esto está mal? ¿Cómo se atreve la niña Peña Nieto a juzgar y a poner «la prole», cuando a la que ahora es su madrastra yo la metí a los 14 años a prostituirse al burdel más grande de México...? Es increíble.

También criticó a Televisa, empresa que, dijo, estaba de «capa caída» desde el surgimiento del movimiento estudiantil #YoSoy132.

—Quiero decirte que en Televisa —refirió—, a partir del movimiento #YoSoy132, crearon un departamento de inteligencia y de espionaje; entonces en Televisa Santa Fe había alguien que cuidaba, porque hubo varios atentados y a cada ratito en Avenida Chapultepec había granaderos.

Sus fuertes declaraciones fueron grabadas por una televisión alternativa, IzquierdaMX, y difundidas, algo que, afirma, él desconocía. A partir de ese momento la vida le cambió. Trabajaba en Televisa Multimedia encargado de plataformas digitales.

Los videos con las críticas de Lafontaine fueron subidos inmediatamente a YouTube y en pocas horas ya tenía miles de vistas. La represalia no se hizo esperar.

—El video finalmente llegó a Emilio Azcárraga y a Pepe Bastón y a todos los grandes de Televisa. Yo tenía un programa en vivo que se llamaba *Lunadas* y lo hacía fuera de la presidencia de Televisa, donde está la puerta del patio; al lugar le llaman «Plaza de las Estrellas», y estaba conduciendo y nada más sentí así por atrás que alguien me tocaba y era Lourdes Dussauge.

—Manito, me da mucha pena —le dijo a Lafontaine—, pero tienes que hablar con el jefe de Recursos Humanos.

Y así lo hizo Lafontaine.

—Mario, voy a estudiar tu caso porque aquí hay dos temas muy fuertes —le indicó el jefe encargado de despedirlo—. Por un lado, te referiste a Televisa como «El burdel más grande de México». Te vamos a sancionar un mes pero el 3 de abril regresas porque viene *México suena* y ya después se va a analizar tu caso con los abogados, luego te diremos.

Y Mario contestó con sarcasmo y riendo:

—¿Dónde está el burdel?

El ejecutivo continuó con su anuncio:

—Esto viene de una orden presidencial. Quiero decirte que hay una orden presidencial para que se te despida de Televisa. Pero te vamos a suspender un mes sin goce de sueldo.

Mario atribuyó aquel hecho a una venganza de Angélica Rivera.

—Esa tuvo que haber sido ella, porque poquito tiempo antes se bronqueó con *el Güero* Castro y siendo padre de sus tres hijas lo acusó de drogadicto, que se metía cocaína, y de que utilizaba el fondo de las telenovelas, y lo sacaron de Televisa y duró un rato fuera. Luego regresó. Pero a mí me preocupaba más mi vida que mi trabajo en Televisa. Yo dije: «Televisa que se caiga», yo me voy del país, busco otra chamba. Yo veía por mi vida.

En efecto, Mario Lafontaine temía por su vida. No era la primera persona a quien congelaban o silenciaban por criticar a la Primera Dama. Semejante atrevimiento se pagaba con el desempleo, el aislamiento y, por supuesto, la amenaza de muerte. Lafontaine recuerda que aquel mes de castigo fue uno de los más difíciles de su vida:

—Yo estaba tan asustado, tan agradecido de que no me mataran, que ya no buscaba más que eso. Empecé a ver videos de gente amenazada por criticar al presidente y a su esposa y me encontré con Agustín Humberto Estrada Negrete, un tipo *gay* entrevistado en el programa de Denise Maerker, que decía que tuvo un romance con Enrique Peña Nieto y decía que su esposa los descubrió en la cama y que este la mato porque se enteró de que él era homosexual y él era el pasivo en la relación y le gustaba el sexo oral y no sé qué, bla bla bla… El tipo decía que se tuvo que ir a vivir a Estados Unidos por las amenazas; un tipo de condición modesta y como muy jotito, muy corrientito, que dije, bueno, ya que anda con el joto este, pues que se tire a Fernando Colunga, no que se tire a este tipo, ¿no? En fin, cuando vi ese video yo me asusté más, estaba muy nervioso por lo que me pudiera pasar.

Cuenta que al cumplirse el mes de castigo se presentó en Televisa para trabajar, ya que el proyecto *México suena* estaba a su cargo. Todo parecía normal.

—Mi regreso a Televisa era en abril y después había un evento, del que nada más se hicieron dos presentaciones, porque yo era el fuerte de ese evento de música; yo lo conducía junto con otras personas. Llegué muy arregladito a la puerta 2 y al entrar cuál fue mi sorpresa con lo que me dijo el guardia de seguridad: «Señor, no puede pasar, tiene que acompañarme por acá».

Mario no olvida aquel momento humillante.

—Me llevaron, no te voy a decir que esposado, ni mucho menos, pero en calidad de detenido a la oficina del señor Cabeza, de Recursos Humanos.

—Quedas fuera, tienes que firmarme esto aceptando que te vas por negligencia.

—No entiendo —contestó Lafontaine—. Trabajo en Televisa desde 1986, me deben 28 años de liquidación y tengo un sueldo de 100 mil pesos al mes, así que no creo que sean cinco pesos. ¿Verdad?

—No, no, no has entendido. Por «negligencia» significa que no te vamos a dar liquidación alguna. En lugar de liquidación te damos tu libertad.

Al recordar aquella conversación, Mario observa:

—O sea, como si Televisa fuera el gobierno de México... Y sí lo es —sonríe al decirlo.

El veto de Televisa contra Mario Lafontaine va a la par del sexenio. Desde entonces ha iniciado una carrera profesional independiente con proyectos propios.

—Al principio me afectó mucho en cuestión mental, porque deje de producir. Yo soy un alternativo o hiperactivo. Al cerrarte las puertas de Televisa te cierran las puertas de la W, de la editorial de Televisa Chapultepec, de Televisa Santa Fe, en fin, de las franquicias de todo.

A partir de ese momento decidí hacer un giro y empecé a producir artistas y dedicarme a lo mío, que es la música. Me sirvió, digo, los golpes sirven, el castigo me sirvió para darme cuenta de que duermes con el enemigo. Durante mucho tiempo temí por mi seguridad, es más, tenía una paranoia de que yo me iba a algún lugar y me ligaba a un tipo y a la hora ya únicamente le decía «No, mejor no», porque qué tal si mañana aparecen mis fotos en la avenida Tlalpan *[risas]*. Vivía una paranoia y se me fue quitando. Me exorcicé, me sirvió, me ayudé mucho… No me arrepiento, pero tampoco me enorgullezco.

De hecho, relata que tuvo la oportunidad de disculparse con Angélica Rivera, a través de su hija Sofía, por haber dicho que él la metió a prostituirse a Televisa, en lugar de añadir «prostituirse artísticamente».

—No me voy a echar para atrás, ni nada, porque sí lo dije; no dije mentiras. Sí hay una red de prostitución en Televisa, pero ella no era precisamente de las que se van los fines de semana a Acapulco a las orgías. Ella no iba a las fiestas ni tomaba ni nada. Ella hizo su luchita y alcanzó su estrella.

Y abunda en esa estructura establecida en Televisa en torno a la «prostitución artística y sexual».

—Claro que hay un narcomenudeo muy fuerte en Televisa, pero las cosas sexuales vienen a través del CEA. Le dicen al señor Eugenio Cobo: «Dígale a sus niñas que quiénes quieren venir a una fiesta de ejecutivos en Acapulco», y las niñas actrices deciden quiénes van. Suelen ir cinco o seis chavitas y luego les dan todo por medio del CEA, pero ya regresan de Acapulco con el estelar de una telenovela o con su exclusividad.

—¿Es una tradición?

—Sí, sí, sí, y tienen que ser egresadas del CEA porque son niñas bonitas o niñas bien, o por lo menos parecen niñas bien. Allí no la hacen actrices del estilo de Ninel Conde ni la hace Niurka, porque esas ya vienen más aplaudidas. O sea, buscan la carne fresca. Fíjate, es más el mercado sexual que las drogas, porque las drogas corren más entre los actores, entre los productores; la droga, el submundo de la adicción y la postproducción van unidos. Tú sabes, la gente que vive de noche pues ahí está, yo siempre he dicho que en la televisión todo está pensado, escrito, dirigido y conceptualizado, nada es gratuito en la televisión, nada, nada.

«UN CASTING PERVERSO»

El mundo del espectáculo, unido a la política, ha dado resultados en las urnas. Televisa dispone literalmente de una cantidad inagotable de mujeres hermosas destinadas a convertirse en parejas y esposas de hombres poderosos del gobierno y la política. Así, Enrique Peña Nieto y Angélica Rivera estaban predestinados por los designios de Televisa.

Mientras la vida de Angélica Rivera con el *Güero* Castro llegaba a su fin tras 18 años de unión, la imagen de la campaña «300 compromisos cumplidos» del entonces gobernador del Estado de México, Enrique Peña Nieto, daba sus frutos. Actrices de Televisa contribuyeron para allanarle el camino hacia la candidatura presidencial. El mundo del espectáculo se había unido al mundo político; las actrices famosas cosechaban simpatías electorales a favor del joven candidato del PRI.

En realidad, señala Lafontaine, todo estaba ya preparado, desde la operación de *marketing* hasta el noviazgo y la boda.

—¿Todo fue preparado por Televisa para llevar a Enrique Peña Nieto al poder? ¿Eran tres candidatas: Galilea Montijo, Lucero y Angélica Rivera?

—Hubo un *casting* para él. Galilea tiene un pasado oscuro, viene de un *table* de Guadalajara. No era la más idónea porque ellos en su doble moral piensan que hay un centímetro [entre] ser *teibolera* [y] ser prostituta. Además, Galilea es una mujer demasiado caballona para Peña Nieto, que es bajito; ella es muchísimo más alta que él, muy imponente, y lo hubiera opacado totalmente. Se le tenía que buscar alguien de su tamaño. Quedó descartada —dice riendo.

Estaba probado que el vínculo entre actrices y políticos da buenos resultados, como fue el caso de Irán Castillo en Hidalgo. Los anuncios en que ella participó causaron controversia porque mostraban diversos lugares turísticos pintados sobre el cuerpo de la actriz. Pese a que el gobierno había gastado 40 millones de pesos, el Instituto Nacional de Antropología e Historia (INAH) exigió el fin de la campaña, ya que entre los sitios retratados estaban los Atlantes de Tula, un convento de Actopan y los arcos del padre Tembleque de Zempoala.

Irán Castillo no fue la única que se vio envuelta en polémica: también lo estuvo la actriz Aracely Arámbula, quien cobró un millón de pesos por cinco *spots* publicitarios en que se promovía el voto. Sin embargo, los más criticados fueron Maite Perroni y Raúl Araiza por aparecer en anuncios propagandísticos a favor del Partido Verde.

Televisa necesitaba una actriz con gran popularidad para beneficiar al candidato del PRI. En el *casting* había que probar candidatas cuya trayectoria artística fuera en ascenso; mujeres famosas y con buena imagen «moral»; actrices identificadas con entornos familiares, madres de familia ejemplares y esposas maravillosas. Angélica Rivera disfrutaba de la fama de su telenovela *Destilando amor,* con su papel de «Gaviota». El gobernador Enrique Peña Nieto aprovechó el éxito televisivo y le ofreció ser la imagen de la campaña «300 compromisos cumplidos» durante su gestión. La mezcla de farándula con política supuso de inicio un éxito rotundo. Televisa lograba su objetivo y su fórmula funcionó con base en una gran mercadotecnia. La fama de Angélica Rivera fue el ingrediente indispensable para darle *rating* al gobernador del Estado de México y, por supuesto, popularidad y a la vez *glamour* telenovelero.

—Finalmente, la elegida fue Angélica Rivera —dice Lafontaine con un dejo de ironía, para contar en seguida su visión de los hechos—: A partir de ella, es decir, a partir de la pareja Peña Nieto-Angélica Rivera, se marca como una línea a seguir del tipo de actriz para los políticos: un tipo de raza aria, algo fascista, perverso. En 2009 o 2010 recuerdo a Angélica Rivera, ya se le empezaba a identificar en los pasillos de Televisa como «nuestra futura Primera Dama». Güera y guapa.

—¿Aunque ella estaba casada con *el Güero* Castro? [En realidad se había divorciado del *Güero* en 2008].

—No, ya andaba con Eduardo Yáñez, quien tiene un pasado oscurísimo. Ese no habla porque tiene más cola que le pisen. Yáñez entró a la empresa por ser amante de Ernesto Alonso. Oficial. Yáñez era mesero de un bar *gay* y de allí lo sacó Ernesto Alonso. Pero Angélica tuvo su historia con él y luego viene el rollo del divorcio con el *Güero* Castro, quien también ya andaba con Angelique Boyer, que es otra rubia hija de franceses, fresa, y después viene su despegue con el *remake* de la telenovela *Teresa*, que fue un exitazo. Luego Angelique Boyer le pone el cuerno al *Güero* porque no le interesaba como hombre, fue su escalera para llegar a donde quería, y se va con Sebastián Rulli, que viene de ser prostituto, de prostituto, de prostituto, desde el Río de la Plata.

—¿Esto es a lo que llamas un prostíbulo?

—Por supuesto, es prostitución artística y sexual. La historia de Gloria Trevi y Sergio Andrade es la misma de muchas de estas actrices.

—¿En la elección de Angélica Rivera para Enrique Peña Nieto participó Emilio Azcárraga?

—Sí, claro. Estaban los vicepresidentes Alejandro Benítez, Jorge Eduardo Murguía, Pepe Bastón, Bernardo Gómez, Eugenio Cobo, que hace el *casting* para Peña Nieto, y evidentemente Emilio Azcárraga.

En junio de 2008 terminó la colaboración de *la Gaviota* como imagen propagandística del gobierno de Enrique Peña Nieto. Ella misma pasó la estafeta de la campaña de logros a su colega, la actriz y cantante Lucero, imagen del Teletón. Lo hizo en plan televisivo y dentro del segmento de la telenovela *Mañana es para siempre*, en la que Lucero era protagonista. Mientras se transmitía la telenovela, que en ese entonces tenía un alto *rating*, Televisa aprovechó la época navideña para relanzar la imagen institucional de Peña Nieto con un anuncio hecho por la propia Angélica Rivera, que ya se perfilaba como la novia del próximo candidato a la Presidencia de la República.

—Hoy, con un poquito de tristeza aquí adentro, me dirijo a ustedes por última vez en nombre del Gobierno del Estado de México.

Eso sí, para desearles a todos los mexiquenses lo mejor: paz, amor y sobre todo salud para este 2009. Me despido porque así debe ser. Dejo la comunicación de logros de acciones del estado, y doy la bienvenida a Lucero. Buena suerte, esta es tierra noble y de gente buena —dijo, abrazando a Lucero.

Ambas añadieron:

—Muchas felicidades.

De manera que entre en 2008 y 2009 Lucero se convirtió en la imagen de los *spots* institucionales del gobernador del Estado de México, los cuales acabaron por confirmar el vínculo entre Peña Nieto y Televisa en términos de imagen y *marketing*. Con un jugoso contrato económico, Lucero vendió su imagen para exaltar los supuestos «logros» del gobernador. Los anuncios propagandísticos presentaban obras de infraestructura, carreteras, escuelas, hospitales y programas asistenciales con el eslogan: «¿Y tú que le vas a regalar a México?». Los anuncios fueron controvertidos porque quedaba al descubierto el contubernio Televisa-Peña Nieto para alcanzar otros objetivos. Al final, Lucero sólo fue eso: la imagen institucional, la vocera, la propagandista, no la novia ni la amante.

—Lucero no le entró a ese rollo —dice Lafontaine sin temor a equivocarse, porque vivió ese momento. Y añade con una mirada penetrante y levantando el dedo índice para aclarar—: Lucero llegó a Televisa siendo una niña y siempre andaba acompañada de su mamá, una leona que la encerraba y nadie la tocaba. En ese entonces, Lucero causó mucha perversión entre todos los pederastas que comenzaron por seguir a Sergio Andrade y Raúl Velasco y todos estos, pero Lucero sí es de las pocas que puedo meter la mano al fuego y decir que fue una chava íntegra, que se dedicó a su carrera y la amó. Yo estuve con ella en España, la mamá a las nueve de la noche [le decía]: «¿Ya cenaste?» […] y la encerraba en el cuarto, y la mamá acá, pero a la hija nadie la tocó, y Sergio Andrade no le puso ni un dedo encima, ni nadie, ese sí es un caso real. Luego anduvo con el corrupto horrendo de Hidalgo, Francisco Javier, y luego se casó con Mijares y finalmente acabó con un millonario que, no me extraña nada, tiene que ver con algo raro y trepador de ella.

Mario Lafontaine insiste y expone su teoría de los hechos que vivió durante años:

—Las primeras damas, que ahora yo las llamo las primeras damas de *casting* a partir de ella, ya siempre son del mismo tipo. Hay una línea de *castings* a seguir, dirigidas al poder político: rubias, blancas, mujeres que no parecen mexicanas. Como dice Horacio Villalobos: «En México ser rubia es una profesión». La tendencia es que sean rubias menuditas. No les gustan mujeres altas porque son hombres con complejos muy cañones. Esa es la línea a seguir. Después de Angélica Rivera, supimos que la que seguía era Ludwika Paleta porque andaba con Emiliano Salinas y en algún momento se dijo que él iba a ser candidato. Ella también [es] güera, polaca, europea. Y la que siguió fue Anahí, también güera con ojos azules, que también le agarraron su cliente con un rollo bastante perverso y suculento porque ella se convierte en la estrella *top* de Televisa con la novela *RBD* y un disco que funcionó. Ella se volvió un fenómeno de las redes sociales. Con cinco o seis tuits jala cinco millones de seguidores. También he visto chicas hermosas y talentosas que no se prestan.

—Pero hay actrices de Televisa destinadas a fines políticos...

—Exactamente. Es tan perverso como lo de Sergio Andrade y Gloria Trevi. En Televisa, Víctor Hugo O'Farril tenía cinco novias morenas, blancas, rubias, y todo el mundo sabíamos y era un secreto a voces. Mujeres de estilos totalmente diferentes: Victoria Ruffo, Lourdes Munguía, Érika Buenfil, Salma Hayek y Bibi Gaytán. Con decirte que en la oficina de Víctor Hugo había una *suite* con cama. Es un *casting* perverso y maligno. Esta es la prostitución artística y sexual vinculada a la política, diseñada para los políticos. Hay un nexo directo entre Televisa y el CEA, por supuesto, tiene maestros que están encargados de darles clases de estilo y diferentes disciplinas a los políticos. Estos maestros van a Los Pinos y dan clases al gabinete y altos cargos porque saben el nivel de analfabetismo que tienen. La historia lo dice todo: Adela Noriega primero tuvo romance con *el Tigre* Azcárraga y acabó con Carlos Salinas de Gortari; Edith González con Santiago Creel, con quien tiene una hija; Érika Buenfil fue y se metió con el hijo de Ernesto Zedillo y tiene un hijo no reconocido.

Un guion para un sexenio

Al dar por concluida la campaña propagandística, Angélica Rivera no ocultó su relación con el futuro mandatario. Las revistas del corazón empezaron a publicar a la pareja de moda, haciendo hincapié en que ambos estaban solteros. La viudez de Peña Nieto era conocida, pues su esposa de casi 14 años, Mónica Pretelini Sáenz, murió sin ser debidamente aclarada la razón. Por su parte, la actriz de Televisa ponía punto final a su matrimonio con el Güero Castro, de quien estaba separada, pero no divorciada.

Un día el padre de sus hijas se quedó con los boletos de avión para llevarlas a Miami, luego de que Angélica Rivera le negó el permiso y promovió una demanda para régimen de convivencias, algo que le dolió profundamente a su pareja. Fue entonces cuando se inició el divorcio, según cuenta uno de los abogados involucrados, y la actriz presentó una demanda de pensión alimenticia: «En ese momento ya andaba con Peña Nieto y llegaba a los juzgados rodeada de escoltas que le bloqueaban el elevador y le abrían paso, mientras nadie la pelaba. Casi venía a las audiencias con la pluma lista para firmar. Tenía prisa por divorciarse».

Hacia noviembre de 2008, durante el programa Shalalá, conducido por Katia D'Artigues y Sabina Berman, Enrique Peña Nieto aceptó que sostenía una relación de noviazgo con Angélica Rivera. Fue Sabina quien hábilmente sacó a relucir el tema con una escenografía ad hoc para la ocasión: globos en forma de corazón fueron lanzados en el estudio mientras abordaban la historia de amor.

—¿Andan usted y la Gaviota? ¿Sí o no? —lanzó la pregunta Sabina como un dardo.

—Ya se me atragantó [risas].

—¿Son novios?

—No me han preguntado. Es curioso, pero nunca, no me han preguntado. Han hecho especulaciones a partir de que me han visto con ella…

—¿Nunca le han preguntado? —insiste sonriendo Katia.

—No, no me han preguntado.

—Qué curioso —contestó Sabina.

—Entonces le preguntamos —intervino audazmente Katia.

—Sí, sí estoy saliendo con ella. ¿Quieres saber si tenemos una relación? Sí. Somos novios, sí.

—¿Y qué quiere decir ser novio? Porque yo me quedé ya afuera... —abundó Sabina.

—Bueno, que juntos decidimos, en razón de la campaña que me hizo favor de hacer para el Estado de México, realmente ahí la conocí. Salimos, y como todo proceso de noviazgo, surge que si te ves alguna vez o varias veces y luego empiezas a ser novio...

Luego comentó que incluso ya había hablado con sus tres hijos, pero que el hijo no aceptaba la relación porque era «el rebelde». Aclaró que no sabía cuándo iban a presentar a sus respectivos vástagos.

Seis meses después, fue Angélica Rivera la que ofreció una entrevista exclusiva a la revista *Quién*, relatando sus encuentros, el primero en el restaurante Philippe, después de que terminó la campaña para el gobernador.

—La cita fue a las nueve de la noche y yo estaba muy nerviosa porque, después de haber tenido una relación de 16 años con mi ex marido, José Alberto Castro, con el que me fui a vivir a los 20 años, en la vida había salido con alguien. Enrique [que enviudó en enero de 2007] también me habló de la suya de una manera muy honesta y sincera. Obviamente lo vi muy guapo, no te voy a decir que no. Nos quedamos desde las nueve de la noche hasta la una de la mañana platicando. La verdad la pasamos muy bien y cuando nos despedimos quedamos en volver a vernos pronto.

Y añadió:

—Ya llevábamos como unos cinco meses saliendo y un día me invitó a cenar a un restaurante. Luego de un rato se me quedó viendo, me abrazó lentamente y me preguntó que si quería ser su novia. Era la primera vez que alguien me decía: «¿Quieres ser mi novia?». Por supuesto que le dije sí, y él me contestó: «Dime el "sí" bien», y le repetí más fuerte: «¡Por supuesto que sí!». Desde ahí comenzamos a marcar esa fecha [que no quiso revelar] como nuestra fecha de amor.

Romántica, Angélica Rivera exaltó las virtudes extraordinarias de su nueva pareja:

—A mí en la vida nadie me había movido la silla para que me sentara. Entonces empecé a ver cosas que nunca había vivido.

Sin embargo, para Mario Lafontaine no existe tal «historia de amor» y asegura que lo que han compartido Televisa y Enrique Peña Nieto es al estratega de imagen, *marketing* y publicidad, Juan Carlos Limón García.

—Él y su empresa son la Santa Inquisición de la comunicación. Todo pasa por allí. Peña Nieto y Televisa comparten el director de *marketing*. Televisa siempre ha prestado servicios de maestros y ejecutivos para que den clases y asesoren a los políticos.

—¿Televisa asesoró a Peña Nieto?

—Sí, me consta. Por ejemplo, la chica que le daba clases de inglés es mi amiga del CEA. Y me decía que él no podía.

—Pues no aprendió mucho...

—Exactamente. Bueno, la maestra tampoco habla bien, pienso que sólo terminó la secundaria, si acaso.

—¿Por qué Televisa quiere controlar el poder político? ¿Y por qué controlar la sucesión de Los Pinos?

—Porque Televisa y el PRI siempre han sido aliados. Son los dos máximos poderes, cada uno en su ramo, y son compañeros de generación porque Televisa lleva los mismos años que el PRI. Son los dos manipuladores de todo. Es el monopolio de la industria del espectáculo y la mezcla perfecta con la política. Los que más ganan son los políticos y los futbolistas. Cuando los futbolistas ponen sus ojos en estrellas de Televisa, eso no le gusta a esta porque son corrientitos y porque su periodo dura sólo poco tiempo. Ha habido futbolistas detrás de artistas, como Jorge Campos o Miguel Hernández. Y Televisa tiene el poder de decir a la actriz que acabará esa relación, o si estaban embarazadas les patrocinaban el aborto, aunque no lo puedo asegurar, pero puedo adivinar. Televisa es dueña de las vidas y de los cuerpos de sus actrices y actores, por supuesto.

—¿Y qué tipo de matrimonio tienen Enrique Peña Nieto y Angélica Rivera?

—Es un arreglo. Desde el inicio arreglaron las cosas. Tienen una telenovela de seis años con el mejor sueldo del mundo. No son romances como tales. Siempre fue un rollo arreglado. Ahora sabemos muchas cosas de sus hijos.

—¿Crees que siguen juntos?

—Ella hace mucho está despegada de él o nunca estuvo unida realmente, o sólo para la galería.

—¿Tú crees que ella ha ganado en Televisa todo ese dinero que dice y que utilizó para comprar sus propiedades?

—Absolutamente no. Es imposible. Nadie puede ganar eso, ni Silvia Pinal con lo que ha hecho durante toda su vida podría haberse comprado esas propiedades. Una actriz estelar, en una telenovela, como por ejemplo *Simplemente María* con esta niña Claudia Álvarez, será un millón de pesos y ya rayadísima. Un actor estelar como David Zepeda o William Levy cobran un millón de pesos, más prestaciones, más cositas. No existen los sueldos, o sea, por siete novelas que Angélica Rivera hizo, en las cuales nada más fue estelar en dos, no ganas eso. Es más, Edith González, que también tuvo una hija con un político, Santiago Creel, nunca ganó más de 500 mil pesos por una novela. Les dan el vestuario, les dan carta abierta, les dejan exclusividad, pero sueldo por una novela, nadie lo tiene, nadie gana más de un millón de pesos, nadie. —Hace una breve pausa y agrega—: Yo creo que a Angélica Rivera la asesoraron y le dijeron di esto y esto y esto y lo otro. Finalmente lo que ganó, más bien, es dinero de los mexicanos, de nuestros impuestos, o el dinero que le pasan por aguantarse el numerito.

—¿Tiene sus departamentos en Miami?

—Claro, y a nombre de sus familiares, de la mamá, del hermano.

—Ella dijo que todo ese dinero se lo pagó Televisa…

—Por unas novelas en las cuales sólo en dos fueron estelares y nada más una fue un gran éxito: *Destilando amor*, un refrito. Imposible que una actriz obtenga ese dinero por las novelas.

—Todo indica que ella vive instalada en la frivolidad, tiene muy poca cercanía con el pueblo y con sus problemas. Y nula actividad de carácter social…

—Se ha ganado el odio del pueblo. El descaro es mayor. Todas estas *ladies* como Angélica Rivera van derecho y no se fijan, ellas van por lo suyo. Labor social no tiene. Antes las primeras damas tenían labor social. Angélica se enfoca a las revistas *socialités*. ¿Qué tipo de negociación tiene con la revista *Quién* o la revista *¡Hola!*? En esos reportajes se nota que ella está en lo suyo. Sale sonriente, realizando su sueño de la portada, vestida de pies a cabeza de marca, con un vestido de Valentino que cuesta la nómina de los obreros de toda una empresa.

—¿Cómo va a pasar a la historia Angélica Rivera?

—Ella se va a ir a Miami o fuera del país y se va a dedicar sólo a disfrutar su fortuna.

—¿Volverá a la actuación?

—No, nunca ha habido un caso. Ni Sasha Montenegro o *la Tigresa* fueron tan repudiadas por el pueblo como Angélica Rivera. Eso sí, tiene dinero para tres generaciones y se va a dedicar a ser dama de sociedad. Estoy seguro que terminando el sexenio la vamos a ver con otro hombre.

Suspira, entrecierra los ojos y añade:

—Pero el karma existe. ¡La caída de Televisa y la caída del PRI son clarísimas!

E X O R C I Z A D O

Mario Lafontaine ríe emocionado. Su nueva vida tiene elementos muy positivos. Ahora lo sigue otro tipo de público. Personajes de izquierda y derecha lo han buscado para felicitarlo por su valor. Él prefiere definirse como un luchador por la libertad, y en especial la libertad de expresión. Ahora toma sus propios riesgos, innova, inventa, produce y vive por y para la música y el amor. Sus ideas creativas son un torbellino mental, constantemente está creando. Es un artista entregado a una de sus grandes pasiones. Salir de Televisa le cambió la vida. Perdió dinero, pero ganó legitimidad y admiración entre el público.

Está sentado tomando un refresco. Tiene una elegancia innata. Luce entusiasmado por sus próximos proyectos artísticos. Se siente dueño de su futuro, se siente libre.

—Yo estoy seguro de que cuando acabe el sexenio me van a estar hablando de Televisa para que regrese. Soy un elemento especial, sé que suena petulante, pero soy un caso único en mi trabajo.

—¿Volverías a trabajar en Televisa?

—No. Si lo hiciera sería yo el prostituto. No sería coherente de mi parte volver. No lo haría de ninguna manera. Ahora estoy haciendo música de *rock,* música independiente, y tener esta libertad de la que gozo no lo cambio por nada. Yo fui esclavo de Televisa. Ahora soy libre.

Una telenovela de seis años

El mundo es suficientemente grande
para satisfacer las necesidades de todos,
pero siempre será demasiado pequeño
para la avaricia de algunos.
— MAHATMA GANDHI

NO ES RETÓRICO decir que Angélica Rivera vive la mejor de sus telenovelas, la telenovela de la vida real. Ya no es aquella «Dueña» ni la famosa «Gaviota». Ahora es la Primera Dama de México. Al final obtuvo el mejor papel de su vida y está viviendo un cuento de hadas de seis años.

Ya en el primer capítulo se relató cómo don Manuel Rivera recuerda que la vocación artística apareció muy pronto en la vida de *Angie,* como le dicen sus allegados. A su corta edad, en el colegio católico Las Rosas a Angélica solían seleccionarla para participar en obras y festivales, e interpretar el papel de la virgen María en las pastorelas.

En aquella escuela dirigida por religiosas transcurrió la infancia de Angélica. Bajo la supervisión de la Congregación de las Hermanas de los Pobres, Siervas del Sagrado Corazón de Jesús, usaba el riguroso uniforme de falda azul marino hasta la rodilla, con cuello blanco almidonado, moño y cinturón rojos, símbolos del fuego y el amor del

Sagrado Corazón. Ellas la guiaron con base en la formación de valores y la «cercanía y promoción de los más necesitados», con una actitud de «servicio para responder a las necesidades de la comunidad».

La madre María del Socorro aún recuerda una ocasión en que, con el paso de los años, Angélica reafirmó su vocación:

—Quiero ser actriz, yo no quiero estudiar la preparatoria.

Cientos de veces la ahora Primera Dama recorrió esos pasillos. Aunque no fue una alumna que destacara por sus calificaciones, sino más bien era de desempeño académico regular, sí tenía claro un propósito: ser actriz.

Sus padres se divorciaron cuando ella tenía nueve años, por lo que la ausencia de la figura paterna la marcó de por vida. Empezó a trabajar a los 14 años en Televisa. Su madre y sus cinco hermanos —Maritza, Adriana, Elisa Guadalupe, Manuel y Carolina, quien padece síndrome de Turner— pasaron todo tipo de dificultades, así que había que apoyar la economía familiar, incluso aportar al pago de los estudios de sus hermanos. Maritza se convirtió en su representante; es ella quien ha negociado los contratos profesionales de la actriz. Entre tanto, su hermano Manuel ha sabido aprovechar de manera estupenda, en sus prósperos y exitosos negocios, las relaciones de su hermana.

La vocación temprana de Angélica se manifestó inequívocamente a sus 17 años, cuando una imagen anunció el inicio de su carrera: una foto en la que aparece con corona y cetro, luciendo un pronunciado escote, luego de que *El Heraldo de México* la nombrara el «rostro más bello del año». Como se comentó antes, la apoyó Verónica Castro y su vida dio un vuelco cuando conoció al hermano de la famosa actriz. Fue lo que verdaderamente le dio la oportunidad de despegar. Su relación sentimental con el productor de telenovelas José Alberto *el Güero* Castro le acarreó grandes beneficios profesionales y oportunidades de interpretar personajes protagónicos a lo largo de los 18 años que duró su unión.

Sin embargo, los testimonios del juzgado donde Angélica tramitó su divorcio hablan ya de una incipiente relación con su actual marido. Las supuestas infidelidades habían puesto fin a su matrimonio y

Angélica mostraba prisa por divorciarse. Ella interpretaba ya el papel de próxima Primera Dama, porque los empleados de los juzgados civiles recuerdan que llegaba con una actitud prepotente y rodeada de escoltas.

Iniciaba así el guion de esta telenovela de seis años. Televisa dirigía el libreto que tenía puesta la mira en Los Pinos.

«DESTILANDO AMOR»

Angélica Rivera mezcló nuevamente el trabajo con el amor. Comenzó siendo la imagen institucional del gobierno de Enrique Peña Nieto en el Estado de México, pero fue elegida para algo más. El *set* ya estaba listo. Los estrategas de *marketing* pensaron en encuentro de la futura pareja en el restaurante Philippe, al sur de la Ciudad de México, en un ambiente sofisticado y a su altura. Luego la pareja tuvo otra cita para cenar en el restaurante San Ángel Inn. Gracias a esos encuentros comprendieron que estaban hechos el uno para el otro. La química y una fuerte atracción se encargaron de lo demás.

La pareja estelar se dejaba ver. Primero en la boda de Ninfa Salinas y Bernardo Sepúlveda, y después en la de Chantal Andere y Enrique Rivero Lake. En la ceremonia luctuosa de doña María Antonieta Arellano, mamá de la actriz Daniela Castro, los periodistas le preguntaron a Peña Nieto sobre su relación de noviazgo, a lo que él contestó: «Ahorita no es momento, estamos en el dolor muy fuerte de una amiga. Perdón. No puedo dar entrevistas». Y antes de subir a la camioneta rodeada de escoltas, añadió: «Habrá otras oportunidades». Posteriormente la pareja se dejó ver en eventos masivos, como un juego de futbol en el estadio Nemesio Díez, «La Bombonera», de Toluca.

El entonces gobernador del Estado de México negó haber «formalizado» su noviazgo, luego de que varios medios dieran a conocer que le había entregado un anillo de compromiso a *la Gaviota*.

—Es una relación personal estable, que transita por un buen momento, pero no hemos decidido llevarlo a mayor formalidad —dijo al final de la inauguración de un parque industrial. Y agregó—: Esto ha estado sujeto a muchos dimes y diretes, las más de las veces sin sustento. De existir algo más, yo les comentaré directamente a los medios. Han dicho que ya terminé con ella, que ya me casé, al rato me la van a embarazar —concluyó con una carcajada.

La verdad era que el romance iba viento en popa. Eran la pareja perfecta: una actriz famosa y un viudo cotizado. Las revistas del corazón, las favoritas de la señora Rivera, participaban del *reality show*. En su edición 175, la revista *Quién* finalmente confirmaba el noviazgo del año. Era octubre de 2008, y un mes después, concretamente el 12 de noviembre, el propio Enrique Peña Nieto anunciaba de manera oficial su relación sentimental. Katia D'Artigues y Sabina Berman lo estaban entrevistando en su programa *Shalalá*, cuando de pronto empezaron a caer globos rojos con forma de corazón para ambientar la escena en el comedor. Los globos le caían a Peña Nieto sobre la cabeza y explotaban.

—¿Qué es esto? —pregunta, sorprendido—. El amor… —y suelta una carcajada. Se lleva una mano a la cara y le dice a Katia—: Ahora sí me asustaste.

—A veces el amor asusta —le responde ella.

—Sí, un poquito; bueno, en realidad no —dice Peña Nieto.

Sabina aprovecha el momento y va directamente al grano:

—Lleva meses preguntándole toda la prensa del corazón… ¿Andan usted y *la Gaviota,* sí o no?

—Ya hiciste que se me atragantara —contesta mientras se lleva el tenedor a la boca.

—¿Son novios? —insiste la periodista y dramaturga.

—Es curioso, pero nunca, no me han preguntado. Nunca me lo han preguntado —revira Peña Nieto.

—Fíjese qué curioso, porque siempre se anda contando —dice Sabina.

—Han hecho especulaciones porque me han visto con ella. Una vez me preguntaron en su aniversario y no quise dar respuesta, pero fuera de allí no me han preguntado, ni la prensa que anda conmigo cubriendo los eventos.

—Entonces le preguntamos —interviene Katia D'Artigues.

—¿Qué me preguntaste...? Sí, sí estoy saliendo con ella...

—Espérese, ya tuvimos este debate con algún político. ¿Qué es salir con o andar con? —insiste.

—Pues tú dime qué es uno y qué es lo otro.

—Pues no sé, yo tengo esa duda como joven soltera —dice Katia.

—¿Quieres saber si somos novios? Sí. Somos novios, sí.

—¿Y qué quiere decir ser novio? Porque yo me quedé ya fuera —dice Sabina.

—Que somos novios y juntos decidimos. Yo la conocí en razón de la... en razón de la campaña que me hizo favor de hacer para el Estado de México, realmente ahí la conocí. Salimos y, como todo proceso de noviazgo, surge que te ves alguna vez o varias veces y luego te declaras y empiezas a ser novio.

—Esto es inaudito, hay personas que no se declaran, sino que dan por hecho. ¿Usted no da por hecho nada?

—No, yo creo que tienes que formalizar tantito. Ahora, ¿en qué etapa vamos? En noviazgo.

—¿Sí le preguntó usted a ella «somos novios»?, o «¿quieres ser mi novia?», ¿esta fórmula...?

—Pues sí, ya salíamos, íbamos de un lugar a otro, pues sí, para darle formalidad, sí.

—¿Y ya habló con sus hijos? —le pregunta Sabina.

—Sí, somos novios, un noviazgo joven, formal. Y vamos a ver, nos estamos conociendo, obviamente tenemos actividades los dos un poco complicadas y públicas; ella tiene su trabajo y yo tengo el mío. Luego se vuelve complicado. Habría que preguntarle a ella. Yo estoy muy contento, la verdad es que estoy bien. Con mis hijos sí he hablado... Mis hijos aceptan, salvo el niño [Alejandro], el niño sí es... el rebelde es mi hijo. Lo entiendo, además, no me ha dicho nada, no quiere saber nada. Pero mis hijas bien. Igual ocurre con ella que tiene tres hijas. Y es un proceso de adaptación, de irse aclimatando y de ver. Al final de cuentas, un noviazgo es conocerse uno al otro y ya, no hay otro plan que no sea por ahora tener esta relación, mantenerla, conocernos y ver qué viene más adelante.

—Allí se necesita una operación muy delicada, [...] porque son dos familias. ¿Cuándo van a juntar a los hijos? —pregunta Sabina.

—Eso no sé. No me preguntes cuándo, no me preguntes del futuro, te puedo hablar hacia atrás, hacia adelante no sé. Hablar de eso ya es adelantarse mucho, cuando realmente hoy hemos decidido ser novios, cada quien tendrá su espacio, ella el suyo, yo el mío, con mi familia. Eventualmente hacerlos coincidir, porque es muy difícil en la actividad no social, en la actividad de pareja, excluir siempre a los hijos, hay veces que puedes traer a los hijos, y procuramos también tener nuestro espacio de pareja.

—¿Y cómo le hacen ahorita? Porque está bien, no hablemos de futuro. Es una cosa delicada —pregunta Katia.

—Pues realmente no ha sido fácil...

—¿Cuánto tiempo llevan?

—No lo contamos. Poquito, muy poquito.

Sabina Berman aprovecha para empezar a hablar del tema político.

—El IFE prohibió que los gobernadores salieran en los anuncios promocionando los logros de su gobierno; a usted se le prendió el foco y dijo: contratemos actores. Televisa le mandó un catálogo de actrices y usted eligió, entre muchos otros, a Angélica. ¿Qué le vio?

—Pues te confieso que yo no sabía... Bueno, sí sabía quién era, pero no tenía...

—Le gustó mucho en la foto —dice Sabina sonriendo y mirándolo a los ojos.

—¿Mande?

—Le gustó mucho en la foto del álbum de actores de Televisa. El álbum donde le ofrecieron distintas artistas para hacer la campaña de publicidad de su estado. Pregunto yo.

—No, nunca vi la foto; me entrevisté con ella personalmente, pero sabía que venía de hacer una novela muy exitosa.

—Con un *rating* muy alto —insiste Sabina.

—A final de cuentas lo que busca el gobierno es lograr que su comunicación social sea eficaz. Poderle transmitir a la gente qué está haciendo un gobierno.

Sabina sonríe y añade:

—Si me permites, voy a sacar como analista una conclusión: su amor se lo debe al IFE.

—Pues no lo había visto así.

—Es el único gobernador que está agradecido con el IFE.

—Sí, claro.

—¿Sí está agradecido con el IFE?

—Sí, el IFE y el Congreso y las instituciones del país. Así es.

—Gobernador, hubo un momento, el de la campaña de comunicación social, como le llama usted a la publicidad de su gobierno, en donde Angélica Rivera era el rostro del Estado de México en la televisión. ¿Cuándo es que coinciden en persona? ¿Cuándo es cuando usted dice «esta mujer me gusta»? ¿O fue al revés, ella dijo «este gobernador me agrada»…?

—Yo ahí la conocí, cuando hizo la campaña. No hice ningún *casting* ni nada de eso.

—¿Entonces cómo fue? —preguntó Katia.

—Decidimos que fuera a través de una figura pública, una artista, para que nuestra comunicación fuera más eficaz. Es decir, queríamos que realmente le llegara a la gente del Estado de México.

—¿Y quién la propuso a ella?

—El creativo [de la agencia de publicidad] que trabaja para nosotros se entrevistó con ella; la propuso a ella, con la empresa que tenemos un convenio, como tenemos con otras televisoras…

—¿Cómo se llama la empresa con que hizo la campaña de televisión? ¿Televisa? —continúa preguntando Katia.

—Televisa. Con Televisa decidimos que podíamos apoyar la comunicación con alguno de los actores. Entonces se pensó en Angélica.

—¿Y le mostraron a usted varias opciones, o nada más fue ella?

—No lo sé, pero se pensó en Angélica, y yo entonces me entrevisté con ella…

—Y la aprueba. ¿Cuándo fue esto?

—No, pues a saber…

—¿No se acuerda de la fecha?

—Exactamente no, pero debe haber sido por ahí de mayo, cuando hicimos la campaña de los «300 compromisos», que fue por ahí de mayo, junio. Abril, mayo, junio, por ahí más o menos [...]. Para eso era la campaña y decidimos que nos apoye, me entrevisté con ella y salgo con ella, la invito a salir después de su participación [...]. Simplemente como un gesto de agradecimiento de haber pasado la campaña [...]. Salimos la primera vez y salimos la segunda vez...

—No, a ver, ¿a dónde fueron la primera vez?

—A cenar a un restaurante. Cenamos y cada quien se fue a su casa y adiós, adiós, y después...

—¿Y de qué hablaron la primera cena?

—Pero ustedes quieren saber mi vida entera...

—Pues sí —dice riendo Katia.

—Hablamos de esto y de aquello, cómo les iba en la campaña, que había sido muy exitosa porque realmente había permitido una difusión de lo que estábamos haciendo, y después de esa primera vez vinieron otras más, y pues ya decidimos ser novios y en eso vamos.

Sabina hace un comentario para llevar la entrevista del tema del corazón al tema político, ambos estrechamente vinculados en el caso de Peña Nieto y Angélica Rivera:

—Hay una sensación extraña ahora porque... las fotos de ustedes saliendo de un bautizo, entrando a una boda. Salen en la sección de política o de espectáculos...

—Sí, sí.

—Pero salen, y mucho —interviene Katia.

—A ver, ¿cómo evitas que eso suceda? —responde él—. Yo te preguntaría cómo lo evitas. Porque créeme que tampoco fue algo deseado. Yo soy una figura y ella es una figura, y sucede, nada más por eso pasa.

—Bueno, pero ya ve cómo somos los mexicanos de sospechosistas, mala onda, yo qué sé, de descreídos...

—Sobre todo descreídos del amor —añade Sabina.

Y reafirma Katia:

—Descreídos del amor, eso —enfatiza Katia—. Hay gente que dice: «Esto es al mismo tiempo, quizá al mismo tiempo, [...] una gran iniciativa de Peña Nieto», ¿no? ¡Ligarse con una actriz es una cosa fantástica! ¡Qué potencial tiene! *TV Notas* tiene... no sé, 700, 800 mil ejemplares al año... ¡No, a la semana!

—A la semana —dice Sabina—, y la leen cuatro personas cada revista en promedio, así que, si uno suma, *TVNotas* es más leída que cualquier periódico del país, o cualquier revista política, o cualquier revista en general.

—¿Tú saldrías con alguien para tener esta... bueno, para aparecer aquí y allá...?, ¿lo harías? —se defiende el entrevistado.

—Yo no, pero yo no quiero ser presidenta de México —contesta Katia.

—Pues yo tampoco [lo haría] —ataja Peña Nieto—. Ni mucho menos creo que Angélica lo hiciera.

A continuación Sabina interviene:

—Pues estuvimos leyendo notas de periódico, de analistas sesudos que lo acusan de esa premeditación, alevosía y ventaja...

—El amor —completa Katia.

—El amor... ¿Le digo algo, gobernador? Lo que sí es muy interesante es que todo un público al que no le interesa la política, que no ve pláticas como la que estamos teniendo, ahora sabe quién es el gobernador Peña Nieto: «El novio de *la Gaviota*». ¡La cantidad de gente que lee la prensa del corazón! —añade Sabina.

—Es mucho mayor que la de los noticieros —dice Katia.

—Pues mira, se dio, es un tema que se dio. Quienes suponen otra cosa es que tienen una mente con demasiada perversidad, porque suponer que te enfrascas en una relación personal sólo por alcanzar un objetivo, una promoción personal, me parece... me parecería antiético hacerlo así. Lo que sí me parece prudente es que a partir de que se da esta relación obviamente tendremos que prescindir de Angélica para que sea nuestra comunicadora.

—¿Y ya tiene otra candidata?

—Pues no, vamos a ver qué hacemos ahora [risas].

—Pues ¡salud!, salud por el amor —dice Katia

—Y por su confianza, gobernador —agrega Sabina.

—No, al contrario.

TELENOVELA
CON FINAL FELIZ

Truco publicitario o no, la relación de Enrique Peña Nieto con la actriz elevó su popularidad de manera indiscutible. Y la entrevista que le hicieron Sabina Berman y Katia D'Artigues fue un éxito rotundo. Cientos de notas fueron publicadas sobre el tema. Pero en las redes y en internet la entrevista fue editada y censurada. La parte en que las periodistas le preguntan sobre su relación con Televisa y la elección de la actriz protagonista de la telenovela más exitosa del momento para que fuera la imagen de los «logros» de su gobierno, y en especial la relación con Angélica Rivera y el proceso electoral, sencillamente fue borrada de los videos subidos a YouTube. La censura actuó una vez más para intentar reescribir la auténtica historia entre Peña Nieto y *la Gaviota*.

En entrevista, Sabina Berman me cuenta que no comprende muy bien la estrategia de censurar una entrevista transmitida en vivo y vista por más de cinco millones de personas, aunque eventualmente se entienda el intento de ocultar ciertos temas.

—El tema político que tratamos en la entrevista está totalmente borrado del internet —observa Sabina—. La nota a estas alturas es cómo se pueden borrar quince minutos. ¿Cómo le hicieron? ¿Cuántos *bots* necesitaron? ¿Quiénes son los *bots*? ¿Cómo se le hace para borrar 15 minutos?

En seguida, Sabina abunda sobre el tema:

—Nuestro *rating* fue de cinco millones de personas. ¡Imagínate cuántos lo grabaron! ¿Cómo le hicieron para borrarla? Esa parte la borraron bien rápido durante la campaña. Eliminaron cuando hablamos de cómo este noviazgo jugó en cantidad de votos. Esa telenovela que le da nombre a *la Gaviota (Destilando amor)* la vieron más de 20 millones de personas, en sus momentos pico, eran veintitantos millones de mexicanos que suspiraban, lloraban, reían con *la Gaviota*. El efecto de identificación con alguien que ven una hora diaria en la tele es enorme.

Sabina Berman, escritora, periodista y dramaturga, conoce los entresijos de la actuación. Fue codirectora con Isabelle Tardan de la película *Entre Pancho Villa y una mujer desnuda*, y escribió y coprodujo la película *Backyard*, que en 2010 representó a México en los Premios Oscar. También escribió la película *The History of Love*, para Alfonso Cuarón, y *Light*, para Alejandro González Iñárritu.

Para la autora de la novela *La mujer que buceó dentro del corazón del mundo*, traducida a 11 idiomas en más de 33 países, la unión de un político con una famosa actriz cuya telenovela tiene un alto *rating* de más de 20 millones de personas fue fundamental en su triunfo electoral:

—La parte principal de la campaña de Enrique Peña Nieto es el anhelo de muchos mexicanos de que *la Gaviota* viva por fin con su príncipe en Los Pinos, que tenga un final feliz esa telenovela. No está prohibido por la ley todo esto, pero fue una estrategia genial, una estrategia que lo llevó a Los Pinos, textual. Se manejó todo como un cuento de hadas.

—¿Influyó mucho *la Gaviota* en su triunfo electoral?

—Fue decisivo. El equipo de Peña Nieto entendió algo que el resto de los políticos en México no han entendido. El que menos lo entendió fue Andrés López Obrador. Una gran parte, más bien, la mayor parte del electorado, vota por emoción, no por intelecto... La idea de la publicidad es que la gente asocia una figura con ciertas características a un producto que no necesariamente tiene las mismas características, pero en el inconsciente de la gente se unen las virtudes del anunciante con el producto. En el caso de *la Gaviota* fue eso: una mujer guapa, exitosa y, sobre todo, en el corazón de millones de mexicanos. No necesariamente ella como persona, sino el personaje de *la Gaviota*.

Según la experiencia de la dramaturga, transferir la ficción a la realidad es un fenómeno común entre los espectadores, aunque muchas veces no distinguen la diferencia.

—En el inconsciente colectivo se borra completamente. Cuando a Silvia Pinal la acusaron en la Sociedad de Productores de Teatro de haber tomado para sí dinero, la respuesta de Silvia Pinal fue hacer de monja en una telenovela. Y funcionó. Eso es lo que en el medio de la farándula conocemos de sobra —dice con una sonrisa y añade—: Por ejemplo, a Kevin Spacey lo llaman los presidentes de distintos países para que los asesore sobre cómo ser presidente; ha dado clases a muchos presidentes, incluido Peña Nieto, y cobra carísimo. Él les dice cómo comportarse como presidentes y él jamás ha sido presidente, sólo en su [serie de televisión] *House of Cards,* en su papel de Frank Underwood.

Efectivamente, el 6 de mayo de 2014 Peña Nieto se tomó una *selfie* con Kevin Spacey que costó ocho millones de dólares, según difundió el columnista Salvador García Soto en el diario gratuito del Distrito Federal *24 Horas.* El protagonista de *House of Cards* participó en Cancún en el Tianguis Turístico, contratado por el Consejo de Promoción Turística y la cadena de restaurantes Planet Hollywood, pero supuestamente una cláusula de confidencialidad no les permitió revelar el monto total del pago al famoso actor estadounidense.

Por tanto, ¿el romance entre *la Gaviota* y Peña Nieto ha sido sólo actuación, un *reality show*? Para la mayoría de los mexicanos fue una hermosa historia de amor. Los publicistas de Televisa se encargaron de presentarla así. No nos contaron lo que había atrás, ni cómo planearon este vodevil. Sabina Berman recuerda las respuestas durante la entrevista.

—Él dice que eligió a *la Gaviota* luego que Televisa le presentó varias propuestas, que se presentó en el *set* de los anuncios, se gustaron y luego la invitó a salir. Lo que nunca dijo es que todo eso era maquiavélico. Se lo preguntamos, pero obviamente dijo que no, que había sido un enamoramiento. Hay que recordar a *la Gaviota* en los anuncios caminando en una carretera y diciendo: «El gobernador del Estado de México cumple»; fue una campaña muy intensa en donde tuvo mucho que ver Ana María Olabuenaga, su publicista durante el tiempo que fue gobernador en el Estado de México y siguió siéndolo en la campaña y ahora también como presidente.

¿Y quién es Olabuenaga? Es la publicista de la famosa campaña del Palacio de Hierro «Soy totalmente Palacio». El negocio de la mercadotecnia política de Televisa fue extendiéndose bajo las órdenes de

Alejandro Quintero, vicepresidente de comercialización y uno de los pioneros de esta especialidad. El cliente más importante de Televisa era Enrique Peña Nieto desde sus tiempos como gobernador del Estado de México y ahora lo es desde la Presidencia de la República.

Olabuenaga llegó a Peña Nieto a través de Televisa y se convirtió en pieza importante en su triunfo. A la mercadóloga la precedía la fama de su exitosa agencia Olabuenaga-Chemistri. Creó una imagen que transformó a El Palacio de Hierro en un emporio. Carlos Monsiváis la definió como «la emperatriz del impacto efímero». Pero no todo en su currículo es positivo. También es la creativa de la campaña machista de la empresa FEMSA y la cervecería Cuauhtémoc-Moctezuma-Heineken, concretamente de su cerveza Tecate, con 12 comerciales en los que se promueven «la humillación, la discriminación, la burla» contra la mujer a quien, según consideró en un comunicado el Consejo Ciudadano por la Equidad de Género en los Medios de Comunicación, la «presentan como si fuera algo a festejar por los hombres». Las protestas de las feministas no se hicieron esperar. Un grupo de ellas organizó un plantón afuera de la empresa dirigida por José Antonio *el Diablo* Fernández Carbajal, para protestar contra la campaña de Olabuenaga por considerarla «denigrante, sexista y discriminatoria».

Más allá de la página negra de Olabuenaga, su relación publicitaria con Peña Nieto llegó en el momento oportuno, durante la campaña para gobernador del Estado de México. Funcionó. Continuó durante la campaña para la Presidencia. Al equipo fuerte de publicidad se integró Pedro Torres, propietario de MediaMates y colaborador cercano de Alejandro Quintero, vicepresidente de Televisa. La exitosa trayectoria de Torres era contundente: fue el productor de los *realities* de Televisa como *Big Brother* o *El Equipo*. También se había especializado en comerciales como el de las Estrellas del Bicentenario o los de los informes de gobierno de Peña Nieto como gobernador del Estado de México. Pedro Torres fue quien realizó de manera espléndida el video de la boda de ensueño de Peña Nieto y Angélica Rivera, con todo el *feeling* telenovelero y el sello de Televisa, que tiene cautivos a millones de mexicanos.

Para lograrlo, Televisa y sus mercadólogos y publicistas habían preparado toda una estrategia de *marketing* en torno a la pareja de novios. Cuando se llevó a cabo la entrevista de Peña Nieto con Katia D'Artigues y Sabina Berman, el tema ya estaba en los medios y algunos editorialistas abordaban el asunto. Sabina recuerda que por eso pensaron que era necesario crear en el *set* una atmósfera propicia para que Peña Nieto se animara a hablar:

—En la segunda mitad de la entrevista teníamos que entrar a lo de *la Gaviota* y sabíamos que, por un lado, íbamos a recibir mucha crítica por meternos a la vida sentimental del candidato a la Presidencia; por otra parte, sabíamos que la elección se iba a jugar con ese tema. Los números decían que ese noviazgo, que iba en ruta a ser matrimonio, iba a decidir la elección. Fue entonces que inventamos un telón. En teatro se tendría que usar un telón para romper la entrevista en dos y entrar a un tono ligero. Primero, pusimos globos rojos en forma de corazones en toda la parrilla del *set;* una cortinilla de corazones para entrar a la prensa del corazón. Él se asustó porque algo que no teníamos premeditado es que, al caer, iban a explotar algunos globos. El plan era, después de hablar de la prensa del corazón, de si estaban saliendo juntos y demás, empezar a agregar a la conversación datos duros que mostraran cuán político era el asunto.

—Al final de la entrevista, cuando se despidió de ustedes, ¿qué dijo fuera de cámara?

—Se fue preocupado porque se dio cuenta que había dado un paso que no tenía regreso al hablar de lo de *la Gaviota.* Él también venía preparado para hacerlo, para decir que sí andaba con *la Gaviota,* no se esperaba que lo íbamos a politizar así. Luego de la entrevista, llegó un árbol de la vida de tamaño enorme, del piso al techo, regalo del entrevistado Peña Nieto. Nos sorprendió porque nadie manda regalos a un entrevistador. Dentro de los códigos de la democracia, no es una relación de cortesía, sino al contrario, es una relación de enfrentamiento.

Al ver aquello, Katia, sorprendida por el obsequio, señaló:

—No podemos llevarnos un regalo de un entrevistado, no es ético.

Las dos acordaron entonces dejarlo como adorno en el recibidor de TV Azteca.

—Allí lo pusimos y una semana después se lo robaron —refirió Sabina entre risas—. Pensé: esto es un reflejo del país en el que vivimos. Mientras algunos nos preguntamos sobre la ética de nuestras acciones, la mayor parte del país vive a golpes fácticos. Fue algo metafóricamente sintomático.

La pareja de periodistas entrevistó a todos los candidatos a la Presidencia, pero Sabina comenta que sin duda había diferencias importantes entre Peña Nieto y el resto:

—La diferencia era enorme. Él llegó con un gran equipo de seguridad y revisaron debajo de los sofás, debajo de los tapetes, las cámaras... Pero ningún otro candidato había llegado con ese equipo y yo no pude evitar pensar: este gobernador se comporta ya como el presidente del país. Lo otro fue que él llegó en helicóptero, fue muy espectacular. Repito, él ya se comportaba como presidente. Durante la entrevista le preguntamos de Arturo Montiel y a mí me sorprendió muchísimo que la respuesta era completamente priista, va a pasar al Poder Judicial del Estado de México y se hará una investigación. Recuerdo que yo le dije: «No, pues entonces nunca». Él se sorprendía de estas réplicas, ahora sí que «ligeras», pero yo diría democráticas. Finalmente un entrevistador reacciona como un ciudadano que tiene derecho a reaccionar como quiera y a preguntar lo que quiera. Lo encontré muy poco preparado para eso.

En la entrevista con Katia D'Artigues y Sabina Berman no hubo cuestionario previo, ni preguntas pactadas o temario anticipado. El criterio de las periodistas era hacer una entrevista incisiva, aunque la poca o nula tolerancia de Peña Nieto a la crítica fue evidente, algo que se ha mantenido durante su gobierno. Así lo valora Sabina Berman:

—Peña Nieto ha logrado que los medios se regresen a ese ceremonioso respeto a las figuras públicas, a la investidura presidencial, pero también a sus secretarios. Yo estuve todo el sexenio de Felipe Calderón en la tele y los secretarios iban a entrevistas y se dejaban preguntar. Este sexenio lo que ha pasado es que los secretarios del presidente no asisten a una entrevista a menos de que tengan seguridad de la «buena fe» del entrevistador. Y quieren un temario, cosa imposible

en una entrevista periodística en democracia. Llegan con un equipo
fabuloso de gente. Este presidente nos regresó a la «democracia» del
Estado de México, regresó a todo el país. Y todas las soluciones son
las mismas. [...] Son estrategias del PRI antiguo, del siglo xx, es el
regreso masivo.

UN TOQUE ESPECTACULAR

A partir de entonces se dispararon las noticias sobre el noviazgo del
año y también los rumores de una boda en puerta. En febrero de 2009,
una de las amigas de Angélica, Daniela Castro, aclaraba que no había
recibido invitación alguna para el supuesto enlace: «Dios quiera que
se casen y sean muy felices. Ella está feliz, muy feliz, y se lo merece
porque es un extraordinario ser humano, mujer, mamá, hija. Él es un
señor encantador, la verdad. Es una pareja preciosa».

Siete meses después, en junio de 2009, era la propia Angélica
quien se atrevía a revelar los detalles de su historia de amor. ¿Dónde? Obviamente en una revista del corazón: *Quién*. Le concedió una
entrevista en su nueva residencia de Las Lomas, concretamente en el
estudio. De ser una más de las estrellas de Televisa pasó a ser la novia
de Peña Nieto.

—Luego de que terminó la campaña de los «300 compromisos
cumplidos» —dice ella—, donde yo era la imagen, el gobernador del
Estado de México me llamó para darme las gracias por mi participación y me invitó a cenar al Philippe. La cita fue a las nueve de la noche
y yo estaba muy nerviosa porque, después de haber tenido una relación de 16 años con mi ex marido, José Alberto Castro, con el que me
fui a vivir a los 20 años, en la vida había salido con alguien.

—¿Qué descubriste en ese Enrique que te invitó a cenar?

—Un hombre que me abrió de inmediato su corazón. Yo ya llevaba poco más de un año de que me había separado del *Güero* Castro y
le platiqué mi vida. Enrique [que enviudó en enero de 2007] también
me habló de la suya de una manera muy honesta y sincera. Obviamente lo vi muy guapo, no te voy a decir que no. Nos quedamos

desde las nueve de la noche hasta la una de la mañana platicando. La verdad la pasamos muy bien y cuando nos despedimos quedamos en volver a vernos pronto.

—¿Sus encuentros eran a escondidas?

—No, porque no teníamos nada que esconder. Nos estábamos conociendo como amigos. No es que hubiera una conquista desde el principio, las cosas se fueron dando poco a poco.

—¿Qué fue lo que te conquistó de Peña Nieto?

—Los detalles que tiene conmigo. Un día íbamos a una cena y, cuando salí de la casa, el botón del vestido se me zafó. No me iba a regresar a cambiar, así que nos fuimos. En el camino, Enrique se bajó de la camioneta en una farmacia y fue personalmente a comprarme un segurito para poderme cerrar el vestido. Me dijo que si no me lo ponía iba a sentirme incómoda toda la noche y que él no quería eso para mí. Me fue ganando con esos detalles. A mí en la vida nadie me había movido la silla para que me sentara. Entonces empecé a ver cosas que nunca había vivido.

—¿Y te pidió que fueras su novia?

—Sí. Ya llevábamos como unos cinco meses saliendo y un día me invitó a cenar a un restaurante. Luego de un rato se me quedó viendo, me abrazó lentamente y me preguntó que si quería ser su novia. Era la primera vez que alguien me decía: «¿Quieres ser mi novia?» Por supuesto que le dije sí, y él me contestó: «Dime el "sí" bien». Y le repetí más fuerte: «¡Por supuesto que sí!». Desde ahí comenzamos a marcar esa fecha *[que no quiso revelar]* como nuestra fecha de amor.

—Algunas personas aseguran que el romance entre Peña Nieto y tú es un montaje para atraerle más popularidad al gobernador, quien supuestamente pretende ser presidente de México en el 2012.

—No podemos montar nada en el corazón. No podemos jugar con los sentimientos de nadie y mucho menos de seis seres humanos que lo único que están pidiendo es ver a sus papás felices, tener una familia. No tendríamos escrúpulos en la vida para pensar en un montaje. Lo único que te puedo decir es que de este lado existe una verdad y por eso estoy aquí, para hablar de la verdad.

A partir de entonces los rumores de una boda inminente no cesaron; tampoco los éxitos profesionales. La revista *Quién* nombró a Angélica una de las «50 personalidades que mueven a México».

—Deberían de existir más parejas como ésta, que influyan en los mexicanos de manera positiva —dijo su hermana y representante, al recibir el premio en nombre de la actriz.

En aquel 2009, Angélica Rivera confesó a la revista *Quién* cuán feliz la hacía su noviazgo:

—Después de que acepté ser su novia y me di cuenta de todos los detalles que tenía conmigo, un día en casa de mi mamá la abracé llorando y le dije: «Ma, ¿por qué no llegó antes?». He llorado otras veces también de alegría porque Enrique me da la oportunidad de sentirme mamá, de sentirme profesional, de sentirme mujer.

Peña Nieto y sus publicistas y mercadólogos ya habían anticipado todo. Había que darle un efecto espectacular al anuncio del enlace matrimonial y qué mejor que hacerlo desde El Vaticano, hasta donde el gobernador del Estado de México hizo un viaje oficial. Era diciembre de 2009 y en la basílica de San Pedro anunciaron su boda ante Joseph Ratzinger, el papa Benedicto XVI, quien les dio su bendición.

Angélica Rivera le contaría los pormenores del compromiso matrimonial a la prensa del corazón:

—Yo estaba demasiado nerviosa; después, fuimos a rezar, y cuando estábamos dando gracias por la familia que tenemos, por su trabajo, por todas las cosas que Dios nos ha dado, me tomó de la mano de repente y me dijo que estaba muy contento de que estuviera a su lado. Yo le respondí que también me sentía muy orgullosa de tener al hombre que pedí a Dios, por habernos dado la oportunidad de estar juntos. Sacó el anillo de su bolsa y me dijo que me amaba mucho. Contesté que yo a él también, me puso el anillo y me preguntó: «¿Te quieres casar conmigo?».

El evento de la Santa Sede fue transmitido por Televisa. El pretexto era un viaje de Estado con una gran comitiva de familiares, funcionarios del Estado de México y 13 obispos mexicanos. Inauguraron la exposición de artesanías en la Vía de la Conciliación, en El Vaticano.

Fue el miércoles 16 de diciembre cuando Peña Nieto se entrevistó con Benedicto XVI para entregarle un nacimiento, un árbol de la vida y un árbol de Navidad. Después de saludarlo, le presentó a Angélica Rivera, que iba vestida según el protocolo vaticanista de visitas, incluida la mantilla negra. El micrófono estaba abierto y se escuchó que le dijo al Papa: «Pronto me casaré». El Papa asintió con la cabeza y en seguida bendijo a la pareja. Luego lo saludaron los seis hijos de ambos.

—A la hora de saludar al Papa —relató Peña Nieto—, pues yo no sabía que había una cámara con un micrófono abierto y la conversación privada que tuve con Él, donde le presento a mi novia y a los hijos, y los planes muy personales, pues resulta que se escucharon en la sala de prensa. No era el ánimo, ni el interés hacerlo público, fue simplemente el resultado de la presencia de una cámara y un micrófono, desconocida por su servidor, por lo que se difundió un diálogo privado y comentado con el Papa, aunque es conocido de todos.

Pocos le creyeron. Ni siquiera sus compañeros de partido dieron por cierta su versión. La senadora María de los Ángeles Moreno, ex dirigente nacional del PRI, dijo visiblemente molesta que el acto en El Vaticano había sido «un truco mediático». Añadió que anunciar su próxima boda había sido un asunto que «no tendría que mezclarse con la posibilidad de obtener una candidatura».

—Es una actitud eminentemente mediática y de publicidad —declaró la senadora—. Nadie tiene razón ni necesidad de anunciar en Roma, ante El Vaticano y el Papa, que se va a casar. Eso es un asunto privado. Es un asunto que cuando lo haga, y ojalá ocurra de manera más o menos recatada, pues ya ocurrirá. Qué bueno si el señor es feliz y la señora también. Pero me parece que eso no tendría que mezclarse con posibilidades u oportunidades de ser o no candidato, de ganar o no ganar elecciones.

UN SET EN VIVO

El *reality show* de la boda se esperó como un gran acontecimiento. Se casaron el sábado 27 de noviembre de 2010 en la Catedral de Toluca, en una ceremonia que calificaron de «sencilla», con sólo 200 invitados. Era necesaria la austeridad porque los tiempos electorales la exigían. El evento fue difundido por Televisa y TV Azteca. Los hijos de ambos participaron en el enlace. Paulina, de 15 años, su hija mayor, entregó a Enrique Peña Nieto, mientras que Angélica Rivera avanzó hacia el altar del brazo de Alejandro, el hijo de 12 años de Peña Nieto. La prensa no tuvo acceso a videos ni a imágenes exclusivas del evento, cuya cobertura estuvo a cargo únicamente de la revista *Caras,* de Editorial Televisa. La pareja explotó las redes sociales y el evento se anunció en Facebook en la página de Angélica Rivera, desde los preparativos en casa hasta los últimos detalles de la ceremonia religiosa y la celebración posterior. Antes, apenas contaba con 17 mil seguidores; después de esto pasó a más de 200 mil, frente a los 330 mil de Peña Nieto.

Las puertas de la catedral se abrieron poco antes del mediodía para que entrara el político, vestido de riguroso frac a rayas color gris y acompañado por las hijas de ambos: Angélica Sofía, Paulina, Regina, Fernanda y Nicola; todas lucían vestidos de colores claros. En el interior, el cortejo solemne estaba listo para concelebrar la misa. Lo encabezaban el arzobispo de Chihuahua, Constancio Miranda; el obispo de Toluca, Francisco Javier Chavolla, y el sacerdote Jesús Márquez.

A las 12 llegó Angélica, vestida por Macario Jiménez con un diseño exclusivo y caro, pero poco favorecedor, con escote corazón, combinado con una «torera». Su maquillista, Alfonso Waithsman, eligió colores naturales para el rostro y le hizo un recogido en el cabello. Por sus servicios suele cobrar entre 30 mil y 200 mil pesos. La novia llevaba una tiara delgada que perteneció a su hermana Adriana y usó una liga azul que le regaló su hermana Carito. La acompañaba el hijo del político, Alejandro Peña. Saludaron a la gente congregada en el lugar al estilo de las bodas reales, con un sendero de vallas metálicas. Algunas personas gritaban a su paso e incluso festejaban con alaridos los besos.

En la iglesia sonó la marcha nupcial. El ritual religioso se apegó a las formas católicas. Muy pronto se escuchó la música de la orquesta sinfónica del Estado de México con temas como *Pompa y circunstancia,* de Edward Elgar, y por supuesto el *Ave María* de Schubert. Los novios se juraron amor eterno. Sus hijos subieron al altar: Paulina y

Sofía les pusieron el lazo, Fernanda les entregó los anillos, Nicole les dio una Biblia, Regina fue la madrina de ramo y al final Alejandro les ofreció las arras.

El momento culminante fue cuando los novios se juraron amor eterno. Los asistentes se pusieron de pie, incluidos la novia y el novio. El arzobispo se dirigió a los presentes:

—Queridos amigos, estamos aquí para que el Señor selle y fortalezca su amor, Cristo bendice abundantemente este amor.

En seguida preguntó a los novios sobre su libertad de elección, la fidelidad de uno al otro y la aceptación y educación de sus hijos:

—¿Han venido aquí libremente, sin reservas, para darse uno al otro en matrimonio? ¿Se amarán y se honrarán uno al otro como marido y mujer por el resto de sus vidas?

Cada uno respondió afirmativamente.

—Unan sus manos derechas y declaren su consentimiento ante Dios y ante la Iglesia —les dijo el sacerdote.

—Yo, Enrique, te tomo a ti, Angélica, como mi esposa. Prometo serte fiel en lo próspero y en lo adverso, en la salud y en la enfermedad. Amarte y respetarte todos los días de mi vida.

—Yo, Angélica, te tomo a ti, Enrique, como mi esposo. Prometo serte fiel en lo próspero y en lo adverso, en la salud y en la enfermedad. Amarte y respetarte todos los días de mi vida.

En esta parte de la ceremonia religiosa sobre la fidelidad viene a la mente la imagen de Maritza Díaz Hernández, pareja extramatrimonial de Peña Nieto con la que incluso tuvo un hijo. Aun casado con *la Gaviota*, él mantuvo esa relación. Pero volvamos al acontecimiento social y político del año. El sacerdote le preguntó a él:

—¿Aceptas a Angélica como tu esposa? ¿Prometes serle fiel en lo próspero y en lo adverso, en la salud y en la enfermedad, amarla y respetarla todos los días de tu vida?

—Sí, acepto.

—Angélica, ¿aceptas a Enrique como tu esposo? ¿Prometes serle fiel en lo próspero y en lo adverso, en la salud y en la enfermedad, amarlo y respetarlo todos los días de tu vida?

—Sí, acepto.

A continuación, Enrique tomó la mano de la novia y le puso la sortija.

—Angélica, recibe este anillo como signo de mi amor y de mi fidelidad. En el nombre del Padre, y del Hijo, y del Espíritu Santo.

—Enrique, acepta este anillo como signo de mi amor y de mi fidelidad. En el nombre del padre, y del Hijo, y del Espíritu Santo.

—Ustedes han declarado su consentimiento ante la Iglesia. Que el Señor en su bondad fortalezca su consentimiento para llenarlos a ambos de bendiciones. Lo que Dios ha unido, el hombre no debe separarlo —dijo el arzobispo al sellar la unión.

Al salir de la iglesia y convertida ya en la primera dama mexiquense, la actriz lanzó su ramo de novia a la multitud. Parecía la culminación de la novela más exitosa de los últimos tiempos, con más de 20 millones de espectadores. Finalmente, la Gaviota se había casado con su príncipe azul, el hombre que le había pedido a Dios. Sólo que aquí la palabra «FIN» no apareció en la retransmisión de Televisa.

Posteriormente, como mandan los cánones electorales y mercadológicos, la recepción fue en la Casa de Gobierno del Estado de México, sencilla pero elegante, sin escatimar detalles. Por ejemplo, a la entrada de la casa había un arco con una cascada de orquídeas blancas que, según dijo Angélica, era su sueño. Toda la casa estaba decorada con cientos de rosas y orquídeas blancas.

José Luis García, juez número uno del Registro Civil, celebró la boda civil. Los testigos fueron los hermanos del gobernador mexiquense: Arturo, Verónica y Ana Cecilia Peña Nieto, y los hermanos de Angélica Rivera: Maritza, Adriana, Elisa Guadalupe, Manuel y Carolina. Para hacer más simbólica la ocasión, los seis hijos de ambos también firmaron el acta de matrimonio.

La entrada triunfal de la pareja fue acompañada con el tema I'm Alive, de Celine Dione. Para el primer baile como esposos eligieron un tema del grupo Camila. Había 25 mesas con 12 lugares cada una y 60 violinistas amenizaron la comida, que fue a cuatro tiempos: primero, terrina de foie gras con espárragos y jamón de jabugo; después, tártara de atún con ensalada tropical; luego, sopa de hongo porccini con castañas; en seguida un filete de res importado au jus con chante-

relle y *glacé* de tintos, puré de papas y tomate deshidratado con polvo de tomate y ejotes *baby*. Para cerrar con broche de oro, los comensales disfrutaron de un postre de pay cremoso de limón verde y de chocolate, café y variedad de tés. El pastel cuadrado fue obra de Paulina Abascal, con cinco pisos y flores blancas de azúcar glas. Y además había una mesa de postres y dulces.

El grupo musical de Víctor Lirati amenizó el baile en una pista de acrílico con orquídeas blancas debajo. La fiesta se prolongó hasta la madrugada. En la tornaboda hubo esquites, chilaquiles verdes y rojos, frijoles con chilorio, tacos de bistec, pozole de pollo, chocolate y conchas con nata y café.

Al evento asistió un nutrido grupo de políticos: Emilio Chuayffet Chemor, ex gobernador del Estado de México; Carlos Cadena, secretario de Desarrollo Metropolitano; el ex gobernador César Camacho; el diputado Humberto Benítez Treviño; el diputado Ernesto Nemer Álvarez; Carolina Monroy, secretaria de Desarrollo Económico del Estado de México; Roberto Padilla, secretario técnico del Gabinete del Gobierno del Estado de México; Gabriel O'Shea Cuevas, secretario de Salud del Estado de México; el ex gobernador Ignacio Pichardo Pagaza; Edwin Lino, secretario particular del gobernador mexiquense; Mayolo del Mazo, primo de Peña Nieto; el entonces recién nombrado secretario de Desarrollo Social del Gobierno del Estado de México, Alejandro Ozuna, en sustitución de Efrén Rojas Dávila, quien también asistió; David Korenfeld, secretario de Agua y Obra Pública del Gobierno del Estado de México; el priista Alfredo Baranda; Alberto Bazbaz, ex procurador de Justicia del Estado de México; y Arturo Osorno, titular de la Secretaría de Desarrollo Agropecuario del Estado de México, entre otros. Del mundo artístico, asistieron Toño y Graciela Mauri, Maki y Juan Soler, la cantante Carina Ricco, el representante de artistas Toño Berumen y, por supuesto, su amiga, la actriz y cantante Lucero, que apareció sin su entonces marido y dedicó una canción a la feliz pareja de novios.

Dentro del lugar de la recepción se instaló un inhibidor de señal telefónica que impidió que los invitados filtraran fotos o videos del evento.

El acontecimiento social llenó las páginas de la prensa nacional, no sólo de los medios de la farándula. Como la revista *Caras* obtuvo la exclusiva del evento, aunque no se especificó si fue a cambio de dinero, destinó 25 páginas de fotos del matrimonio del año. De entrada, el publirreportaje de Televisa hace una advertencia clara, muy al estilo de la explicación no pedida que es, por tanto, acusación manifiesta: «Como figuras públicas que son, mucho se ha dicho acerca de su romance de dos años. Comentarios desde que es estrategia de mercadotecnia para hacer una precampaña presidencial hacia el 2012, que la relación es un montaje, que obligan a sus hijos a aparentar que se quieren y que todo es idea de Televisa, son algunos de los argumentos sin fundamento que han circulado en los medios de comunicación en relación con su romance».

Además del despliegue en papel couché, el video de la boda —como se dijo antes— estuvo a cargo del productor Pedro Torres, dueño de The Media Group. Fue transmitido en la recepción y por supuesto en Televisa, que en distintos espacios habló de la «boda del año». Los esposos no tuvieron luna de miel. El gobernador Peña Nieto se tomó sólo unos días y a menos de una semana de la boda volvió a sus actividades.

Señora De Peña

La vida de Angélica Rivera dio un vuelco. Después de la boda anunció que dejaría los escenarios y las telenovelas, argumentando que quería dedicar más tiempo a su familia, a sus hijos y a su esposo. Explicó que iba a apoyarlo en su trabajo como gobernador.

—Me dedicaré a esta gran responsabilidad al lado de él: dedicarme a mi casa, a mis hijos.

Como primera dama del Estado de México, Angélica prometió escuchar los problemas de la gente. Cambió su estilo de vida y su apariencia. Dejó la ropa moderna, juvenil, los vestiditos cortos o los *jeans* y se vistió de la señora de Peña, con trajes sastre y colores discretos. Esa nueva imagen, con un maquillaje mucho más discreto, natural con tonos ocres, era lo recomendado por los publicistas: el *look* más conservador y maduro de una señora casada.

El primer acto oficial donde aparecieron juntos fue la presentación de la nueva imagen turística del Estado de México en el templo de San Francisco Javier, sede del Museo Nacional del Virreinato. Y a sus más de 21 mil seguidores en Facebook los invitó a hacer sugerencias para mejorar el turismo en la entidad: «Hoy con Enrique Peña Nieto en el templo de San Francisco Javier, sede del Museo Nacional del Virreinato, en Tepotzlán, durante la presentación de la nueva imagen turística del Estado de México: "La maravilla de tenerlo cerca...". De lo que ustedes conocen, ¿cuál es el lugar que más les gusta y recomiendan del Estado de México?».

En el acto, Peña Nieto destacó la presencia de su esposa en su primera actividad oficial:

—De manera muy especial yo quiero agradecerle a mi señora esposa, [...] éste es el primer evento al que me haga favor de acompañar ya en el carácter de señora de Peña.

A partir de entonces, la presencia de Angélica reforzó la imagen del gobernador mexiquense. En su sexto y último informe de gobierno, celebrado en el teatro Morelos de Toluca, Enrique Peña Nieto agradeció el apoyo de su esposa, quien ingresó al recinto en compañía de sus hijos y se sentó en la parte central, al lado del gobernador electo, Eruviel Ávila Villegas. El gobernador saliente dijo con emoción:

—Quisiera me permitieran en este momento agradecer a una persona muy especial su constante apoyo durante estos últimos años de la Administración: Angélica ha sido una esposa solidaria y amorosa, y una compañera de vida. Agradezco de manera muy particular la presencia y apoyo invaluable de mi familia: a mi esposa Angélica, a mis hijas Paulina, Sofía, Nicole y Regina, quienes se encuentran en este evento.

Allí estaban 17 gobernadores de distintas entidades, Manlio Fabio Beltrones, Elba Esther Gordillo y hasta el panista Diego Fernández de Ceballos, conspirador con Carlos Salinas de Gortari, el «innombrable» y gran operador del sistema político mexicano. A partir de ese momento, Peña Nieto se perfilaba como candidato a la Presidencia.

Desde las redes sociales, su esposa se encargaba acrecentar la popularidad del político. «El día de ayer, Enrique entregó su último informe como gobernador del Estado de México. Me siento muy orgullosa de tener a mi lado a un hombre de palabra. Escuchó, se comprometió y le cumplió a todos los mexiquenses. ¡Felicidades a él y a este gran estado!», escribió en su página de Facebook, donde subía fotos personales y de sus actividades como primera dama del Estado de México.

Durante aquel último año de gobierno, Angélica Rivera no asumió la presidencia del DIF. Eso sí, la primera dama mexiquense y el gobernador se convirtieron en la pareja preferida de la prensa rosa, cuyas páginas acaparaban. El llamado *Gel Boy* ya no estaba solo; ahora tenía una «pareja de poder», la famosa actriz de Televisa, empresa que construyó todo un producto mercadotécnico para llevarlo a Los Pinos. Eran tiempos de fama y aceptación. Según una encuesta, 48 por ciento de los ciudadanos manifestaron su deseo de que Angélica Rivera y Enrique Peña Nieto fueran la siguiente pareja presidencial. Y así fue.

POLÉMICO CANDIDATO HACIA LOS PINOS

En realidad, el último año de gobierno de Enrique Peña Nieto en el Estado de México fue de campaña. Ya casados, él y Angélica se dedicaron a establecer estrategias de propaganda y publicidad para elevar la popularidad del político. El 17 de diciembre de 2011 Peña Nieto se convirtió oficialmente en el candidato del PRI a la Presidencia.

Unos días antes, en la Feria Internacional del Libro de Guadalajara (FIL) no pudo mencionar tres obras literarias que hubieran marcado su vida, lo que levantó un sinfín de críticas por su falta de cultura. Sin embargo, él aprovechó el tropiezo para reivindicarse:

—Lo que no se me olvida es la pobreza, la violencia y la desesperanza de México. Lo que no se me olvida es el estancamiento económico, el desempleo y falta de oportunidades que se padecen en nuestro país desde hace más de una década. Lo que no se me olvida es que más de 50 millones de mexicanos viven lamentablemente en pobreza. A mí no se me olvida el dolor de las familias que han perdido a sus seres queridos, por el ataque impune de los criminales.

Peña Nieto pronunció estas palabras después de que Jesús Murillo Karam, entonces presidente de la Comisión Nacional de Procesos Internos del PRI, diera validez al proceso de registro del candidato. En el estilo «democrático» del PRI, el 27 de noviembre Peña Nieto había sido el único priista registrado como precandidato, luego de que Beltrones declinara.

Durante la campaña, Angélica Rivera abrió un videoblog para hacer una crónica del camino de su esposo y posteriormente subía los videos al canal de YouTube «EnriquePenaTV», con el título «Lo que mis ojos ven y mi corazón siente».

«Hola, estamos a unas horas de empezar la campaña de mi esposo Enrique Peña Nieto —dice, grabándose con el celular y anunciando el primer acto de campaña—. Quiero compartir con todos ustedes todos estos momentos que vamos a vivir a lo largo de esta campaña; quiero que sus ojos vean lo que mis ojos van a ver y que sientan lo que mi corazón va a sentir. Ya nos tenemos que ir a Guadalajara, creo que ya llegó».

En plan de reportera, Angélica publicó a lo largo de tres meses el lado humano de la campaña de su marido. Ella grababa los videos caseros con su celular, sencillos, sin mayor pretensión que mostrar la vida cotidiana del candidato. Así, grababa a Peña Nieto cuando llegaba a casa después de una larga jornada y se ponía a platicar con sus hijas en piyama; cuando hacía los recorridos diarios, en los trayectos dentro de la camioneta de campaña. Publicó el primero el 31 de marzo de 2012 y lo tituló «Llegando a casa».

«Nunca imaginé que las imágenes capturadas con mi teléfono celular, de los momentos más íntimos de esta campaña, llegarían tan lejos. Hasta hoy, 88 días de recorridos ininterrumpidos, decenas de ciudades visitadas y cientos de miles de mexicanos que nos han entregado su confianza y afecto. Sin duda, nuestra vida ha cambiado, y luego del 1 de julio, también cambiará la de millones de mexicanos. Me siento muy satisfecha de haber podido compartir con ustedes al menos un pedacito de esta extraordinaria experiencia. ¡Gracias, infinitas gracias! Por su cariño, por su entrega y, sobre todo, por haberme dejado mostrarles lo que mis ojos ven y lo que mi corazón siente», dice en uno de los últimos videos que grabó y luego musicalizaron; fue publicado el 25 de junio con su firma: Angélica Rivera de Peña.

Todo era miel sobre hojuelas. Ella tomaba un papel preponderante en los actos electorales, se comunicaba diligentemente para ganar más votos. La actriz famosa, la heroína de las novelas, la víctima, la mártir, ahora por fin era feliz junto al hombre de sus sueños. Ficción mezclada con realidad.

En medio del *show* orquestado electoralmente, el 29 de mayo de 2012 Laura Zapata acusó a Peña Nieto de haber golpeado a su mujer, Angélica Rivera, y de mandarla al hospital. «El candidato priista a la Presidencia de la República, EPN, le propinó una severa golpiza a su esposa Angélica», posteó Zapata a través de su cuenta de Twitter. Añadió: «Pero médicos cercanos al nosocomio han alertado a la población para que todo mundo se entere de quién es verdaderamente el muñequito copetón. El hecho se encuentra totalmente encubierto para que los medios no se enteren de la noticia y esta no trascienda. Y fue de tal magnitud que la actriz recluida en [el] Hospital Ángeles [está] recuperándose de [las] heridas infligidas por [el] candidato priista a la Presidencia de la República».

Sin embargo, tres días después matizó sus palabras, aunque sin contradecir sus dichos: «En referencia a EPN, no afirmo nada, porque no estuve ahí… Recibí de diferentes lados la información que copié y transcribí. Consideré obligación ciudadana hacerla llegar por la red social. Un hombre que traiciona a su familia y tiene hijos regados por todos lados hace sufrir a la mujer que le ofrendó su cuerpo».

Peña Nieto había reconocido dos hijos fuera del matrimonio. El primero, Diego Peña Díaz, es hijo de la ya citada Maritza Díaz Hernández, con quien sostuvo una relación extramarital que duró más de nueve años y a la que no puso fin a pesar de que ya estaba casado con *la Gaviota*. La Primera Dama no ha permitido que el niño se relacione con sus medios hermanos y Peña Nieto renunció a toda convivencia con el menor, algo por lo que su ex pareja lo ha denunciado. El otro hijo fuera del matrimonio lo tuvo con Yessica de Lamadrid Téllez, quien trabajó en la campaña de Peña Nieto para gobernador del Estado de México en 2005. Yessica laboraba en Radar, empresa vinculada a Grupo TV Promo, especializado en *marketing*, propaganda política y publicidad, y cuyo socio es Alejandro Quintero Íñiguez, vicepresidente de comercialización de Televisa, que también le llevó la campaña para la Presidencia de la República.

Mientras estaba casado con Mónica Pretelini, Peña Nieto sostenía en la clandestinidad la relación con Maritza Díaz y con Yessica de Lamadrid. Actualmente esta última es secretaria y representante del gobernador de Nuevo León, Jaime Rodríguez *el Bronco*, en la Ciudad de México. Peña Nieto tuvo con ella a Luis Enrique, quien murió en 2007 a los dos años de edad, un mes después de que un médico militar lo operara de hidrocefalia, si bien eso no está muy claro, pues hay quienes dicen que la verdadera causa fue cáncer. El pequeño murió tres semanas después de la muerte, tampoco muy clara, de Mónica Pretelini. Las sospechas sobre el repentino fallecimiento de esta ni siquiera Peña Nieto las aclaró. En una entrevista que le hizo Jorge Ramos en marzo de 2009 le preguntó cómo murió su esposa.

—Mira, pues en su momento se dio la explicación. Fue algo… intempestivamente. Ella llevaba dos años de tener alguna enfermedad… parecida a lo que era… estertores, este… eh… se me fue el nombre de la enfermedad puntual.

—¿Epilepsia? —le dice Jorge Ramos.

—Pero no era una epilepsia propiamente, algo parecido a la epilepsia. Y llevaba dos años en esta circunstancia y lamentablemente en algún momento, yo no estaba con ella, tuvo un ataque parecido a esto y lamentablemente ahí perdió la vida. Yo cuando ya la encontré en su momento en nuestra recámara, pues ya estaba prácticamente muerta, aunque se le resucitó de forma artificial, realmente ya había tenido una muerte cerebral, y es un episodio que hemos tratado de superar, pues, con la fortaleza de los hijos y del apoyo familiar.

Ramos volvió a entrevistarlo en febrero de 2011 y se lo cuestionó otra vez:

—En marzo del 2009 le hice una pregunta de cómo había muerto su esposa. Nos dio la respuesta y ha tenido cientos de miles de visitas en el internet, y lo que les sorprendió a muchos es que usted no me pudo decir de qué murió su esposa.

—Es absurdo pensar, Jorge, pensar que no sé de qué murió mi esposa. Fue un lapsus por no poderte decir qué era, que mi esposa sufría entonces ataques de epilepsia que habían derivado justamente en eso, en alguna insuficiencia cardiaca, y eso le había llevado a perder la vida…

—Me piden en Twitter que le pregunte si usted tuvo algo que ver.

—No, como lo referí en aquella conversación…

—El documento del doctor, ¿usted autorizaría que se hiciera público? —le pregunta Ramos, incisivo y contundente.

—Por supuesto, yo no tendría ningún empacho alguno y está el médico que la atendió en su momento…

A pesar de que aquel episodio forma parte de un pasado que a algunos tal vez les parezca turbio, lo cierto es que en la campaña presidencial de la pareja del año todo iba viento en popa, aunque la perfección no existe… El 11 de mayo se registraron hechos que marcaron un antes y un después en el devenir político de este país. En la agenda de campaña del candidato Peña Nieto estaba acudir a la Universidad Iberoamericana para participar en el foro Buen Ciudadano Ibero. Sentado entre dos académicos, se notaba su incomodidad. No era para menos: los estudiantes no dejaban de abuchearlo. En el auditorio José Sánchez Villaseñor, más de 300 asistentes lo criticaban, repudiaban y hasta se burlaban de él. Los gritos y las cartulinas no se hicieron esperar: «¡Asesino!» «Atenco no se olvida», «Ignorante, ponte a leer», «Cobarde», «La Ibero no te quiere», «Telecandidato basura», «Peña, entiende, la gente pensante no te quiere».

A lo lejos vio una máscara de Carlos Salinas de Gortari. Estaba sudando, enfadado. Los jóvenes denunciaban que un hombre trajeado les ofrecía 250 pesos para que no hicieran preguntas incómodas durante el evento. Carolina Viggiano, cuñada de Humberto Moreira y coordinadora de Vinculación con la Sociedad Civil en la campaña de Peña Nieto, también estaba enojada.

El evento terminó entre abucheos más intensos. Los escoltas sacaron al candidato por la puerta trasera e intentaron evadir a los alumnos, que iban tras él para seguir gritándole insultos. Peña Nieto entró al baño y allí permaneció asustado durante más de 20 minutos, mientras los miembros del Estado Mayor Presidencial despistaban a los jóvenes manifestantes. Finalmente lo sacaron por la puerta 9 a gritos y empujones. Los videos que mostraban a Peña Nieto escondido en el baño se hicieron virales, pero sus compañeros de partido lo defendieron.

Entrevistado por la periodista oficialista Yuriria Sierra, el senador Arturo Escobar descalificó a los jóvenes estudiantes que protestaron:

—Yo estudié en la Ibero, Yuriria, es una universidad plural donde se respeta absolutamente la diferencia de opinión y estoy convencido de que aquellos que abanderaron o la mayoría de los que abanderaron esta parte final del acto no son estudiantes de la Ibero [...]; la información que se nos da al final es que grupos cercanos a Andrés Manuel López Obrador la tarde de ayer estuvieron promoviendo y organizando [...] a estos jóvenes para que provocaran al candidato [...]; las pruebas son la narrativa de algunos jóvenes en la universidad, porque yo me quedé todavía un par de horas más, Yuriria, en la universidad y me dieron esa información.

El entonces presidente nacional del PRI, Pedro Joaquín Coldwell, también defendió a su candidato, atacando a los estudiantes.

—Un puñado de jóvenes que no son representativos de la comunidad de la Ibero asumió una actitud de intolerancia respecto a los planteamientos que hacía nuestro candidato, y pues frente a eso, rescato la reacción de Peña Nieto, me gustó mucho.

Los jóvenes estudiantes exigieron su derecho de réplica para desmentir lo dicho en medios de «dudosa neutralidad» y demostrar que sí pertenecían a la Ibero, que no eran «acarreados» ni «porros». Los 131 jóvenes proporcionaron su nombre, número de matrícula y carrera en la que estudiaban. Explicaron que no militaban en ningún partido político. En las redes sociales recibieron un apoyo masivo bajo el eslogan «YoSoy132», que dio nombre al naciente movimiento estudiantil.

Los muchachos buscaban que hubiera un tercer debate entre los candidatos presidenciales. Rechazaban la imposición mediática del duopolio televisivo, en especial de Televisa, el patrocinador de Enrique Peña Nieto y la empresa donde su esposa trabajó 20 años. A los de la Ibero se unieron estudiantes de instituciones de educación superior públicas y privadas. Así exhibieron el hartazgo de la dictadura televisiva acostumbrada a imponer su verdad absoluta. Las manifestaciones afuera de Televisa fueron históricas. Era la «primavera mexicana» que buscaba la democratización de los medios televisivos y del anquilosado y corrupto sistema político. Surgió una cadena de manifestaciones en distintas capitales de la República e incluso en el extranjero, cuyos principios se basaban en seis puntos: democratización y transformación de los medios de comunicación, información y difusión; cambio en el modelo educativo, científico y tecnológico; cambio en el modelo económico neoliberal; cambio en el modelo de seguridad nacional; transformación política y vinculación con movimientos sociales; cambio en el modelo de salud pública.

De manera irónica, uno de los videos de la escapada de Peña Nieto, en medio de gritos de «¡cobarde!» y «¡asesino!», se subió a YouTube con un nombre que parodiaba los videos caseros de *la Gaviota*: «Ibero, lo que mis ojos ven y mi corazón siente, Enrique Peña Nieto».

Sin duda, lo sucedido en la Ibero fue el golpe más severo que el priista recibió en campaña. Hasta ese día, Peña Nieto parecía imbatible, pero los jóvenes nos recordaron que existía un amplio sector de la sociedad que se oponía al regreso del PRI. El movimiento se convirtió en una protesta contra Peña Nieto.

A pesar de todo, Peña Nieto ganó las elecciones, pero la comisión de vigilancia ciudadana del movimiento #YoSoy132 informó de más de mil 100 casos de presuntas irregularidades relacionadas con compra de votos, robo de boletas, violencia, agresiones y otras anomalías y actos de ilegalidad.

EL PACTO
TELEVISA-PEÑA NIETO

Por si fuera poco, surgió un nuevo gran escándalo en torno a la relación entre Televisa y Enrique Peña Nieto: el periódico británico *The Guardian* publicó tres reportajes de investigación en los que se denunciaba la promoción ilegal que la empresa de Emilio Azcárraga había dado a Enrique Peña Nieto durante su sexenio como gobernador del Estado de México. Era junio de 2012. El diario acusaba a Televisa de haber realizado videos para desacreditar a la oposición en la entidad y promover la imagen de Peña Nieto.

El periodista Jo Tuckman narraba cómo Televisa había vendido un «tratamiento informativo favorable» a Peña Nieto y otros políticos, con fines electorales. Unos días antes de las elecciones del primero de julio, el prestigioso diario reveló el contenido de docenas de archivos informáticos, que incluían: *a)* un resumen de las cantidades aparentemente cobradas por elevar el perfil de Peña Nieto a escala nacional cuando este era gobernador del Estado de México; *b)* una estrategia de medios detallada y explícitamente diseñada para torpedear la anterior candidatura a la Presidencia del candidato de izquierda Andrés Manuel López Obrador, que era el rival más próximo de Peña Nieto, y *c)* pagos que sugerían que la oficina del presidente anterior, Vicente Fox, había ocultado gastos públicos exorbitantes en promoción publicitaria.

Muchos de los archivos informáticos entregados a *The Guardian* por un ex trabajador de Televisa estaban guardados con el nombre de Yessica de Lamadrid, quien por ese entonces era empleada de la empresa Radar y con quien, como se relató líneas arriba, Enrique Peña Nieto sostenía una relación extramarital mientras estaba casado con Mónica Pretelini —aparte de su relación con Maritza Díaz Hernández.

Es importante señalar que uno de los documentos entregados al periódico es un PowerPoint titulado: «Que AMLO no gane las elecciones del 2006».

Uno de los reportajes de *The Guardian* advertía: «En un país en el que muy poca gente lee periódicos y el alcance de la internet y la televisión por cable se encuentra limitado a las clases medias, Televisa y su rival TV Azteca ejercen una gran influencia sobre la política nacional. Televisa es el imperio mediático más grande del mundo de habla española y controla cerca de dos tercios de la programación de los canales gratuitos de televisión en México. Los documentos parecen haber sido realizados en Radar Servicios Especializados, una empresa de *marketing* dirigida por un vicepresidente de Televisa, Alejandro Quintero».

En otra entrega informativa, el diario reveló una serie de contratos que presuntamente firmó la televisora con Peña Nieto, cuando era candidato a la Presidencia, para apoyarlo y promover su imagen en noticias, entrevistas y programas, en lugar de publicidad pura y dura. El periódico también desveló la existencia de una unidad secreta creada en Televisa para apoyar a Peña Nieto, denominada «El Equipo Handcock», cuya tarea era realizar videos promocionales sobre Peña Nieto mientras estaba en el gobierno del Estado de México y otros para dañar a los candidatos de los demás partidos. Los videos fueron enviados a miles de cuentas de correo electrónico y publicados en Facebook y YouTube. La empresa Comercio Más S.A. de C.V. —la cual tiene a su cargo el portal Esmas— le encargó a la casa productora del presentador Facundo, Zares del Universo, la realización de videos con un costo de un millón 722 mil pesos, mediante un contrato firmado por Jorge Agustín Lutteroth Echegoyen, vicepresidente de Televisa. El diario señala que en algunos contratos los clientes aparecen con el seudónimo de «Handcock», y en otros como Televisa Digital. Además, afirmó que ciertos documentos hacen mención a blogs y sitios web que promueven al PRI, construidos por compañías filiales de Televisa, como Desarrollo Vista Hermosa S.A. de C.V. y Comercio Más.

La televisora reaccionó y publicó un comunicado en el que señalaba: «Grupo Televisa no se dejará amedrentar por *The Guardian* y le continúa exigiendo una disculpa pública dadas las múltiples falsedades con las que ha construido sus artículos».

Al parecer, el combo Televisa-Peña Nieto incluía también a su actriz más famosa en ese momento, utilizada como moneda de cambio por intereses electorales.

Pese a la polémica que persiguió a la pareja del año, la operación mediática-electoral daba sus frutos.

El glamour de la Primera Dama

El peso de la televisión privada fue decisivo para el triunfo de Enrique Peña Nieto en las elecciones del domingo 1 de julio de 2012. Por su parte, el sueño de *la Gaviota* se había cumplido. Por fin entraría a Los Pinos como Primera Dama. En la madrugada del lunes escribió en su página de Facebook: «Esta noche, México ganó. No tengo más que palabras de agradecimiento para los millones de mexicanos que este domingo salieron a votar y depositaron su confianza en Enrique Peña Nieto. Mi esposo está listo para escribir, de la mano de todos los mexicanos, una nueva historia para nuestro país, una historia de éxito para todos, y en la que recuperaremos todos los valores que se han perdido. Estoy muy orgullosa de estar a su lado. Servir a los mexicanos será un gran reto y un gran honor. De todo corazón, gracias. Esta es una de las mejores noches de nuestras vidas».

En la convulsionada toma de protesta de su marido debido a la sombra del fraude electoral, Angélica Rivera estaba más preocupada por el atuendo que luciría. Finalmente se decidió por un vestido Dolce & Gabbana gris con encaje. El diario *Bild* publicaría un artículo sobre ella titulado: «México cuenta con la primera dama más bella del mundo», mientras que *Vanity Fair* la incluiría en la lista de las primeras damas mejor vestidas, distinción que parecía darle más realce en la prensa rosa que en el ámbito político y social.

Una de las primeras apariciones de la pareja en plan espectacular tuvo lugar, por supuesto, en Televisa, en el Teletón, el 7 diciembre de 2012. Angélica fue la primera donadora del evento y confesó ahí que su hermana Carito padece síndrome de Turner. Poco antes habían asistido a la premiación de la Mujer del Año, el 3 de diciembre de 2012, donde se reconoció la trayectoria de la magistrada Carmen Alanís. El 21 de diciembre se presentaron en el anuncio del Proyecto del Tren Transpeninsular Mérida-Punta Venado en Yucatán, y el 21 de enero de 2013, en la Cruzada Nacional contra el Hambre en Las Margaritas, Chiapas.

En aquellos primeros meses, Angélica gozaba del cariño de los mexicanos. Fue un periodo de aceptación social y alegría. El 18 de febrero de 2013, una sonora oleada de aplausos la recibió en el concierto de la Orquesta Sinfónica del Ejército y Fuerza Aérea y la Filarmónica de la Armada de México. Su primer viaje como Primera Dama fue ese mismo mes, a Costa Rica, en gira de Estado, acompañando a su marido. La prensa destacó su vestuario y elegancia en los eventos. Acudió el 21 de febrero a hacer guardia de honor al fallecido actor Joaquín Cordero en el Palacio de Bellas Artes. Su sonrisa y soltura en los actos oficiales llamaron la atención lo mismo en las crónicas de la visita del primer ministro de Nueva Zelanda, John Key, que en la ceremonia de los primeros 100 días de gobierno de Enrique Peña Nieto en el Palacio Nacional.

Más que labor social, Angélica Rivera se dedicó a aparecer en actos oficiales, como la presentación del Seguro de Vida para Jefas de Familia, efectuada en Los Pinos el 13 de marzo de 2013, o el inicio de la colecta nacional de la Cruz Roja. Se ocupó en realizar viajes al extranjero, como su visita al Vaticano con motivo de la primera ceremonia del papa Francisco el 18 de marzo. El 4 de abril la recibieron como una *rock star* en Hong Kong, durante una gira oficial donde siguió al pie de la letra el protocolo en la reunión privada con el emperador de Japón, Akihito, y la emperatriz Michiko. Llamativa, Angélica no dejó de lucir los modelos de grandes diseñadores en las cenas oficiales con el primer ministro de Japón, Shinzo Abe, y con Rosa Leal de Pérez, primera dama de Guatemala. También participó en las giras nacionales junto a su esposo. Se veía radiante cuando en el Palacio Nacional se presentó el Plan Nacional de Desarrollo 2013-2018 y cuando acudió al Palacio de Bellas Artes el 21 de mayo al concierto de gala por el centenario de las Fuerzas Armadas, donde fue ovacionada.

En definitiva, en su primer año como Primera Dama Angélica Rivera conservaba su popularidad y era un gran apoyo para su esposo, pero siempre manejándose con discreción, sin protagonismos, ni siquiera en la asistencia social, actividad a la que prácticamente renunció.

—Ha estado dos pasos atrás de él —llegó a decir sin temor a equivocarse la socióloga e historiadora Sara Sefchovich, que ha estudiado a las primeras damas desde la era prehispánica hasta nuestros días.

La autora dice que el apoyo de Angélica Rivera ha tenido lugar en internet y las redes sociales. Las páginas web del gobierno de México y la Presidencia de la República, por ejemplo, han hecho lo suyo para explotar su imagen. Incluyeron una sección sobre la Primera Dama que borró parte de su historia, en particular la que tiene que ver con el padre de sus tres hijas, a quien ni siquiera mencionan.

El 6 de marzo de 2013, Peña Nieto le otorgó el nombramiento de presidenta honoraria del Consejo Consultivo del Sistema Nacional para el Desarrollo Integral de la Familia (DIF). La Primera Dama dijo en la ceremonia solemne: «Soy una mujer que ha trabajado 25 años de manera formal y sé del enorme esfuerzo que realizamos por encontrar el balance y la armonía entre la familia y el trabajo. Con el objetivo de escuchar, de viva voz, las preocupaciones y propuestas de la población, quiero visitarlos en cada uno de los estados del país y tener una comunicación directa, un diálogo constructivo, un diálogo creativo, y así conocer las inquietudes y necesidades de las madres, los padres, los niños, los jóvenes y los abuelitos de México, para buscar soluciones en materia de asistencia social».

El 14 de marzo, en su primer evento como presidenta del Consejo, eligió a Televisa, por supuesto, y entregó apoyos a queretanos con discapacidad de los 18 municipios de la entidad y del Centro de Rehabilitación Integral de Querétaro (CRIQ) del Teletón, evento que ha sido criticado por el comité de expertos de la Organización de las Naciones Unidas (ONU) sobre los derechos de las personas con discapacidad, al grado que urgió al gobierno de México a no entregar al Teletón los recursos financieros que el Estado dedica a la rehabilitación. Los expertos han señalado que las campañas del Teletón promueven el estereotipo de que las personas con discapacidad dependen de la caridad. De hecho, el Teletón ha estado bajo sospecha por su método de recaudación y la poca transparencia en la utilización de los recursos.

A diferencia de la mayoría de las primeras damas, Angélica Rivera prefirió no hacerse cargo de las políticas de asistencia social a nivel federal. Quien dirige el DIF es Laura Vargas Carrillo, esposa del secretario de Gobernación, Miguel Ángel Osorio Chong. De esta forma Angélica rompió con la tradición. En un país con más de 53 millones de pobres, la asistencia social dejó de ser prioridad para la Primera Dama. Fue Carmen Romano, esposa del presidente José López Portillo, quien impulsó la fusión del Instituto Mexicano para la Infancia y la Familia (IMPI) con la Institución Mexicana de Asistencia a la Niñez (IMAN) para crear el DIF en 1977. Son pocos los eventos de esta institución que Angélica Rivera ha encabezado; por ejemplo, en septiembre de 2013 recorrió las zonas afectadas por el huracán *Ingrid* y la tormenta *Manuel* en Guerrero para entregar la ayuda recolectada por el DIF.

Sin tener lugar protagónico ni mucho menos político, la Primera Dama marcó una diferencia con otras esposas de presidentes como Marta Sahagún o Carmen Romano de López Portillo, y se ha dedicado sólo a «acompañar» a su esposo. Su principal herramienta de comunicación fue su cuenta oficial en Facebook, donde seguía compartiendo su lado público y privado como madre de familia.

Una de sus primeras acciones fue invitar a la primera dama de China, Pen Liyuan, a visitar Televisa. La actriz no presume con sus invitados los museos ni los grandiosos centros arqueológicos que tenemos en México. Para ella lo más importante es organizar recorridos por las instalaciones de Televisa San Ángel. Orgullosa, la Primera Dama le mostró a Pen Liyuan, quien se dedica al canto, la «fábrica de sueños», porque sabía que a la visitante le gustan las telenovelas mexicanas. Su primera parada fue en el foro donde se grababa la telenovela *De que te quiero, te quiero*. Allí saludaron a los actores. Luego se trasladaron al foro de la telenovela *La Tempestad,* donde Daniela Romo las recibió e interpretó a capela una canción para ellas. Angélica Rivera deseaba que la esposa del presidente chino conociera a fondo Televisa, que exporta telenovelas a más de 70 países.

«Resulta que a la primera dama china le gustan las telenovelas producidas por la empresa donde trabajaba *la Gaviota* —escribió Katia D'Artigues en su columna de *El Universal*—. Siendo así, no desaprovechará la oportunidad para hacer una visita a los foros. ¿Será tema de conversación en la cena que ofrecerá el presidente Peña a la delegación china?, ¿harán resumen telenovelero?».

Cuando cumplió seis meses en su nuevo papel, la Primera Dama agradeció en su página de Facebook el apoyo y cariño de los mexicanos: «Gracias a todos mis amigos en Facebook por sus comentarios y buenos deseos, me encanta leerlos todos los días. En estos primeros seis meses de Gobierno, con el apoyo incondicional de mi esposo, hemos demostrado nuestro compromiso de trabajo por los niños y niñas, hombres y mujeres de todo México. Seguiremos con este mismo ánimo y energía; gracias, sobre todo, por creer que es posible».

Angélica aprovechaba cualquier pretexto para difundir la supuesta unión que existe en su familia con sus hijas biológicas y las de su marido. Publicó las fotos de la presentación de su hija Sofía Castro, también actriz, en el Intercolegial de Baile en mayo de 2013, y además las de una presentación teatral de fin de cursos de Alejandro, hijo de Peña Nieto, y luego imágenes de una entrega de premios en Acapulco, a donde viajó con Nicole, hija de su esposo. Llegó a subir videos, como uno casero en el que le cantaba «Las mañanitas» al Presidente en su cumpleaños.

La transformación de actriz a Primera Dama le estaba funcionando de maravilla. *La Gaviota* transitó de las estridencias y la excentricidad de la farándula a la elegancia discreta y el lenguaje corporal de la esposa de un mandatario. Acostumbrada a los reflectores mucho antes de llegar a Los Pinos, su interpretación del papel de consorte estaba resultando impecable.

EL DECLIVE

Hacia octubre de 2013 Angélica Rivera gozaba de una gran popularidad y aceptación social. Su cuenta de Facebook alcanzaba más de un millón de seguidores. Escribió: «¡Un millón de gracias! ¡Muchas gracias a todos mis amigos en Facebook, que en esta semana llegaron a más de un millón!… Me da mucho gusto estar en contacto con todos ustedes. Les agradezco cada uno de sus mensajes, comentarios y opiniones. Leerlos me ayuda a conocer lo que sienten y lo que les preocupa. Sigamos con esta misma comunicación, porque sus peticiones son muy importantes para mí y les aseguro que las estamos atendiendo. Gracias por permitirme estar cerca de ustedes».

La Primera Dama seguía con sus actividades cotidianas. En junio de 2014, la agencia de *marketing* digital Business Thinking colocó a Angélica Rivera en la posición número 3 en su lista de los 50 políticos mexicanos con mayor número de seguidores en Facebook; en primer lugar estaba Peña Nieto, y en segundo, el ex secretario de Desarrollo Social Heriberto Félix Guerra.

De repente la Primera Dama cerró su cuenta de Facebook en mayo de 2014, sin dar explicación alguna a sus cientos de miles de seguidores. Hasta entonces había compartido materiales de asuntos personales y familiares, en un intento por mostrar ese lado humano de los personajes públicos que tanto gusta a la gente. Algo pasó…

Los errores de su marido, la corrupción y otros factores hicieron que los mensajes enviados a las cuentas que la Primera Dama tenía abiertas en las redes sociales fueran cada día más negativos. Ninguna dependencia dio información sobre el cierre de las cuentas. Angélica también cerró su cuenta de Twitter @staff_Angelica y su perfil en Instagram con 12 mil 337 seguidores, y fueron borrados todos sus *posts*.

Su último comentario en Facebook fue a propósito del Día de las Madres: «A todas las mamás que entregan todo por amor: ¡felicidades! La vida me regaló a mis tres hijas, y mi esposo me dio la oportunidad de amar y cuidar a tres niños más. Hoy quiero dar las gracias, de manera muy especial, a mi madre, a quien le estoy eternamente agradecida por su guía, ejemplo y por todo el amor que nos ha dado siempre a mí y a mis hermanos. A mi esposo, por amarme y hacerme una mujer tan feliz, y a nuestros seis hijos, porque soy la persona más afortunada de tenerlos conmigo. Los amo Pau, Sof, Ale, Fer, Nicoluz y Regis».

Definitivamente, a la Primera Dama no le fue del todo bien en su segundo año. Su declive se hacía cada vez más abrupto. En un país donde el gobierno se ha convertido en la máquina de hacer pobres —más de la mitad de los mexicanos viven en condiciones de pobreza—, el hecho de tener una Primera Dama rodeada de lujos, con un estilo de vida ostentoso, y cuyos hijos hacían gala de riqueza, empezó a disgustar a los ciudadanos.

Si bien Angélica Rivera se había convertido en la Primera Dama del país, algo de su esencia la hacía reivindicar su papel de actriz. La frivolidad la acompañaba a pesar de sus esfuerzos por mostrarse como una Primera Dama dedicada a la labor social que francamente despreciaba.

La cobertura mediática en torno suyo se les salió de las manos a los operadores de la Presidencia. La señora De Peña constantemente ofrecía entrevistas sobre su felicidad y prosperidad. Los reportajes publicaban en decenas de páginas fotografías de su fastuosa vida.

Su gusto por la ropa de diseñador hacía que cada atuendo que luciera significara un costo de 200 mil a un millón de pesos, incluidas las joyas. En su costoso equipo de imagen se contaban un peluquero, un maquillista y varios especialistas en vestuario, los cuales la acompañaban a las giras internacionales con su marido, sin escatimar gastos.

El despilfarro de la Primera Dama empezó a resultar obsceno en un país con severos problemas económicos, donde a millones de trabajadores se les paga un salario mínimo diario de 73 pesos. Los carísimos gustos de la Primera Dama estaban exasperando a la población. Así que los comentarios que llegaban a sus cuentas en las redes sociales expresaban la indignación y el legítimo resentimiento de la gente.

A pesar de las señales de alerta, Angélica Rivera siguió instalada en su lujosa torre de marfil. No cambió de actitud, mucho menos disminuyó sus gastos en arreglo personal y estilo de vida. Sus hijas y las hijas de Peña Nieto usaban bolsos de 30 mil pesos, zapatos de 20 mil, vestidos de 200 mil; el hijo de Peña Nieto, Alejandro, es conocido por sus viajes a todo lujo. El derroche de la familia presidencial fue tal que la gente terminó por rechazarla abiertamente.

Se fue acabando el cariño y la simpatía que sentían por *la Gaviota*. El enamoramiento popular con la princesa de México, la reina de la prensa del corazón, no duró ni cuatro años. Muy pronto se convirtió en villana. En el imaginario popular se iba instalando la elegante Primera Dama capaz de usar un vestido diseñado por Óscar de la Renta en la noche del 15 de septiembre de 2014 con un costo de 83 mil pesos. En lugar de elegir un vestido mexicano adecuado para la fecha, optó por un vestido bicolor en rosa mexicano y azul marino corte sirena, confeccionado en tafetán de seda de 6 mil 290 dólares. El maquillaje y el peinado estuvieron a cargo de su maquillista de cabecera, el que la acompaña a las giras internacionales, Alfonso Waithsman, mientras que el *styling* fue de Karla Guindi y Nathaly Michan, todos ellos integrantes de su inseparable *crew* de imagen.

Con una actitud frívola e indiferente a los problemas económicos y sociales del país, Angélica Rivera desencantó a la gente.

Fue el principio de su caída.

El peso de la riqueza

Llevo dentro de mí mismo un peso tan agobiante:
el peso de las riquezas que no he dado a los demás.
— RABINDRANATH TAGORE

¿CUÁNTAS PROPIEDADES tiene la Primera Dama? La duda creció. También su ambición. Quiso tenerlo todo. Se vistió de riqueza, se cubrió de oro y diamantes. Prefirió la vida suntuosa, los lujos, la opulencia frente a un pueblo empobrecido. No midió los excesos ni los riesgos. Sin límites, fue acumulando hasta la impudicia. Antepuso sus intereses a las necesidades de los ciudadanos. Y fue entonces cuando se asomó esa palabra demoledora que la persigue día y noche y no la deja en paz: corrupción.

¿Por qué la Primera Dama no tiene propiedades en el lugar donde nació, vivió y trabajó? ¿Por qué no escrituró ni siquiera la mansión que asegura haber comprado? Hay opacidad en sus finanzas, turbiedad en su declaración patrimonial. Su secreto son sus verdaderas propiedades.

Sin ser funcionaria o servidora pública, Angélica Rivera no existe en los archivos del Registro Público de la Propiedad de México. Sin embargo, ¿por qué eligió el extranjero para invertir? ¿Será que eligió

Miami porque es centro neurálgico del lavado de dinero? Ahí cualquiera puede ocultarse detrás de una empresa de papel para invertir, de un conglomerado fantasma o de un ambicioso desarrollador de vivienda.

Eligió Miami, y en especial la isla Key Biscayne, por la misma razón que cientos de funcionarios y políticos latinoamericanos. Esta frontera abierta es un terreno sin control gubernamental. La doble moral de Estados Unidos ha permitido al intenso mercado inmobiliario convertirse en una guarida para los dineros *non sanctos*. Aquí el lavado de dinero se hace a través del mercado inmobiliario. Más de dos tercios de las operaciones de compra de propiedades se realizan con dinero en efectivo, según un informe del *South Florida Business Journal*.

El *boom* se hace patente: 138 nuevas torres y más de 18 mil condominios ingresarán al mercado, según lo proyectado, durante los próximos años en las zonas costeras de los tres condados de la región: Miami-Dade, Broward y Palm Beach. Pero las idílicas torres y desarrollos esconden un lado oscuro. Este paraíso, elegido por la Primera Dama para disfrutar su riqueza, no da la menor idea de la existencia de los 50 millones de pobres que viven en México.

Key Biscayne, en el condado de Miami-Dade, es una zona apartada del bullicio de Miami Beach o del distrito financiero de Brickell. Sitio ideal para vivir tranquilamente, aquí residen acaudalados empresarios y hombres de negocios. Y es el destino preferido no sólo de políticos latinoamericanos que deciden invertir su dinero, bien o mal habido, en propiedades cuya plusvalía crece vertiginosamente; también lo es de famosos como Jorge Ramos, Andy García, Thalía, Juanes o Brad Pitt.

La apartada de isla Key Biscayne se encuentra al norte de Coconut Grove y al sur de Miami. Llaman la atención sus palmeras, calles de buen trazo urbano y exuberante vegetación, así como sus playas hermosas, la más grande y popular de las cuales es Crandon Park, que se extiende al norte de la isla. Es un lugar público con canchas de voleibol playero, alquiler de kayaks, cabañas y todo un ecosistema de dunas, manglares, árboles tropicales y praderas de plantas marinas.

La isla tiene además una gran variedad de restaurantes, *boutiques*, supermercados, bancos, hoteles y clínicas. Todo bajo el maravilloso sol del sur de la Florida.

Key Biscayne es también la «isla de las mujeres solas». Mientras sus maridos o amantes trabajan y hacen dinero, ellas y sus hijos viven en los diferentes complejos habitacionales que se extienden a la orilla de la playa. Son condominios de lujosos departamentos que tienen todo tipo de instalaciones y comodidades: piscina, restaurantes, gimnasio, *spa*, canchas de tenis, tiendas, baños sauna, salón de baile, salón de juegos infantiles...

Este es el lugar que Angélica Rivera eligió para pasar temporadas, para lo cual se hizo de dos lujosos apartamentos ubicados a pie de playa en el exclusivo complejo residencial Ocean Club, en el número 799 de Crandon Boulevard. Entrar al lugar es imposible sin invitación previa de algún residente. El guardia de la caseta de vigilancia me da el pase número 71269. Recorrer las calles de esta lujosa urbanización es entrar a un mundo sofisticado. Camino por la North Cabana Lane hasta el 791 para visitar las tres torres que componen este club residencial de más de 800 departamentos, villas y cabañas.

El Ocean Club tiene su sello distintivo en la isla. Desde luego, allí todo mundo puede ocupar sus días nadando, jugando tenis, corriendo, disfrutando de la vista del mar desde alguna terraza, dejándose consentir con un masaje. El complejo es una maravilla de comodidad y facilidad absoluta. Da la inmediata impresión de una rutina sin esfuerzo, casual, llena de las cosas buenas de la vida. Su publicidad lo dice todo: «Aquí se encuentra lujo sin limitaciones para saborear y disfrutar».

Para llegar hasta la Ocean Tower One, donde están los dos departamentos de la Primera Dama, hay que recorrer las áreas de piscina rodeadas de camastros, canchas de tenis y restaurantes. Aquí los departamentos pueden costar entre uno y nueve millones de dólares, según el tamaño y la ubicación. María Isabel, la portera con un fuerte acento cubano, señala que la señora Rivera llega varias veces al año para disfrutar de sus departamentos 304 y 404.

—Ella es encantadora, una señora muy elegante. Siempre viene con sus hijos y claro, con muchos escoltas, por eso tienen dos departamentos —dice con una amplia sonrisa.

Efectivamente, sus vecinos se quejan del despliegue de seguridad que entorpece la serenidad habitual de este lugar paradisiaco. Llegan rodeados de escoltas en varias camionetas. Los agentes de seguridad siguen a la familia presidencial a donde esta va, mientras los residentes nadan, comen o hacen ejercicio, algo que resulta llamativo.

—Es incómodo estar comiendo con los guaruras rondado por aquí —comenta Laura Orellana, quien es venezolana de origen y radica en este lugar desde hace más de cinco años—. Aquí tiene sus departamentos mucha gente importante, como el presidente de Colombia, a quien vemos por aquí haciendo deporte. Nadie hace ese alarde de escoltas como la señora Rivera y sus hijos, hasta helicópteros sobrevuelan este lugar cuando vienen. Es muy incómodo, de verdad.

En el año 2005 Angélica Rivera creó una empresa *offshore* para comprar uno de los departamentos: Unit 304 Oto, Inc. Este tipo de «empresas paja» se crean en paraísos fiscales a fin de evitar el pago de impuestos y también para ocultar a simple vista el nombre del comprador. Se trata de un recurso muy utilizado entre los políticos y millonarios porque les asegura confidencialidad y seguridad en sus inversiones. La compra del departamento la hizo la mencionada empresa Unit 304 Oto, Inc., con dirección en el número 1000 de la avenida Brickell, despacho 400, en la ciudad de Miami, código postal 33131. La empresa está registrada bajo el número de documento P05000086829 el 16 de junio de 2005. En ese entonces, el departamento costó un millón 775 mil dólares (más de 32 millones de pesos). A través de la ley de transparencia es fácil acceder a los registros públicos de las propiedades, donde aparecen los nombres de los dueños de este tipo empresas. Once años después, este departamento de la Primera Dama vale alrededor de 3.5 millones de dólares (cerca de 70 millones de pesos), según dicen agentes de bienes consultados en la zona, quienes señalan que por concepto de impuestos la señora Rivera ha pagado 332 mil 506 dólares, pero en los últimos años sus impuestos los ha pagado otra persona.

Y es que Angélica Rivera no imaginaba que la prosperidad iba a llegar a su vida tan pronto. Después de casarse con Enrique Peña Nieto su bienestar aumentó de manera exponencial. Dos meses después de las nupcias, el 12 de enero de 2011, la Primera Dama liquidó la totalidad del préstamo hipotecario del departamento de su propiedad por más de un millón 325 mil 500 dólares (más de 25 millones de pesos), a pesar de que tenía plazo hasta el año 2035, según consta en los registros públicos del condado de Miami-Dade a través del Banco Espírito Santo.

La historia de la compra del departamento de lujo 304 del condominio Ocean Tower One, con tres habitaciones y cuatro baños y medio, se remonta a cuando Angélica Rivera estaba casada con José Alberto Castro en mayo de 2005. Así que, para comprarlo a Ulysses Vasconcellos Diniz al referido costo de un millón 775 mil dólares, la Primera Dama creó la empresa fantasma Unit 304 Oto, Inc.

DOS, MEJOR QUE UNO

A la familia presidencial le encanta pasar temporadas en esta apacible isla de apenas 12 mil habitantes, separada de Miami por un viaducto de 15 kilómetros desde donde se aprecia la hermosa bahía. El bello entorno natural, el club náutico, las espectaculares residencias, los condominios de lujo, las buenas tiendas, los restaurantes, las canchas de golf y de tenis, todo favorece una estancia suntuosa y sosegada.

A la repentina prosperidad de Angélica Rivera se añade el departamento número 404 que el empresario Ricardo Pierdant, beneficiado con contratos públicos del gobierno mexicano, le «presta» y que casualmente se ubica debajo del 304 de Ocean Tower One. Además, ambos departamentos están conectados por un elevador. La propiedad fue comprada por la empresa *offshore* Biscayne Ocean Holdings,

LLC, creada por Pierdant y con domicilio en el 8395 SW 73 Ave. 114, en Miami, Florida, código postal 33143. Es la empresa que pagó los impuestos no sólo de este departamento, sino también del 304, propiedad oficial de la señora Rivera. ¿Por qué un empresario beneficiado con contratos públicos paga los impuestos de la propiedad de la esposa del presidente de México si estos se pueden pagar por internet y con tarjeta de crédito? La suma de los dos departamentos —siete habitaciones y ocho baños— tiene un valor de casi 9 millones de dólares (alrededor de 170 millones de pesos).

Según los documentos que obtuve, Pierdant pagó a través de su compañía fantasma Biscayne Ocean Holdings, LLC, el 3 de marzo de 2014, los impuestos del departamento a nombre de *la Gaviota* del 799 Crandon Boulevard 304. De acuerdo con el documento emitido por el Real Estate Property Taxes del condado de Dade en Miami, Florida, pagó 29 mil 703.82 dólares por concepto de impuestos. Así lo demuestra el recibo: Echeck-14-104628. Ese mismo día, el 3 de marzo de 2014, Pierdant pagó también los impuestos del departamento 404 ubicado en el mismo edificio. Según el recibo Echeck-14-104634, pagó 30 mil 633.34 dólares (*véanse* los documentos incluidos en el pliego de fotos de este libro).

Lo extraño del caso es que Pierdant compró el apartamento 404 en 2010 pagando en efectivo 2 millones de dólares, cuando debía 1.2 millones de otro departamento en Miami. ¿Es acaso Pierdant el prestanombres del departamento 404? ¿Es propiedad de Enrique Peña Nieto, ya que fue adquirido cuando aún era gobernador del Estado de México y estaba recién casado con Angélica Rivera?

Lo cierto es que la frase «conflicto de interés» envuelve nuevamente a la pareja presidencial. Sobre todo porque la historia entre Pierdant y Peña Nieto carece de sentido, ya que el empresario debía otra propiedad y afrontaba un millonario embargo por incumplimiento en los pagos de otro apartamento ubicado en Miami. Pierdant, de 49 años, debía sus propios impuestos cuando pagó los del departamento propiedad de Angélica Rivera. A pesar de sus deudas, el empresario primero compró el departamento 404 y luego pagó los impuestos del 304, de acuerdo con los documentos públicos que obtuve durante mi investigación en Miami. Ricardo Pierdant dice ser amigo del presidente de México y haberlo conocido en la universidad. ¿Por qué pagó este impuesto si debía los impuestos del suyo? En ese momento no había liquidado los prediales de su propio departamento, marcado con el número 404. Y lo que es peor, en marzo de 2010 debía 1.25 millones de dólares al US Century Bank de Estados Unidos por una propiedad ubicada en el barrio de lujo Coral Gables, según publicó Univisión, al señalar que Ocean Drive y The Gables Unit 3 lo demandó por incumplimiento de los pagos de la hipoteca. La cadena de televisión también reveló que Peña Nieto viajó a Miami el 22 de enero de 2010, día en que Pierdant compró en efectivo el departamento de Ocean Tower One.

A pesar de la deuda que Pierdant tenía por su departamento en Coral Gables, pagó 2 millones en efectivo por el departamento ubicado un piso abajo del departamento de Angélica Rivera. Su empresa Biscayne Ocean Holdings, LLC, creada para comprar el departamento 404, no pagó el impuesto predial de la propiedad del empresario desde 2012. No fue sino hasta el 31 de julio de 2014 cuando Pierdant liquidó su propia deuda, correspondiente al año 2011, de 30 mil 757 dólares. Así consta en el documento «Delinquent Tax Certificate», expedido por el condado de Miami-Dade. Los impuestos de 2014 y 2015 llevan la etiqueta «Delinquent Tax Certificate» por haberlos pagado con retraso. El último, por 44 mil 511 dólares; el anterior, por 41 mil 465 dólares, de acuerdo con la documentación.

¿Lo anterior es un claro ejemplo de tráfico de influencias? ¿Es ético, es legal que el Presidente acepte favores de esta naturaleza? Según los documentos obtenidos, el Grupo Pierdant está dedicado al ramo de bienes industriales. Los tres hermanos: Jorge, Ricardo y Aurora, han tenido contratos públicos. Por ejemplo, en 2012, durante la campaña a la gubernatura del priista Eruviel Ávila, los hermanos Pierdant vendieron 100 mil USB con la imagen del candidato por un valor de 9.5 millones de pesos, pero con un esquema «tramposo» de doble contabilidad, como denunció Ricardo Monreal en un debate radiofónico.

—Del PRI en el Estado de México les mostraré una serie de copias fotostáticas de órdenes expedidas por Jorge Pierdant por la venta de mil memorias USB con la imagen de Eruviel —dijo Monreal exhibiendo las copias fotostáticas de las facturas emitidas por Pierdant, en las cuales se comprobaba supuestamente que en realidad se compraron 100 mil unidades, con lo cual el gasto total fue de 9.5 millones de pesos, y no de 110 mil pesos, como reportaron al IFE.

En Estados Unidos, Ricardo Pierdant, el amigo de Peña Nieto, es dueño junto con otros socios de la empresa DekoBici, y de Cycloshare en México, donde tiene diversos contratos y negocios. En particular, tiene un contrato de operación a diez años con el gobierno de Rafael Moreno Valle en Puebla, según denunció el periódico *Central*, el cual obtuvo una copia del contrato en el que se establece que la membresía anual tendrá un precio de 700 pesos, cantidad mucho mayor que la que se cobra por el mismo servicio en la Ciudad de México, Toluca o Guadalajara. Por dicho contrato a diez años, Pierdant pagó 72 millones 298 mil 279 pesos, cantidad que fácilmente recuperará, considerando los precios que cobra. Por ejemplo, con Cycloshare la renta de una bicicleta por un mes costará en Puebla 250 pesos, cuatro veces más que en la Ciudad México, donde el precio es de 55 pesos.

A los negocios de los Pierdant hay que añadir el contrato que Aurora Pierdant obtuvo de Pemex. El 12 de noviembre de 2014 la Dirección General de Finanzas, Adquisiciones y Servicios de la Comisión Nacional de Hidrocarburos le otorgó por adjudicación directa el convenio CNH64/2014 de un millón 160 mil pesos. El contrato incluía el servicio de capacitación en Derecho Petrolero Mexicano, que concluyó el 15 de diciembre del mismo año. En el Portal de Obligaciones de Transparencia (POT), el contrato celebrado con Pierdant Grunstein es el más costoso bajo el concepto de «servicio de capacitación». Y el portal de noticias *SinEmbargo.mx* publicó que desde 2012 esta Comisión ha firmado otros dos contratos con el mismo objeto: el primero por 48 mil 256 pesos hace cuatro años, y el último por 829 mil 400 pesos en 2015. En octubre de 2011 Aurora Pierdant era gerente de contratos en Pemex, pero fue inhabilitada junto a Luis Sergio Guasso, subdirector de Desarrollo de Nuevos Negocios, por supuestas irregularidades detectadas en la asignación del contrato de mantenimiento a la texana EMS.

El periódico británico *The Guardian* publicó un reportaje en el que denunciaba un posible conflicto de interés entre los Pierdant y los Peña Nieto, y exhibiendo en especial la inhabilitación de Aurora Pierdant en Pemex y el posterior contrato que le otorgaron, pero ella publicó un comunicado para desmentir dicha información:

El 3 de octubre de 2011 fui objeto de una sanción infundada (CI-R-PEP-205/2010) por parte el [sic] Órgano Interno de Control de Pemex Exploración y Producción, misma que combatí y gané en juicio. En agosto de 2013 se dictó sentencia firme y definitiva por los magistrados federales que integran el Quinto Tribunal Colegiado en Materia Administrativa del Primer Circuito (Toca R.F.435/2013), mediante la cual se confirmó la sentencia de la Sexta Sala Regional Metropolitana del Tribunal Federal de Justicia Fiscal y Administrativa (31328/11-17-06-1). Esas sentencias declararon nula e ilegal la sanción de destitución e inhabilitación que me impuso el Órgano Interno de Control en Pemex Exploración y Producción. Las sentencias obligaron a revertir la ilegal sanción y determinaron que mi proceder fue apegado a la Ley.

En otro procedimiento (CI-R-PEP-176/2010), también infundado, se me sancionó con suspensión del cargo por 60 días. En marzo de 2014 se dictó sentencia firme y definitiva por el Decimoséptimo Tribunal Colegiado en Materia Administrativa del Primer Circuito (Toca R.F.696/2013), mediante la cual se confirmó la sentencia de la Octava Sala Regional Metropolitana del Tribunal Federal de Justicia Fiscal y Administrativa (31329/11-17-08-8). Esas sentencias también declararon ILEGAL la actuación del órgano interno de control en Pemex Exploración y Producción y mi proceder apegado a Derecho.

Durante 30 años de mi vida ejercí como abogada en el sector público. En todo ese tiempo desempeñé mi trabajo sin cuestionamientos sobre mi proceder. Al final de mi carrera como servidora pública, gané en juicio los dos procedimientos que infundadamente se iniciaron en mi contra a los que me he referido. Cinco años después de la injusticia sigo siendo víctima de ella, a pesar de haber sido reivindicada en los tribunales.

Como ha quedado claro, todos mis derechos habían sido restituidos cuando en noviembre de 2014 presenté mi propuesta para capacitar en Derecho Petrolero, mi especialidad, a funcionarios de la Comisión Nacional de Hidrocarburos. Cumplí con los requisitos, presenté la oferta más competitiva y gané el contrato por mis propios méritos profesionales.

Seguiré ejerciendo mi profesión libremente. Prestaré mis servicios a las empresas privadas o instituciones públicas que me lo requieran y defenderé mi honorabilidad por todos los medios a mi alcance.

No fue la única aclaración. Eduardo Sánchez Hernández, coordinador de comunicación social de la Presidencia de México, desmintió a *The Guardian:*

Es falso que el departamento referido sea el «hogar» de la señora Rivera en Florida. Ella misma hizo público que en 2005 adquirió una propiedad, distinta a la que refiere la nota, en el mismo edificio.

En la nota se afirma que el señor Ricardo Pierdant es un contratista «potencial» del Gobierno, sin ofrecer un solo dato, documento o declaración que lo sustente. Es una especulación a todas luces dolosa.

Lamento que *The Guardian* oriente a sus reporteros a predecir el futuro, más que a confirmar la veracidad de su información.

El señor Ricardo Pierdant no ha celebrado contratos con el Gobierno de la República y tampoco participa en algún proceso en curso.

La nota refiere que en dos ocasiones solicitaron comentarios en la oficina del Presidente.

Cualquier periodista medianamente experimentado sabe que las solicitudes de información de los medios se atienden en mi oficina. Afirmo que nadie estableció contacto, ni conmigo, ni con alguno de mis colaboradores sobre este tema.

En el pasado reciente, *The Guardian* ha publicado información sobre temas relacionados con nuestro país que ha sido desmentida. En algún caso, tuvo que ofrecer disculpas a sus lectores porque no pudo sostener la veracidad de lo publicado. Siento mucho la falta de profesionalismo de este medio que afecta, sobre todo, a sus lectores.

A pesar de esta aclaración oficial, permanece la sombra del conflicto de interés entre los Pierdant y los Peña Nieto.

En entrevista concedida a Joaquín López-Dóriga el 15 de agosto de 2016, el Presidente reconoció que el empresario Ricardo Pierdant hizo el pago del predial del departamento de la Primera Dama, Angélica Rivera, en Miami. Refirió que fue un «favor de vecinos» y añadió:

—De ahí que tenga un vecino amigo como todos tenemos y que alguna vez alguien lo haya ocupado es muy distinto a afirmar que esa propiedad sea de ella. Es completamente falso que mi esposa tenga otro departamento en Miami. Es un amigo que está allá y le hizo un favor: «¿Puedes cubrir el impuesto predial?, yo te lo pago aquí».

Sin embargo, el 16 de septiembre de 2016, el periódico *The Guardian* decidió ofrecer «disculpas públicas» a Ricardo Pierdant y su hermana Adriana por haber señalado que existió un «conflicto de intereses» en el uso del departamento de Miami por parte de la Primera Dama. El diario británico había señalado a Pierdant como un «potencial contratista», mientras que a su hermana Aurora la identificó por haber recibido «beneficios» del gobierno mexicano. Al emitir la «disculpa», el periódico finalmente admitió que publicó «información falsa»: «Aceptamos que ninguna de las sociedades del señor Pierdant ha obtenido ningún contrato con el gobierno mexicano ni han participado en cualquiera de dichos proceso de contratación».

SECRETO A VOCES

La vida de la familia Peña-Pretelini era bien conocida en Ocean Club, ya que Enrique Peña Nieto empezó a frecuentar la isla Key Biscayne desde que era gobernador del Estado de México en el periodo 2005-2011. Peña Nieto no tiene ningún departamento a su nombre, pero para eso existen los prestanombres. Es la única explicación que encuentran quienes lo ven pasear por los jardines de este paradisiaco lugar en Miami.

—Ocean Tower One es el edificio más caro de Key Biscayne. El primer departamento que compran Mónica y Enrique es aquí en Ocean, es así como ahora tienen dos y otros dos *penthouses* en otra urbanización de aquí de al lado. Mónica era una tipaza, era linda, simpática, educada, carismática —dice la mexicana Lorena Elizondo, a quien entrevisto en el elegante restaurante de Ocean Club.

Mi número de ingreso o *Smartkey Number* para entrar a esta fortaleza fue el 71269. Aquí varios mexicanos tienen su lugar de residencia, como Lorena Ocejo, desde hace 12 años. Su hija, Lorena Elizondo, ex esposa de Arturo Montiel *Jr.*, también vive en este desarrollo, sólo que en la otra torre, Ocean Tower Two, donde hay 111 apartamentos. En 2006 se casó aquí mismo con Arturo Montiel Yáñez, primogénito del ex gobernador del Estado de México, Arturo Montiel Rojas, y de su primera esposa, Paula Yáñez, a quien conoció en 1970 cuando era la reina de la Feria de San Marcos en Aguascalientes. La revista *Quién* publicó un extenso reportaje de la boda con 17 fotografías del lugar y los invitados. Eran tiempos de felicidad.

En 2006, el priista Arturo Montiel Rojas aún estaba casado con la francesa Maude Versini, con quien tuvo tres hijos. Luego de su turbulento divorcio, ambos iniciaron un proceso judicial por la guarda y custodia de los menores. Al final, Montiel acusó a su ex esposa de maltrato infantil y un juez del estado que gobernó (de 1999 a 2005) le otorgó la guarda y custodia de los menores al priista. Montiel Rojas no permitió que Versini viera a sus hijos durante tres años. El ex gobernador ya va en su cuarto matrimonio; el último tuvo lugar el 21 de mayo de 2016 con la michoacana Karla Cortés Treviño.

Por su parte, el matrimonio con Lorena Elizondo fue el segundo de Arturo Montiel *Jr.* Con ella tiene dos hijos. Lorena vive aquí desde hace tres años, cuando decidió separarse de él a causa de los abusos físicos y psicológicos que sufría, según cuenta. Dice que ya no pudo regresar a México porque su ex marido tiene como abogado a Juan Collado, el mismo que defendió a Arturo Montiel padre contra

Maude Versini. Comenta que se quedó a vivir en Miami, donde también vive su familia, porque Montiel *Jr.* constantemente la amenazaba con retirarle la guarda y custodia de sus hijos.

Después de un tormentoso proceso, Lorena obtuvo el divorcio en julio de 2016. El hijo de Montiel fue condenado por una corte estadounidense a pagar a sus hijos una pensión de 20 mil dólares (unos 380 mil pesos): 12 mil dólares más 8 mil dólares por la renta del departamento en el que viven Lorena y los niños, propiedad del empresario panameño Iván Orellana Tomich. Al igual que Angélica Rivera, Orellana creó una empresa para comprar su departamento en 2006: Ivanoro Corportation, fundada el 22 de diciembre de 2000.

Lorena me invita a caminar por la playa para mostrarme la supuesta nueva propiedad de la pareja Peña-Rivera. Desde luego, no hay manera de demostrarlo, dice, porque generalmente los políticos utilizan prestanombres para adquirir bienes inmuebles, sobre todo cuando aún están en el poder y poco después de que lo dejan. Y de eso Lorena sabe mucho, pues fue testigo de algunas corruptelas cometidas por Montiel y sus hijos.

—Todo mundo sabe, vamos, es un secreto a voces, que Enrique Peña Nieto y Angélica Rivera compraron dos *penthouses* espectaculares aquí al lado, en Oceana. Llegaron y los pagaron en *cash* [efectivo], según le dijo una corredora de bienes raíces a mi mamá. Es nuevo y Key Biscayne es muy chiquito, todo se sabe. Pero no se puede comprobar porque no están a su nombre.

El lujoso edificio está a unos metros de Ocean Club. Es lo último en vivienda de alto nivel destinada a los millonarios. Se trata de Oceana Key Biscayne, construido por la empresa Consultatio, propiedad del argentino Eduardo Costantini. Tiene 142 departamentos y 12 villas, cuyos precios oscilan entre 2 millones 270 mil y 21 millones 900 mil dólares.

Los dos *penthouses* frente al mar están a nombre de la empresa *offshore* Consultatio Key Biscayne, LLC, propiedad de Costantini y sus socios desarrolladores Marcos Corti-Maderna, José Chouhy y Mariana Costantini, con dirección en el 1200 de la avenida Brickell en Miami. Casualmente la dirección de la empresa creada por Angélica Rivera se halla a unos metros, en el distrito financiero de Miami. Cada *penthouse* cuesta 21 millones 900 mil dólares; la suma de ambos: 43 millones 800 mil dólares (más de 800 millones de pesos). Entre los dos tienen 14 habitaciones y 18 baños. Cada uno cuenta con una espectacular terraza, piscina infinita y asador. Además disponen de cinco plazas de estacionamiento, un gimnasio y un *spa*. Cualquier departamento en este edificio es de alto nivel.

—El día que estrenaron, Angélica Rivera se fue con sus hermanas y unas amigas a festejar. Recuerdo que era el mes de mayo de 2016 y yo también estaba en Motto, el mismo *restaurant* japonés a donde fueron, aquí en la isla —relata Lorena.

En la lujosa urbanización existen seis *penthouses*. El denominado LPH1N es propiedad de Marianne Hernández, directora de Pacunam, una fundación de proyectos arqueológicos en la Reserva de la Biósfera Maya en Guatemala. La unidad LPH4N pertenece a la empresa Oceana Key Biscayne Corp., a nombre de Morella Rincón. El *penthouse* LPH2N es de la empresa Dark Blue, LLC, sin registro de propietario. El LPH5N es de la empresa Luxury Investments, LLC, a nombre de Andrés F. Angarita y Ana I. Tomás.

La agente de bienes raíces de Oceana, la argentina Martina Clombres, está encargada de vender los *penthouses* y dice que tienen una vista general hacia el mar y la bahía, que sólo quedan dos, porque los otros ya se vendieron. Cuando le pregunto cuáles son los que compró el presidente de México, contesta:

—No puedo contestar esa pregunta y tampoco te la va a contestar la oficina de prensa. Nada es información, todo está en *public records* y se puede buscar. ¿Quién compró? No es algo que vayamos a revelarlo, en todo caso tú tendrás tus recursos para buscar quiénes fueron los compradores de los *penthouses* de Oceana.

—El problema es que a veces los compran con prestanombres.

—¿Qué quiere decir prestanombres?

—Que compran utilizando el nombre de otra persona.

—Bueno, pero allí está. La propiedad está a nombre de una entidad o persona. Yo definitivamente no puedo hablar acerca de los compradores; te puedo hablar del proyecto, los compradores no tenemos por qué estar revelándolos. No son preguntas que nosotros contestamos.

Sin negar ni afirmar que Peña Nieto y su esposa o alguien de su entorno son compradores, la corredora reiteró que sólo quedan dos *penthouses* y que los otros cuatro se vendieron estupendamente. La discreción, el secreto entre vendedores y compradores obviamente es absoluto. En una revisión departamento por departamento a través de los registros públicos de la propiedad es posible saber que aquí han comprado venezolanos, colombianos, brasileños, argentinos y mexicanos.

En este edificio también tienen un departamento el arquitecto mexicano Carlos Garciavelez Alfaro y María D. Alfaro de la Barrera. La propiedad 904N fue comprada a través de la empresa de papel SM 3902, LLC, con la misma dirección que la empresa Unit 304 Oto, Inc., creada por Angélica Rivera, es decir, ambas ubicadas en el número 1000 de la avenida Brickell. Garciavelez Alfaro es hijo de Carlos Garciavelez y Cortázar, quien durante 32 años fue vicepresidente de Diseño y Urbanismo de Grupo Geo, hasta el año 2006; luego creó y patentó la llamada Casaflex, un sistema constructivo basado en módulos tridimensionales de concreto.

Carlos Garciavelez y Cortázar fundó la empresa Casaflex, en asociación con una de las constructoras más grandes del país, Ingenieros Civiles Asociados (ICA), presidida por Bernardo Quintana, empresa que nació y creció al amparo del poder político, gracias a su cercanía con los presidentes en turno desde el sexenio de Miguel Alemán, pero en especial con los sexenios panistas. Garciavelez y Cortázar, legionario y egresado de la Universidad Anáhuac, busca ahora conseguir contratos por 3 mil millones de dólares a través del gobierno para la remodelación de 32 mil escuelas en el país. ICA, beneficiada con millones de dólares de obra pública durante los sexenios de Felipe Calderón y Vicente Fox, con Enrique Peña Nieto ha estado al borde de la quiebra, aunque va recuperándose. El principal cliente de estos desarrolladores sigue siendo el gobierno: el 13 de enero 2015 ICA firmó un contrato de obra pública para la construcción de la presa de Santa María en el río Baluarte en Rosario, Sinaloa, con la Comisión Nacional del Agua (Conagua), por un valor de 3 mil 989 millones de pesos. En marzo del mismo año obtuvo el contrato para la construcción de los caminos de acceso del edificio terminal del Nuevo Aeropuerto Internacional de la Ciudad de México (NAICM), con una inversión de 169 millones de pesos. La constructora ICA está relacionada con Grupo Higa, propiedad del empresario Juan Armando Hinojosa, vinculado al caso de la «Casa Blanca» de la Primera Dama, en el proyecto del Acueducto Independencia hacia Nuevo León por 17 mil 700 millones de pesos. ICA tiene una participación del 38 por ciento en el proyecto Monterrey VI.

Las viviendas prefabricadas de Casaflex para Infonavit o las construidas para los damnificados en Guerrero distan mucho de parecerse a los departamentos de Oceana. Los impuestos del departamento 904N de esta lujosa urbanización, a nombre de Garciavelez Alfaro —34 mil 257 dólares—, fueron pagados por el despacho de abogados de Thomas L. Harris.

Con el sistema de opacidad que impera en la adquisición de propiedades es imposible saber si hay «prestanombres» o no en este edificio. Pero esos departamentos algún día serán usados y sabremos si es el mejor secreto guardado de la pareja presidencial.

Actualmente Oceana Key Biscayne va más allá del lujo; se ubica en la opulencia y la ostentación. La revista *Forbes* publicó una entrevista con el desarrollador argentino Eduardo Costantini, quien compró dos obras de Jeff Koons, el artista más caro del mundo, con valor de 14 millones de dólares, para el recibidor del edificio. Las obras serán «propiedad colectiva» de los habitantes del edificio.

—El arte que estamos comprando, la intención no es ayudar a vender las unidades. Lo que estamos vendiendo es un cierto estilo de vida, y el arte se supone que es de interés para sus sensibilidades —dijo en la entrevista durante una visita a Nueva York.

Costantini es también fundador del Museo de Arte Latinoamericano en Buenos Aires (MALBA), con una de las mayores colecciones de arte del siglo XX, que incluye obras de Diego Rivera, Frida Kahlo y Fernando Botero.

Costantini y sus socios ya han ganado en Oceana Key Biscayne 650 millones de dólares con 90 por ciento de las propiedades vendidas. No es el único desarrollo. En Miami tienen Oceana Bal Harbour, donde en 2012 invirtieron 220 millones de dólares para comprar el terreno que albergaba el Bal Harbour Beach Club. En 2015, Costantini obtuvo un préstamo del banco HSBC por 332 millones de dólares. Obviamente este tipo de viviendas están destinadas a multimillonarios, empresarios, políticos o funcionarios de gobiernos que han acumulado riqueza.

El departamento de Angélica Rivera en Ocean Club exhibe la falta de transparencia de la familia presidencial. Sus estancias son cada vez más largas y eso trastoca la tranquila vida de los residentes, acostumbrados a la discreción. Lorena Elizondo observa que, cada vez que llega la familia Peña-Rivera, los escoltas y los miembros del Estado Mayor Presidencial arriban unos días antes al lugar y empiezan a vigilarlo. Relata:

—Cuando están es muy notorio. Esta es una isla muy discreta y tranquila. Pero Angélica Rivera anda con escoltas. Trae dos Suburban y eso se nota en una isla donde la gente no tiene ni chofer. Este es un lugar seguro, es en el único lugar donde nadie te puede hacer nada. No es Miami, esto es Key Biscayne. Aquí hay gente que no le echa llave a su departamento, los niños llegan y avientan la bici en el *lobby*. Aquí no hay rateros, aquí no hay homicidios, nada. En cambio, ella anda con dos camionetas de escoltas. Vas a la farmacia y escoltas, vas al súper y también. La traen súper cuidada. Me la he encontrado en el Dadeland Mall. La gente de aquí no está acostumbrada a los escoltas.

Hace unos meses Lorena solicitó asilo político a Estados Unidos debido a las amenazas que ha recibido de Arturo Montiel *Jr.* y al vínculo de poder que el padre de su ex marido, Arturo Montiel Rojas, tiene con el presidente Enrique Peña Nieto. Las dos situaciones son poderosas razones para que posiblemente obtenga la tutela de la justicia estadounidense en los próximos tres años.

—La gente no me cree, pero yo sí sé quiénes son ellos —dice, mientras cuenta detalles de su proceso legal de residencia.

Por el momento no puede volver a México y seguirá viviendo en Ocean Club, donde dice sentirse muy feliz.

Durante unos diez minutos seguimos caminando por la playa y llegamos a Oceana Key Biscayne, el lujoso complejo habitacional que se anuncia como el «más único y exclusivo» de Miami. Fue construido en el lugar que ocupaba el antiguo Sonesta Hotel, uno de los primeros hoteles de la isla. La publicidad dice que la arquitectura de este edificio, a cargo de Bernardo Fort-Brescia, es arte y aclara que fue construido porque muchos compradores con un presupuesto de 7 millones de dólares o más se «vieron limitados» en encontrar viviendas unifamiliares en la isla. La empresa Consultatio señala que están especializados en cuatro diferentes mercados: complejos integrales urbanos, alquiler, ventas de apartamentos y urbanizaciones turísticas.

Gaby, la encargada del área exterior, comenta que el edificio está casi totalmente vendido, pero que sólo viven 50 personas. La mayoría de los departamentos fueron comprados pero no han sido habitados. Es el caso de los *penthouses* frente al mar.

—Esos los compró el presidente de México. No sé cómo se llama, pero mi marido, que también trabaja aquí, dice que aún no viene —comenta Gaby mientras su hija Tami, quien también labora en el lugar, aclara que ambos departamentos siguen sin muebles.

¿Qué posibilidad tenemos los periodistas y los ciudadanos de saber que un político o funcionario del gobierno se ha comprado uno o dos departamentos con un prestanombres? Aquí el sistema financiero de Estados Unidos, y en especial el de Miami, capital del blanqueo de capitales, permite comprar de esa forma, incluso está diseñado para ello. Seguramente por esa razón una gran cantidad de políticos latinoamericanos eligen este lugar como su destino para vivir o pasar temporadas. Discreción y opacidad están garantizadas.

LABERINTOS TURBIOS

¿Por qué Angélica Rivera creó una empresa de paja para comprar su departamento 304 de Ocean Club en la isla Key Biscayne? ¿Es acaso

Ricardo Pierdant el prestanombres del departamento 404 que la familia presidencial usa en Miami?

Los laberintos para ocultar propiedades y dinero son infinitos. La empresa Unit 304 Oto, Inc., que fue creada por Angélica Rivera el 16 de junio de 2005, actualmente sigue activa y dirigida por ella. Su agente registrado es la empresa Corporate Maintenance Services, LLC, encabezada por el abogado de origen uruguayo Nicholas Stanham, quien aparece unos años como codirector de la empresa de Rivera, la cual supuestamente tiene dos empleados y cada dos años presenta un informe financiero con ingresos registrados de alrededor de 150 mil dólares.

El edificio blanco donde supuestamente se ubica la empresa Corporate Maintenance Services está rodeado de palmeras. En su entrada hay servicio de *valet parking* a cargo de dos hispanos. Algunos trabajadores del inmueble consultados dicen no conocer a la señora Angélica Rivera, ni en el despacho 400 saben quién es. Nadie conoce la empresa Unit 304 Oto, Inc., que se supone que la Primera Dama dirige. Su asombro es aún mayor cuando se les pregunta sobre los dos empleados de dicha empresa, cuyo número de empleador federal (FEI, por sus siglas en inglés) es el 20-3038414.

Oficialmente, según las leyes estadounidenses, México tiene una Primera Dama empresaria. La compañía de paja que creó para comprar un departamento de manera opaca podía haber sido disuelta en el momento de llegar a ocupar el puesto de presidenta honoraria del DIF, de acuerdo con el Sistema Nacional Anticorrupción creado por su esposo, el presidente Enrique Peña Nieto. ¿Dónde está la transparencia?

La opacidad de las operaciones inmobiliarias de la pareja presidencial parece extenderse y la empresa finalmente sirvió como pantalla para que Angélica Rivera comprara en 2005 el departamento 304 de Ocean Tower One al banquero brasileño Ulysses Vasconcellos Diniz y a su esposa Lais Sagnori. Como se detalló líneas antes, se trató de la compra de una propiedad de alta plusvalía, pues de costar un millón 775 mil dólares, según consta en los registros públicos, en el año 2016 vale más del doble. En ese entonces, Rivera lo pagó con un préstamo hipotecario del Banco Espírito Santo por un millón 327 mil 500 dólares. Este banco, registrado en Luxemburgo, ha sido seriamente cuestionado por sus manejos turbios. Lo fundó Ricardo Espírito Santo Silva Salgado, a quien se le conoce como el Rockefeller portugués, que fue detenido e investigado por supuesto «lavado de dinero» y evasión de impuestos.

Pero a Angélica Rivera no le afectó esta historia turbulenta del banquero portugués. Quien fuera durante algunos años codirector de la empresa que ella creó es el ya citado abogado de origen uruguayo Nicholas Stanham, cuyo padre, cónsul de su país en Miami, fue acusado de fraude para obtener créditos con el mismo banco. Finalmente, el préstamo que se le otorgó a Angélica Rivera por un plazo 30 años quedó en el olvido 45 días después de que se casó con Enrique Peña Nieto. El 12 de enero de 2011, 24 años antes de que venciera el plazo para pagar la propiedad, Angélica liquidó su crédito hipotecario.

DIRECTO A *FORBES*

Al ser propietaria del departamento 304 de Ocean Tower One, Angélica Rivera pasó a formar parte de la lista de millonarios con propiedades exclusivas en Estados Unidos, según la revista *Forbes*. En efecto, publicó un reportaje donde señala que, gracias a ese departamento de la isla Key Biscayne, con un valor de más de 3 millones de dólares, la esposa del presidente Enrique Peña se cuenta ahora entre los mexicanos con residencias de lujo en el vecino país, al lado de Carlos Slim, Emilio Azcárraga y Germán Larrea.

La revista refirió que Slim tiene la «única mansión» privada en la Quinta Avenida de Nueva York; Emilio Azcárraga Jean posee una mansión y un departamento en Miami Beach, así como una residencia en un lujoso barrio de San Diego; y el empresario minero Germán Larrea cuenta con un departamento y *penthouse* en el Hotel Ritz Carlton Residence. En el caso de Rivera, *Forbes* destaca que es la única Primera Dama mexicana con registro de propiedades en Estados Unidos y que en diez años ha pagado más de 260 mil dólares en impuestos.

Angélica Rivera hizo pública su declaración patrimonial por unos 130 millones de pesos en 2010, pero el Servicio de Administración Tributaria (SAT) dijo que «no es autoridad competente» para conocer la veracidad de dicha declaración.

Peña Nieto también dio a conocer su declaración, pero sin incluir las propiedades y bienes de su esposa. El Presidente declaró bienes inmuebles por 21 millones 420 mil 559 pesos, tres propiedades por 12 mil 771 viejos pesos; obras de arte, joyas y menaje por 6 millones 900 mil pesos, e inversiones bancarias por 16 millones 856 mil 523 pesos. Por Twitter, el mandatario anunció que se puede consultar la totalidad de su declaración en la dirección *servidorespublicos.gob.mx*. El documento fue publicado el 14 de mayo de 2014, pero Peña Nieto reportó las mismas propiedades que dio a conocer en el arranque de su gobierno: cuatro casas, cuatro terrenos y un departamento. Dijo que recibe 3 millones 370 mil 796 pesos: 2 millones 909 mil 455 pesos son por el encargo público; 211 mil 359 pesos por actividades financieras, y 249 mil 982 por «otros». Explicó que tiene una cuenta con 150 mil 923 pesos, un fondo de inversión por 12 millones 999 mil 479 pesos, un seguro de separación que asciende a 560 mil 776 pesos y 3 millones de pesos en monedas y metales preciosos. Sobre el valor de sus propiedades, dijo que una de esas casas, con una superficie de 2 mil 138 metros cuadrados, tiene un valor de 5 millones 611 mil 253 pesos; el terreno de 2 mil 547 metros cuadrados es de 6 millones 964 mil 500 pesos, y el departamento de 211 metros cuadrados tiene un valor estimado de 2 millones 660 mil 288 pesos, el cual heredó de su primera esposa, mientras que asegura que dos terrenos son de tipo «rústico».

«Los cuatro bienes que mi madre me dio a mí mediante donación, los recibió de la herencia de mi padre. Con respecto a los dos terrenos rústicos a que hago referencia, estos son tierras cultivables», señala en el documento.

Sobre las obras de arte, joyas y relojes, especificó que son en donación, compra o herencia por 5 millones 900 mil pesos. Y agregó un millón de pesos más por «menaje de casa, muebles y accesorios».

El presidente no declaró vehículos ni adeudos a su nombre, ni mucho menos los ingresos o la fortuna de su cónyuge, ni de sus dependientes económicos.

«Ante lo que ha hecho mi esposa y en el ánimo de realmente ganar la confianza de la sociedad, he decidido hacer pública la totalidad de mi declaración patrimonial; hacerla abierta, hacerla pública, y dejarla al escrutinio de toda la sociedad mexicana. Y lo hice así porque, insisto, sin que los servidores públicos tengan obligación de hacer pública su Declaración Patrimonial, decidí, sí, mostrar públicamente y en el internet, y ahí está exhibido ante todos, cuáles son los bienes y, sobre todo, los inmuebles que tiene el Presidente de la República».

PARA LA HISTORIA

La ambición y la soberbia pudieron más que ella. Se vistió y maquilló de actriz. Estaba lista para escenificar su papel como Primera Dama; una Primera Dama indignada, ofendida por las dudas sobre su ostentosa vida. Se sentó frente a la cámara. Un *close up* fue la toma elegida por los mercadólogos de la Presidencia para transmitir su mensaje a la nación. Por primera vez en la historia reciente, la esposa de un presidente tiene algo importante que decir al país. *La Gaviota,* la protagonista de la novela de Televisa, Angélica Rivera, se dirige a los ciudadanos a través de la pantalla:

> Muy buenas noches, hoy he decidido dirigirme a todos los mexicanos porque ustedes tienen el derecho de conocer la verdad, yo no tengo nada que esconder. Como ciudadana, aun sin ser servidora pública, me siento con la responsabilidad de explicarles paso a paso todo lo relacionado con la casa que ha sido cuestionada por algunos medios de comunicación.
>
> Quiero empezar agradeciendo al licenciado Eduardo Sánchez, vocero del gobierno de la República, que en mi ausencia, mientras viajaba a China para acompañar a mi esposo en una gira de trabajo, haya ade-

lantado algunas explicaciones sobre la casa ubicada en Sierra Gorda número 150. Al tratarse de un tema estrictamente personal, no contó con toda la información necesaria para explicar en su totalidad este asunto. Por ello, el día de hoy quiero ampliarles esta información y hacer algunas precisiones.

Inicié mi carrera artística desde los 15 años, trabajé 25 años con la empresa Televisa. Entre otras cosas, realicé telenovelas, que no solamente fueron vistas en México sino en muchos otros países del mundo con una alta audiencia; con esta empresa he celebrado distintos contratos a lo largo de mi carrera; la última renovación de estos contratos fue en el año 2004; en mi caso, en cada renovación los montos y las prestaciones de los mismos tenían un incremento derivado de los resultados de mi trabajo. En el marco de dicho contrato con Televisa, en el año 2008 se me otorgó el uso y goce de la casa ubicada en Paseo de las Palmas núm. 1325 y comencé a vivir en ella en ese mismo año; el contrato que firmé en el 2004 lo dimos por terminado de mutuo acuerdo Televisa y yo el 25 de junio del 2010 y en el mismo se impusieron obligaciones a ambas partes que describo a continuación:

El 25 de junio del 2010 se me pagó con la propiedad de la casa que ya habitaba, es decir la casa de Paseo de las Palmas. La escritura de esta casa se expidió a mi favor el 14 de diciembre del 2010; además de la casa se me pagó un monto total de 88 millones 631 mil pesos más IVA. Para dar por terminado el contrato me comprometí con la empresa Televisa a no trabajar con ninguna otra televisora por el plazo de cinco años, esto se tomó en cuenta para determinar el monto del contrato.

Así, les demuestro que tengo la capacidad económica y recursos propios que me han permitido construir un patrimonio para mí y para mis hijas. Mi declaración fiscal del 2010, año en el que celebré el convenio de terminación con Televisa, declaré ante Hacienda ingresos por la cantidad de 131 millones 690 mil pesos y pagué por impuestos en ese año la cantidad 39 millones 278 mil pesos. Reitero que, más allá de este contrato, trabajé 25 años en el medio artístico como actriz, conductora, y además realicé diferentes campañas de publicidad por los cuales he recibido los pagos producto de mi trabajo.

Para continuar forjando un patrimonio para mis hijas, en el 2009 inicié la búsqueda de un terreno para construir una casa; efectivamente conocí al ingeniero Juan Armando Hinojosa, como he conocido a muchos otros empresarios, profesionistas, artistas y otras personas. Por las actividades inmobiliarias a las que se dedica le comenté que quería adquirir un terreno y construir una casa; acordamos que una de sus inmobiliarias adquiriera un terreno y construyera la casa a mi gusto y con el arquitecto de mi elección, yo me comprometí a que una vez que se terminara la construcción de la casa celebraríamos un contrato de compraventa. La inmobiliaria consiguió y adquirió en noviembre del 2009 el terreno de Sierra Gorda número 150, que está junto a mi casa de Palmas. Se inició la construcción de la casa en el mes de julio del 2010; tiempo después la inmobiliaria me comentó que el terreno de junto estaba en venta y se acordó que se compraría para integrarlo a la casa que estaba en construcción. Una vez concluida la casa, el 12 de enero del 2012, firmé con la inmobiliaria una compraventa con reserva de dominio respecto a los inmuebles fusionados con número 150 y 160 de la calle Sierra Gorda, así como en relación con las construcciones en ellas edificadas. En esa fecha, se me dio formalmente la posesión; el total del precio de la compraventa fue de 54 millones de pesos a un plazo de ocho años con un interés del 9 por ciento. Al día de hoy he pagado un total de 14 millones 343 mil 555 pesos, monto que equivale casi a un 30 por ciento del total del precio pactado. La casa y las construcciones siguen siendo propiedad de la inmobiliaria hasta que yo haga el pago total del precio pactado y de todos sus intereses.

Por último, y para evitar cualquier especulación, hago público que además soy propietaria desde el 2005 de un departamento en Miami, ciudad en la que viví durante un año con mis hijas, así como un departamento en La Herradura que adquirí para mi mamá en el 2007.

Ante todas las acusaciones que han puesto en duda mi honorabilidad, yo quiero dejar muy claro ante todos ustedes, los mexicanos, que yo no tengo nada que esconder, que yo he trabajado toda mi vida y que gracias, gracias a eso soy una mujer independiente, que he sido capaz de construir un patrimonio con honestidad y con todo mi trabajo.

Siempre me he conducido con rectitud y por eso decidí explicarles todo lo relacionado con esta casa. Con la misma apertura con la que les he compartido los detalles de esta casa quiero comunicarles que he tomado la decisión de vender los derechos derivados del contrato de compraventa, porque yo no quiero que esto siga siendo un pretexto para ofender y difamar a mi familia.

Hoy estoy aquí para defender mi integridad, la de mis hijos y la de mi esposo; junto a esta explicación que les he dado, en este momento yo estoy haciendo pública documentación privada sin tener ninguna obligación porque, como lo dije antes, yo no soy servidora pública pero yo no puedo permitir que este tema ponga en duda mi honorabilidad y sobre todo que se pretenda dañar a mi familia. Buenas noches.

UNA CASA MUY BLANCA

Quiso ser la Primera Dama más elegante del mundo. Angélica Rivera, la mujer que lo tenía todo: poder, riqueza, amor, familia, fue cuestionada por su opulento estilo de vida, que ella misma exhibió en las revistas del corazón. Llegó a la política del brazo de Enrique Peña Nieto y se instaló en el lujo y la desmesura en la que vive tradicionalmente la alta burocracia. Los excesos muy pronto se convirtieron en su *modus vivendi*.

Sin embargo, ¿de qué sirve tener riquezas si no las presumes? El primer medio que dio cuenta de la llamada «Casa Blanca» de la familia presidencial fue la revista *¡Hola!*, que en su portada del 1 de mayo de 2013 llevó el encabezado: «Angélica Rivera, la Primera Dama, en la intimidad». Y en la misma portada, que dedicó por completo a ella, se lee: «Nos recibe en su residencia familiar, en un excepcional e histórico reportaje exclusivo». Y se cita a Angélica Rivera: «Soy una mujer muy amada por un hombre que me hace sentir protegida y querida como no lo había sentido nunca antes». En la foto de portada aparece Angélica vestida de gala, maquillada y con el cabello recogido. La revista incluyó, además de fotos de ella en plan aristocrático, una en la que posa con sus hijos en la residencia oficial de Los Pinos.

La entrevista duró dos horas: «Angélica Rivera quiere que la gente conozca sin dobleces a la mujer; al ser humano que hay más allá de la actriz, tan conocida por todos, pero que ya forma parte de su pasado», dice de entrada la revista.

—Estudié en Las Rosas, una escuela a la que guardo mucho cariño —dice Angélica—. Recuerdo que en los recreos me iba con Lilí, mi mejor amiga (aún lo es), a la basílica, para entregarle a la Virgen lo que me daba mi mamá para la comida. Mi carrera es la actuación, estudié tres años teatro, análisis de textos y literatura y puedo decir con mucho orgullo que, cuando tenía 16 años, senté a mis hermanos y les dije que yo trabajaría para que todos tuvieran una carrera. Hoy puedo decir que no tengo una, ¡sino cinco carreras! Dos en Administración, una en Comunicación, una en Diseño y una más en Enfermería. Y lo digo con gran orgullo, porque pienso que no hay mayor don que Dios pueda darnos que el de la generosidad y más aún con la gente que amamos.

Con orgullo fue mostrando cada rincón de su espectacular «Casa Blanca». Adolfo Pérez-Burton tomó las fotos. Y en algún momento de la entrevista se refirió al amor que la une al presidente de México:

—Mi esposo se enamoró de mí por lo que soy, por mi calidad humana, por ser una mujer trabajadora, una mujer con un pasado del que me siento orgullosa, y una mujer que consiguió unir, en tan poco tiempo, a dos familias, y no por otra cosa [...]. El amor tan grande que yo le tengo a él, que es un ser maravilloso, y entender la situación de mis tres angelitos y la de sus tres.

Y explica por qué su casa de Las Lomas fue extendiéndose, ampliándose, hasta convertirse en dos casas unidas que funcionan como una sola:

—Después de que mi marido y yo nos comprometimos en el Vaticano, el 16 de diciembre de 2009, los niños se vinieron a vivir conmigo y vivimos en esta casa los siete. Ampliamos la casa para que todos nos sintiéramos a gusto; hubo reglas, hubo mucho amor, disciplina, y como tengo una familia tan grande y unida, eso facilitó las cosas.

Angélica Rivera narra que los hijos de su marido tienen en sus habitaciones la foto de su madre. Afirma que está casada con un «ser maravilloso».

—Todo parece tan perfecto, ¿lo es? —le pregunta la periodista Maru Ruiz de Icaza.

—No sé si lo es o no, pero para nosotros lo es. He trabajado mucho para que sea así…

—Qué vueltas de la vida, Angélica.

—Es verdad. A veces llegan cosas que uno no se imagina: tener que trabajar para sacar adelante a mis hermanos, ni tener, de un día para otro, seis hijos, ni llegar a Los Pinos como esposa de un presidente, y, sin embargo, todo lo he asumido con una gran responsabilidad.

—¿Cómo se definiría usted misma?

—Como una mujer generosa, muy entregada a mi familia, una esposa dedicada, fiel, y, tengo que decirlo, muy celosa [risas]. Nada me gusta más que ayudar a la gente, con un abrazo, con un regalo, con palabras, con obras, de la forma que sea, porque sé lo mucho que eso puede significar para los demás. También me considero una mujer muy amada por un hombre que se preocupa si ya comí, por ponerme su chaqueta cuando tengo frío, y que me hace sentirme protegida, querida, como no lo había sentido nunca antes… Fui muy feliz como actriz, pero creo que mi camino era este: al lado de ellos, mi familia.

—¿No siente nostalgia?

—Sí, ¡cómo no! Mentiría si dijera que no. Mi trabajo ha sido parte de mi vida, y me dio muchas cosas: la oportunidad de ayudar a mi familia, de que la gente me conociera como actriz, de interpretar a muchos personajes, de viajar con mis hijas… Pero no me dio el amor. Gracias a Dios, ya lo tengo, y es lo que yo más quería.

—¿La actuación es entonces un capítulo cerrado en su vida?

—Te diré algo: estoy tan feliz de estar con mi esposo y con mis hijos y dedicarme a ellos, que no pienso por ahora en regresar.

—¿Queda algo en usted de la «Gaviota»?

—¡Claro! De la «Gaviota» y de muchos otros personajes. Siempre dije que mi mejor trabajo era el último, y así es. Aprendí mucho de ella, una mujer generosa, aguerrida, que se preparó y que salió adelante sin perder su esencia.

Y millones de mexicanos adoraron a esa «Gaviota». Pero las cosas fueron cambiando. También la percepción de las personas. El recuerdo de la hermosa y admirable «Gaviota» se ve lejano. Ahora aparece Angélica Rivera, la Primera Dama, cuestionada y criticada por su estilo de vida. Sobre su espectacular casa ubicada en Sierra Gorda número 150, añade en la entrevista a ¡Hola!:

—En nuestra casa llevamos una vida lo más normal posible. Les he hecho saber que Los Pinos nos será prestado sólo por seis años y que su verdadera casa, su hogar, es esta, donde hemos hecho este reportaje.

En México, no

Por alguna razón, Angélica Rivera decidió no tener propiedades en la ciudad donde vive. Según los archivos del Registro Público de la Propiedad del Distrito Federal, no hay ningún inmueble a su nombre. Aquí es donde trabajó 25 años en Televisa, donde ha vivido desde que nació, donde su esposo es el presidente de la República y donde ella es la Primera Dama. Pero en esta entidad no posee casas, terrenos ni parcelas rústicas. No hay nada a su nombre.

A todas luces, el patrimonio de la señora Rivera es poco visible, lo que resulta incompatible con la transparencia que predica el gobierno de su marido y con el sistema anticorrupción que este ha creado. ¿Dónde queda entonces el derecho a la información de los mexicanos? ¿El proceder de la Primera Dama vulnera el derecho que tienen los ciudadanos a saber? Para Ernesto Villanueva, coordinador del Área de Derecho de la Información del Instituto de Investigaciones Jurídicas de la Universidad Nacional Autónoma de México (UNAM), esto es incongruente en una democracia, como declaró en marzo de 2013 a SinEmbargo.mx:

—Que no se encuentre propiedad bajo su nombre significa opacidad. Y llama a la suspicacia. Difícilmente se puede pensar que no tenga nada. Lo puede tener todo en el extranjero o a nombre de otras personas. Pero lo común es que las mujeres con larga trayectoria en el trabajo tengan alguna propiedad en la ciudad donde viven. Ello la aleja de la sociedad. La pone en un ambiente en el que se le cuida mucho para evitar que en su persona se genere un tema que pueda afectar la imagen del Presidente.

Y enfatiza Villanueva:

—Una acompañante que no tiene voz ni voto ni postura, ni nada, debilita el ejercicio democrático. México ha llegado a una democracia deliberativa donde discutimos y postulamos. Podemos estar en contra o no. De la nueva Primera Dama requerimos conocer la postura básica de lo que es la vida. Cómo ve a México. No una cátedra de filosofía política; pero, ¿qué piensa ella en un sistema democrático?

En realidad, por la mente de Angélica Rivera pasan asuntos más importantes que la democracia mexicana o la asistencia social desde el DIF. Sus intereses están dirigidos a cuestiones materiales, como las propiedades, aunque legalmente la Primera Dama no tenga nada en la capital del país, ni siquiera la «Casa Blanca», ni la casa de Paseo de las Palmas 1325, ubicada al lado de la propiedad Sierra Gorda y a la que primero le hizo las ampliaciones. La casa que habitaba desde 2008 y que en 2010 le fue cedida nunca estuvo registrada bajo su nombre, ni siquiera en los tres años posteriores a la entrega.

La «Casa Blanca», de mil 800 metros cuadrados, una casa inteligente compuesta por siete recámaras con tapanco y baño, sala, comedor, *home theatre* y piscina, aparecía en las revistas del corazón y Maritza Díaz Hernández, la mujer con quien Peña Nieto sostuvo una relación extramarital durante nueve años estando casado con Mónica Pretelini, y luego durante el noviazgo con Angélica Rivera, y después de casarse con esta, le reprochó la adquisición de semejante propiedad.

—No sabía que le habías comprado una casa a tu esposa —le reclamó Maritza en la primera oportunidad, vía telefónica.

—Yo no se la compré —reviró Peña Nieto.

—¿Entonces quién?

—Televisa.

—¿Televisa les compró una casa?

—Sí, Televisa acostumbra comprar casas a sus artistas —contestó con toda normalidad.

La duda sobre la ostentosa propiedad está sembrada. ¿Realmente Angélica Rivera compró sus propiedades? ¿Fueron sus ingresos obtenidos durante 25 años de trabajo en Televisa los que le permitieron adquirirlas? ¿Fueron regalos, préstamos o compras? Y lo más importante: ¿A cambio de qué?

Así inicia una de las historias de amor más polémicas de la política mexicana.
23 de junio de 2012. Irapuato, Guanajuato. Enrique Peña Nieto,
candidato de la coalición "Compromiso por México" del PRI y PVEM,
acompañado de su esposa Angélica Rivera.
Foto: Saúl López/CUARTOSCURO.COM

México, D.F.
Octubre de 2010

A QUIÉN CORRESPONDA

Su servidor, José Alberto Castro Alva, a solicitud del P. José Luis Salinas Aranda, declaro lo siguiente:

Que en el año de 2004 tanto yo como la Sra. Angélica Rivera Hurtado por mutuo acuerdo manifestamos al P. Salinas, amigo nuestro, el deseo de que fuera testigo de nuestro matrimonio eclesiástico.

Al referirle nuestro deseo de que dicho matrimonio se celebrara en la Playa Pichilingue de Acapulco Gro., el padre fue muy explicito con nosotros al explicarnos muy claramente que la celebración no era posible realizarse en ese lugar porque sería irregular hacerlo y no tendría validez alguna.

Nos recomendó entonces que tramitáramos la celebración en una iglesia de la ciudad de México con un sacerdote debidamente delegado y de esta manera el matrimonio, sacramentalmente, tuviera la validez canónicamente debida y que una vez así hecho se celebrara en Acapulco una misa en que reuniéndonos con familiares y amigos renováramos el compromiso matrimonial ya previamente, legítima y canónicamente establecido

Procedimos entonces a tramitar la celebración del matrimonio en la Iglesia de Fátima de la Ciudad de México, acto que efectivamente se realizó el 8 de diciembre de 2004, siendo testigo canónico el P. Ramón García.

En todo momento fuimos conscientes de que el acto sacramental se realizaba allí, como queda constancia en acta matrimonial recibida, con la firmas de los contrayentes y del sacerdote , así como también de los testigos que nos acompañaron.

Posteriormente, en la Playa Pichilingue de Acapulco, Gro. El 11 de diciembre de 2004 se celebró la misa en que claramente el P. Salinas señaló que renovábamos el compromiso matrimonial.

Firmo esta declaración a solicitud del P. José Luis Salinas, y para los fines legítimos que a él convengan.

Atentamente

José Alberto Castro Alva

Carta de José Alberto "El Güero" Castro sobre la autenticidad de su matrimonio religioso, finalmente anulado con trampas.

Nos recomendó entonces que tramitáramos la celebración en una iglesia de la ciudad de México con un sacerdote debidamente delegado y de esta manera el matrimonio, sacramentalmente, tuviera la validez canónicamente debida y que una vez así hecho se celebrara en Acapulco una misa en que reuniéndonos con familiares y amigos renováramos el compromiso matrimonial ya previamente, legítima y canónicamente establecido.

En todo momento fuimos conscientes de que el acto sacramental se realizaba allí, como queda constancia en acta matrimonial recibida, con las firmas de los contrayentes y del sacerdote, así como también de los testigos que nos acompañaron.

La boda que conquistó el corazón del
«electorado». 27 de noviembre de 2010. Toluca,
Estado de México. Angélica Rivera y Enrique
Peña Nieto, gobernador del Estado de México,
contrajeron nupcias en la Catedral de Toluca.

Carta del sacerdote Salinas afectado para anular el matrimonio religioso de la señora Rivera y el productor Castro.

Más allá de desearlo o no ya estoy indirectamente implicado en este tema, puesto que la anulación canónica del matrimonio realizado entre Angélica y José Alberto le ha sido otorgada gracias a que el Tribunal de la Arquidiócesis de México me ha hecho a mí responsable de la celebración del matrimonio en Acapulco, Gro. Por supuesto que si dicha celebración sacramental se hubiera realizado así la causa de nulidad sería automática.

Sin embargo los hechos no se dieron así, porque en Acapulco se celebró una misa, que yo mismo presidí por invitación de los esposos, pero en la que se renovó el compromiso matrimonial realizado canónica y previamente a la mencionada celebración de la misa. Del consentimiento matrimonial no fui yo el testigo canónico sino un sacerdote debidamente delegado para ello, lo que hace que el matrimonio fuera absolutamente válido y no tan fácil de ser anulado.

La telenovela parecía ir viento en popa. 3 de marzo de 2015. Reino Unido. El presidente Enrique Peña Nieto, acompañado de su esposa Angélica Rivera de Peña y de la reina Isabel II. La Primera Dama lució un vestido diseñado por Valentino con valor de 3 mil 300 dólares.

Foto: CUARTOSCURO.COM

CERTIFICATE OF CORPORATION RESOLUTION

The undersigned hereby certify that the following is a true copy of Resolution duly adopted by the Board of Directors of UNIT 304 OTO, Inc., a Florida corporation, ("the "Corporation"), at a meeting duly held on _05-29-05_ , where a full quorum was present and duly entered in the minutes of said meeting in the book of minutes of the Corporation and that said Resolution are in conformity with the applicable laws of the Corporation and they are in full force and effect.

RESOLVED: That the Corporation is hereby authorized to purchase the following described property located at 799 Crandon Blvd., Key Biscayne, Fl 33149 more fully described below and obtain a loan from Espirito Santo Bank, its successors and/or assigns as their interest may appear, in the principal sum of $ 1,327,500.00 purchasing from Ulysses Vasconcellos Diniz, Jr., to wit:

Condominium Unit 304, OCEAN TOWER ONE, a condominium, together with an undivided interest in the common elements, according to the Declaration of Condominium thereof, recorded in Official Records Book 20357, Page 1579, as amended from time to time, of the Public Records of Miami-Dade County, Florida.

FURTHER RESOLVED: Angelica Rivera, Director is hereby authorized and directed to execute and deliver on behalf of this corporation such documents as may be necessary or required in order to consummate the above mentioned transaction including the mortgage, financing statement, affidavits, indemnity agreements, certifications and loan documents as may be necessary or required, all of which will contain such terms and conditions as said officers of this Corporation will determine to be in the best interests of this corporation with the signature of said officers to be conclusive evidence of such determination and of the authority of said officers to execute and deliver same.

FURTHER RESOLVED: That the undersigned certify that the foregoing corporate resolution was duly and regularly enacted at a meeting of the Board of Directors called for that purpose and held in accordance with the article of organization and bylaws of the corporation pursuant thereto. That the resolution is in full force and effect as of the date of this Certificate and has not been altered or rescinded.

Dated the 30 day of June, 2005

Angelica Rivera, Director

State of Florida   )
                      }SS
County of Miami-Dade)

The foregoing instrument was acknowledged before me this 30 day of June, 2005 by Angelica Rivera, as Director of the Corporation and she has produced _mexican Passport_ as identification or is personally known to be the person.

Notary Public

ELIZABETH ROJAS
Comm# DD0400729
Expires 3/26/2009
Bonded thru (800)432-4254
Florida Notary Assn., Inc

Documento de la creación de Unit 304 Oto, Inc., la empresa fantasma utilizada por Angélica Rivera para comprar su departamento en Miami, Florida.

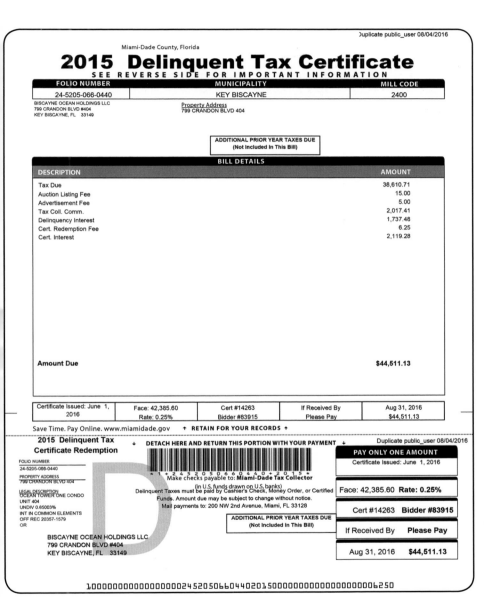

Miami-Dade County, Florida

2015 Delinquent Tax Certificate
SEE REVERSE SIDE FOR IMPORTANT INFORMATION

FOLIO NUMBER	MUNICIPALITY	MILL CODE
24-5205-066-0440	KEY BISCAYNE	2400

BISCAYNE OCEAN HOLDINGS LLC
799 CRANDON BLVD #404
KEY BISCAYNE, FL 33149

Property Address
799 CRANDON BLVD 404

ADDITIONAL PRIOR YEAR TAXES DUE
(Not Included In This Bill)

BILL DETAILS

DESCRIPTION	AMOUNT
Tax Due	38,610.71
Auction Listing Fee	15.00
Advertisement Fee	5.00
Tax Coll. Comm.	2,017.41
Delinquency Interest	1,737.48
Cert. Redemption Fee	6.25
Cert. Interest	2,119.28
Amount Due	**$44,511.13**

Certificate Issued: June 1, 2016	Face: 42,385.60 Rate: 0.25%	Cert #14263 Bidder #83915	If Received By Please Pay	Aug 31, 2016 $44,511.13

Save Time. Pay Online. www.miamidade.gov   ↑ RETAIN FOR YOUR RECORDS ↑

2015 Delinquent Tax
Certificate Redemption   ↓ DETACH HERE AND RETURN THIS PORTION WITH YOUR PAYMENT ↓   Duplicate public_user 08/04/2016

PAY ONLY ONE AMOUNT

FOLIO NUMBER
24-5205-066-0440
PROPERTY ADDRESS
799 CRANDON BLVD 404
LEGAL DESCRIPTION
OCEAN TOWER ONE CONDO
UNIT 404
UNDIV 0.65003%
INT IN COMMON ELEMENTS
OFF REC 20357-1579
OR

BISCAYNE OCEAN HOLDINGS LLC
799 CRANDON BLVD #404
KEY BISCAYNE, FL 33149

1+2452050660440+2015
Make checks payable to: Miami-Dade Tax Collector
(in U.S. funds drawn on U.S. banks)
Delinquent Taxes must be paid by Cashier's Check, Money Order, or Certified
Funds. Amount due may be subject to change without notice.
Mail payments to: 200 NW 2nd Avenue, Miami, FL 33128

ADDITIONAL PRIOR YEAR TAXES DUE
(Not Included In This Bill)

Certificate Issued: June 1, 2016

Face: 42,385.60 Rate: 0.25%

Cert #14263 Bidder #83915

If Received By Please Pay

Aug 31, 2016 $44,511.13

100000000000000000024520506604402015000000000000000000000006250

Mientras Pierdant tenía un adeudo de $44,511.13 dólares, la empresa Biscayne Ocean Holdings LLC pagaba el impuesto predial del departamento de Angélica Rivera.

Miami-Dade County, Florida

Paid 03/03/2014   Receipt # ECHECK-14-104628

$29,703.82

2013   Real Estate Property Taxes
Notice of Ad Valorem Tax and Non-Ad Valorem Assessments
SEE REVERSE SIDE FOR IMPORTANT INFORMATION

FOLIO NUMBER	MUNICIPALITY	MILL CODE
24-5205-066-0430	KEY BISCAYNE	2400

UNIT 304 OTO INC
799 CRANDON BLVD #304
KEY BISCAYNE, FL 33149-2554

Property Address
799 CRANDON BLVD 304

Exemptions:

AD VALOREM TAXES

TAXING AUTHORITY	ASSESSED VALUE	MILLAGE RATE PER	$1,000 OF TAXABLE VALUE	TAXES LEVIED
Miami-Dade School Board				
School Board Operating	1,724,910	7.64400	1,724,910	13,185.21
School Board Debt Service	1,724,910	0.33300	1,724,910	574.40
State and Other				
Florida Inland Navigation Dist	1,724,910	0.03450	1,724,910	59.51
South Florida Water Mgmt Dist	1,724,910	0.35230	1,724,910	607.69
Everglades Construction Proj	1,724,910	0.05870	1,724,910	101.25
Childrens Trust Authority	1,724,910	0.50000	1,724,910	862.46
Miami-Dade County				
County Wide Operating	1,724,910	4.70350	1,724,910	8,113.11
County Wide Debt Service	1,724,910	0.42200	1,724,910	727.91
Library District	1,724,910	0.17250	1,724,910	297.55
Municipal Governing Board				
Key Biscayne Operating	1,724,910	3.00000	1,724,910	5,174.73

Paid

NON-AD VALOREM ASSESSMENTS

LEVYING AUTHORITY	RATE	FOOTAGE/UNITS	AMOUNT

Save Time. Pay Online. www.miamidade.gov

↑ RETAIN FOR YOUR RECORDS ↑

Combined taxes and assessments	$29,703.82

2013 Real Estate Property ↓   DETACH HERE AND RETURN THIS PORTION WITH YOUR PAYMENT ↓   Duplicate public_user 08/04/2016
Taxes

FOLIO NUMBER
24-5205-066-0430
PROPERTY ADDRESS
799 CRANDON BLVD 304
LEGAL DESCRIPTION
OCEAN TOWER ONE CONDO
UNIT 304
UNDIV 0.85003%
INT IN COMMON ELEMENTS
OFF REC 20357-1579

UNIT 304 OTO INC
799 CRANDON BLVD #304
KEY BISCAYNE, FL   33149-2554

1+24520506604302013
Make checks payable to: **Miami-Dade Tax Collector**
(in U.S. funds drawn on U.S. banks)
Make checks payable to:
Miami-Dade Tax Collector
(in U.S. funds drawn on U.S. banks)
Amount due May be Subject to Change Without Notice
Mail payments to:

PAY ONLY ONE AMOUNT

If Paid By Please Pay

Mar 31, 2014 $0.00

Paid

10000000000000000024520506604302013000000000000000000000000004

El impuesto predial del departamento de Angélica Rivera
ubicado en Ocean Tower One.

Foto: Sanjuana Martínez

Bella vista exterior del edificio donde Angélica Rivera tiene su departamento.

Foto: Sanjuana Martínez

Aspectos de la urbanización del Ocean Club.

Foto: Sanjuana Martínez

Oceana Key Biscayne, el exclusivo complejo donde un departamento puede costar hasta 420 millones de pesos.

Otro adeudo por $41,465.77 dólares del departamento 404 de Ocean Tower One a nombre de la empresa Biscayne Ocean Holdings LLC, misma que pagaría el predial del departamento de Angélica Rivera.

2014   Real Estate Property Taxes
Notice of Ad Valorem Tax and Non-Ad Valorem Assessments
SEE REVERSE SIDE FOR IMPORTANT INFORMATION

FOLIO NUMBER	MUNICIPALITY		MILL CODE
24-5205-066-0430	KEY BISCAYNE		2400

UNIT 304 OTO INC
799 CRANDON BLVD #304
KEY BISCAYNE, FL   33149-2554

Property Address
799 CRANDON BLVD 304

Exemptions:

AD VALOREM TAXES

TAXING AUTHORITY	ASSESSED VALUE	MILLAGE RATE PER	$1,000 OF TAXABLE VALUE	TAXES LEVIED
Miami-Dade School Board				
School Board Operating	2,156,140	7.77500	2,156,140	16,763.99
School Board Debt Service	2,156,140	0.19900	2,156,140	429.07
State and Other				
Florida Inland Navigation Dist	1,897,401	0.03450	1,897,401	65.46
South Florida Water Mgmt Dist	1,897,401	0.15770	1,897,401	299.22
Okeechobee Basin	1,897,401	0.17170	1,897,401	325.78
Everglades Construction Proj	1,897,401	0.05480	1,897,401	103.98
Childrens Trust Authority	1,897,401	0.50000	1,897,401	948.70
Miami-Dade County				
County Wide Operating	1,897,401	4.66690	1,897,401	8,854.98
County Wide Debt Service	1,897,401	0.45000	1,897,401	853.83
Library District	1,897,401	0.28400	1,897,401	538.86
Municipal Governing Board				
Key Biscayne Operating	1,897,401	3.00000	1,897,401	5,692.20

Paid

NON-AD VALOREM ASSESSMENTS

LEVYING AUTHORITY	RATE	FOOTAGE/UNITS	AMOUNT

Save Time. Pay Online. www.miamidade.gov

+ RETAIN FOR YOUR RECORDS +

Combined taxes and assessments	$34,876.07

2014 Real Estate Property
Taxes

+ DETACH HERE AND RETURN THIS PORTION WITH YOUR PAYMENT +

Duplicate public_user 08/04/2016

FOLIO NUMBER
24-5205-066-0430
PROPERTY ADDRESS
799 CRANDON BLVD 304
LEGAL DESCRIPTION
OCEAN TOWER ONE CONDO
UNIT 304
UNDIV 0.85003%
INT IN COMMON ELEMENTS
OFF REC 20357-1579

UNIT 304 OTO INC
799 CRANDON BLVD #304
KEY BISCAYNE, FL   33149-2554

Make checks payable to: **Miami-Dade Tax Collector**
(in U.S. funds drawn on U.S. banks)
Make checks payable to:
Miami-Dade Tax Collector
(in U.S. funds drawn on U.S. banks)
Amount due May be Subject to Change Without Notice
Mail payments to:

PAY ONLY ONE AMOUNT
If Paid By Please Pay
Jan 31, 2015 $0.00

Paid

1000000000000000000245205066043020140000000000000000000000000005

Miami-Dade County, Florida   Paid 01/31/2013   Receipt # 20130131-0228-0000127 $26,619.99

2012   Real Estate Property Taxes

Notice of Ad Valorem Tax and Non-Ad Valorem Assessments

SEE REVERSE SIDE FOR IMPORTANT INFORMATION

FOLIO NUMBER	MUNICIPALITY	MILL CODE
24-5205-066-0430	KEY BISCAYNE	2400

UNIT 304 OTO INC
799 CRANDON BLVD #304
KEY BISCAYNE, FL 33149-2554

Property Address
799 CRANDON BLVD 304

Exemptions:

TAXING AUTHORITY	ASSESSED VALUE	MILLAGE RATE PER	$1,000 OF TAXABLE VALUE	TAXES LEVIED
AD VALOREM TAXES				
Miami-Dade School Board				
School Board Operating	1,568,100	7.76500	1,568,100	12,176.30
School Board Debt Service	1,568,100	0.23300	1,568,100	365.37
State and Other				
Florida Inland Navigation District	1,568,100	0.03450	1,568,100	54.10
South Florida Water Mgmt District	1,568,100	0.36760	1,568,100	576.43
Everglades Construction Project	1,568,100	0.06130	1,568,100	96.12
Childrens Trust Authority	1,568,100	0.50000	1,568,100	784.05
Miami-Dade County				
County Wide Operating	1,568,100	4.70350	1,568,100	7,375.56
County Wide Debt Service	1,568,100	0.28500	1,568,100	446.91
Library District	1,568,100	0.17250	1,568,100	270.50
Municipal Governing Board				
Key Biscayne Operating	1,568,100	3.20000	1,568,100	5,017.92

Paid

LEVYING AUTHORITY	RATE	FOOTAGE/UNITS	AMOUNT
NON-AD VALOREM ASSESSMENTS			

Save Time. Pay Online. www.miamidade.gov

✦ RETAIN FOR YOUR RECORDS ✦

Combined taxes and assessments	$27,163.26

2012   Real Estate Property   ✦   DETACH HERE AND RETURN THIS PORTION WITH YOUR PAYMENT   ✦   Duplicate public_user 08/04/2016
Taxes

FOLIO NUMBER
24-5205-066-0430
PROPERTY ADDRESS
799 CRANDON BLVD 304
LEGAL DESCRIPTION
OCEAN TOWER ONE CONDO UNIT 304 UNDIV 0.85003% INT IN
COMMON ELEMENTS OFF REC 20357-1579 O

1+2452050660430+2012

Make checks payable to: **Miami-Dade Tax Collector**
(in U.S. funds drawn on U.S. banks)
Make checks payable to:
Miami-Dade Tax Collector
(in U.S. funds drawn on U.S. banks)
Amount due May be Subject to Change Without Notice
Mail payments to:

PAY ONLY ONE AMOUNT

If Paid By   Please Pay

Jan 31, 2013   **$0.00**

Paid

UNIT 304 OTO INC
799 CRANDON BLVD #304
KEY BISCAYNE, FL 33149-2554

1000000000000000024520506604302012000000000000000000000000003

Siempre puntual con el pago del impuesto predial del inmueble
en Ocean Tower One.

Paid 07/31/2014   Receipt # 0225-14-005050

Duplicate public_user 08/04/2016
$32,301.67

2012 Delinquent Tax Certificate

SEE REVERSE SIDE FOR IMPORTANT INFORMATION

FOLIO NUMBER	MUNICIPALITY	MILL CODE
24-5205-066-0440	KEY BISCAYNE	2400

BISCAYNE OCEAN HOLDINGS LLC
799 CRANDON BLVD #404
KEY BISCAYNE, FL 33149

Property Address
799 CRANDON BLVD 404

BILL DETAILS

DESCRIPTION	AMOUNT
Tax Due	28,013.26
Advertisement Fee	5.00
Auction Listing Fee	14.99
Tax Coll. Comm.	1,463.69
Delinquency Interest	1,260.60
Cert. Redemption Fee	6.25
Cert. Interest	1,537.88
Amount Due	**$0.00**

Paid

Certificate Issued: June 1, 2013	Face: 30,757.54	Cert #16637	If Received By	Jul 31, 2014
	Rate: 0.25%	Bidder #83920	Please Pay	$0.00

Save Time. Pay Online. www.miamidade.gov   **+ RETAIN FOR YOUR RECORDS +**

- -

2012 Delinquent Tax
Certificate Redemption

+ DETACH HERE AND RETURN THIS PORTION WITH YOUR PAYMENT +

Duplicate public_user 08/04/2016

FOLIO NUMBER
24-5205-066-0440

PROPERTY ADDRESS
799 CRANDON BLVD 404

LEGAL DESCRIPTION
OCEAN TOWER ONE CONDO UNIT 404 UNDIV
0.85003% INT IN COMMON ELEMENTS OFF REC
20357-1579 O

BISCAYNE OCEAN HOLDINGS LLC
799 CRANDON BLVD #404
KEY BISCAYNE, FL 33149

* 1 + 2 4 5 2 0 5 0 6 6 0 4 4 0 + 2 0 1 2 *
Make checks payable to: **Miami-Dade Tax Collector**
(in U.S. funds drawn on U.S. banks)
Delinquent Taxes must be paid by Cashier's Check, Money Order, or Certified
Funds. Amount due may be subject to change without notice.
Mail payments to: 200 NW 2nd Avenue, Miami, FL 33128

PAY ONLY ONE AMOUNT

Certificate Issued: June 1, 2013

Face: 30,757.54 **Rate: 0.25%**

Cert #16637 **Bidder #83920**

If Received By   **Please Pay**

Jul 31, 2014   **$0.00**

Paid

1000000000000000000024520506604402012000000000000000000000000004

Mientras Pierdant pagaba puntualmente el impuesto predial del departamento
de Angélica Rivera, él pagaba con retrasos los suyos…

¿Y se cumplió el vivieron felices para siempre? 2 de diciembre de 2015. Ciudad de México. Enrique Peña Nieto, presidente de México y Angélica Rivera, presidenta honoraria del Consejo Consultivo Ciudadano del DIF, durante la instalación del Sistema Integral de Niñas, Niños y Adolescentes realizado en la residencia oficial de Los Pinos.
Foto: Adolfo Vladimir/CUARTOSCURO.COM

Interior del edificio donde Angélica Rivera tiene su departamento.

Paid 03/03/2014   Receipt # ECHECK-14-104634 $30,633.34

Miami-Dade County, Florida

2013 Real Estate Property Taxes
Notice of Ad Valorem Tax and Non-Ad Valorem Assessments
SEE REVERSE SIDE FOR IMPORTANT INFORMATION

FOLIO NUMBER	MUNICIPALITY	MILL CODE
24-5205-066-0440	KEY BISCAYNE	2400

BISCAYNE OCEAN HOLDINGS LLC
799 CRANDON BLVD #404
KEY BISCAYNE, FL 33149

Property Address
799 CRANDON BLVD 404

Exemptions:

AD VALOREM TAXES

TAXING AUTHORITY	ASSESSED VALUE	MILLAGE RATE PER	$1,000 OF TAXABLE VALUE	TAXES LEVIED
Miami-Dade School Board				
School Board Operating	1,778,890	7.64400	1,778,890	13,597.83
School Board Debt Service	1,778,890	0.33300	1,778,890	592.37
State and Other				
Florida Inland Navigation Dist	1,778,887	0.03450	1,778,887	61.37
South Florida Water Mgmt Dist	1,778,887	0.35230	1,778,887	626.70
Everglades Construction Proj	1,778,887	0.05870	1,778,887	104.42
Childrens Trust Authority	1,778,887	0.50000	1,778,887	889.44
Miami-Dade County				
County Wide Operating	1,778,887	4.70350	1,778,887	8,367.00
County Wide Debt Service	1,778,887	0.42200	1,778,887	750.69
Library District	1,778,887	0.17250	1,778,887	306.86
Municipal Governing Board				
Key Biscayne Operating	1,778,887	3.00000	1,778,887	5,336.66

Paid

NON-AD VALOREM ASSESSMENTS

LEVYING AUTHORITY	RATE	FOOTAGE/UNITS	AMOUNT

Save Time. Pay Online. www.miamidade.gov

Combined taxes and assessments $30,633.34

↑ RETAIN FOR YOUR RECORDS ↑

2013 Real Estate Property Taxes ↓   DETACH HERE AND RETURN THIS PORTION WITH YOUR PAYMENT ↓   Duplicate public_user 08/04/2016

FOLIO NUMBER
24-5205-066-0440

PROPERTY ADDRESS
799 CRANDON BLVD 404

LEGAL DESCRIPTION
OCEAN TOWER ONE CONDO
UNIT 404
UNDIV 0.85003%
INT IN COMMON ELEMENTS
OFF REC 20357-1579

1+2452050660440+2013

Make checks payable to: **Miami-Dade Tax Collector**
(in U.S. funds drawn on U.S. banks)
Make checks payable to:
Miami-Dade Tax Collector
(in U.S. funds drawn on U.S. banks)
Amount due May be Subject to Change Without Notice
Mail payments to:

PAY ONLY ONE AMOUNT	
If Paid By	Please Pay
Mar 31, 2014	$0.00

Paid

BISCAYNE OCEAN HOLDINGS LLC
799 CRANDON BLVD #404
KEY BISCAYNE, FL 33149

1000000000000000024520506604402013000000000000000000000005

El impuesto predial del departamento de Angélica Rivera pagado por Pierdant.

Conflicto de interés

Lo que las leyes no prohíben
puede prohibirlo la honestidad.
— S É N E C A

¿**H**ASTA DÓNDE han incurrido Angélica Rivera y su esposo en un conflicto de interés al adquirir sus propiedades? En México la corrupción tiene un amplio espectro de posibilidades y sus consecuencias pueden ser tan terribles que llegan a socavar la democracia y el Estado de derecho. Por eso, algunos periodistas nos hemos dado a la tarea de exhibirla y denunciarla. El conflicto de interés en el servicio público consiste en vulnerar el interés general, el interés de los ciudadanos, para favorecer los intereses particulares. El conflicto de interés es un elemento del derecho administrativo, y la Ley Federal de Responsabilidades Administrativas de los Servidores Públicos —en el artículo 8, fracción XII— obliga a los servidores públicos a:

Abstenerse, durante el ejercicio de sus funciones, de solicitar, aceptar o recibir, [...] dinero, bienes muebles o inmuebles mediante enajenación en precio notoriamente inferior al que tenga en el mercado ordinario, donaciones, servicios, empleos, […] que procedan de cualquier persona física o moral cuyas actividades profesionales, comerciales o industriales se encuentren directamente vinculadas, reguladas o supervisadas por el servidor público de que se trate en el desempeño de su empleo, cargo o comisión y que implique intereses en conflicto. […]

Habrá intereses en conflicto cuando los intereses personales, familiares o de negocios del servidor público puedan afectar el desempeño imparcial de su empleo, cargo o comisión.

Pero en México la regulación al respecto es escasa y ambigua. Los especialistas urgen a cambiar el sistema de responsabilidades desde la Constitución hasta las leyes secundarias, porque en este no aparece la «declaración patrimonial» de los servidores públicos y por tanto no es suficiente que estén obligados a presentarla. Finalmente, el conflicto de interés se da entre las obligaciones públicas y los objetivos privados de los servidores. Al analizar el tema, Transparencia Mexicana advierte que existe un vacío legal y urgen acciones como: «Establecer legislación general para definir, regular y sancionar el conflicto de interés en los tres poderes y para los gobiernos estatales y municipales» e «Incorporar al blindaje electoral 2018 el que todo aspirante a un puesto de elección popular haga públicas tres declaraciones: una versión pública de su declaración patrimonial, su declaración de impuestos de los últimos cinco años y una declaración pública de potencial conflicto de intereses».

A Enrique Peña Nieto le faltó esa declaración pública de potencial conflicto de intereses. Y el equipo de investigación de *Aristegui Noticias*, encabezado por Carmen Aristegui y los periodistas Rafael Cabrera, Daniel Lizárraga, Irving Huerta y Sebastián Barragán, con el apoyo de la plataforma de periodismo latinoamericano Connectas y el International Center for Journalists, reveló el 9 de noviembre de 2014 un conflicto de interés en la compra que tan orgullosamente la señora Rivera mostró a los mexicanos en la entrevista y reportaje fotográfico que publicó la revista ¡Hola!

El 3 de noviembre del mismo año, sorpresivamente, el gobierno acababa de revocar el fallo de la licitación del Tren de Alta Velocidad México-Querétaro, que había ganado la empresa China Railway Construction Corporation, propiedad del gobierno chino, y cuatro empresas mexicanas: GIA, Prodemex, GHP Infraestructura Mexicana y Constructora Teya, vinculadas al PRI y en especial a Enrique Peña Nieto, ya que Teya pertenece al Grupo Higa, propiedad del empresario consentido del sexenio, Juan Armando Hinojosa Cantú, quien hizo obras por millones de pesos para el Estado de México gobernado por Peña Nieto. En un comunicado, la Secretaría de Comunicaciones y Transportes informó de manera escueta: «El Presidente de la República, Enrique Peña Nieto, decidió dejar sin efecto el fallo de la licitación para la construcción del Tren de Alta Velocidad México Querétaro».

La cancelación le costó cara al gobierno, pero fue necesario pagarle 16 millones de dólares al gobierno chino por la suspensión del proyecto, que según el diario *Hong Kong* volverá a presentarse en una nueva licitación para construir 210 kilómetros de vías a fin de unir la Ciudad de México con Querétaro con un costo inicial de 3 mil 750 millones de dólares.

¿Por qué canceló el proyecto? La explicación oficial es que fue en aras de la transparencia. Pero los periodistas antes mencionados encontraron que la residencia de la señora Angélica Rivera, debidamente publicitada en las revistas del corazón, fue construida por el Grupo Higa con un costo de 86 millones de pesos: más de 7 millones de dólares. Eso fue a través de la misma Constructora Teya que había ganado la licitación millonaria para el tren de alta velocidad México-Querétaro. La casa de la familia presidencial había sido diseñada por el arquitecto mexicano Miguel Ángel Aragonés, quien llamó al proyecto «Casa La Palma». De acuerdo con los planos y las fotografías publicadas en su página web *www.archdaily.com,* la residencia de la familia presidencial, de mil 200 metros cuadrados, tiene una inspiración y un significado específico en el arte; según el arquitecto:

México es un territorio custodiado por el sol. ¿Cómo no aprovechar, entonces, ese patrimonio y hacerlo protagonista, cómplice del espacio arquitectónico?, ¿cómo no permitir que en nuestros interiores habite su poderosa presencia?, ¿cómo no utilizar la luz natural para generar atmósferas y sensaciones? El sol es al arquitecto lo que la brújula al navegante; es el punto de partida, el principio orientador de todo proyecto. Cuando ves un terreno, lo primero que tienes que averiguar es por dónde sale el sol y por dónde desaparece; por dónde quieres que entre durante el verano y por dónde en el invierno. Hay que atrapar al sol, manipularlo, seducirlo, guardar su luz, no dejar que se disperse, matizarla para los interiores. Esta habilidad, el arte de contener luz, convierte al arquitecto en traductor, una suerte de alquimista.

La latitud, como en la navegación, es el marco de referencia de la arquitectura. En la Ciudad de México, por ejemplo, la casa se calienta hacia el sur: luz continua, contundente, luz que dura todo el sol. La luz del poniente, en cambio, tiene otro color y otra duración. Sin lugar a dudas, la latitud colorea al mundo. La latitud y una de sus consecuencias, el clima, son factores generadores de costumbres, de características culturales, de cosmogonías. La luz es una constante. Cuando se distorsiona, cuando se modifica en su frecuencia o en su longitud de onda, se logran diferentes colores y tonalidades: luz amarilla, azul, blanca. Entonces, el arquitecto dibuja, pinta con luz; la toma del amanecer o del atardecer y permite que irrumpa en los espacios, que se refleje en los muros como si estos fueran lienzos.

Uno de los aspectos más notables del trabajo de Luis Barragán radica en el manejo de la luz. Muchos arquitectos mexicanos contemporáneos han hecho de ella una herramienta indispensable, han recorrido ese camino y recreado esa enseñanza. También la luz puede resultarnos un enigma, pues en ella hay mucho más que aquello de lo que nos damos cuenta. Entenderla implica desentrañar los conceptos de espacio y tiempo. Este último es fundamental en la arquitectura, pues el destiempo, su opuesto, es el plano; el equivalente a un gráfico bidimensional, una visión estática del espacio. Es la parte conceptual que dice en líneas lo que el arquitecto quiere hacer: su idea, su proyecto. Lo único que da vida a ese plano en el espacio es el tiempo. La arquitectura es movimiento. Cada espacio es parecido a una nota musical, y la secuencia de esas notas se traduce en ritmo.

¡Demasiado ritmo...! Tras la publicación de esta información el baile de excusas y justificaciones gubernamentales fue duramente criticado. El proyecto de la casa inició en octubre de 2010, un mes antes de la boda de Enrique Peña Nieto y Angélica Rivera. La residencia, de varios niveles y piso de mármol, tiene *spa,* estacionamiento subterráneo y un elevador para conectar los espacios. Pero la publicitada transparencia no estuvo presente en esta operación porque la propiedad de la casa no estaba a nombre de Peña Nieto ni de su mujer, sino de una empresa llamada Ingeniería Inmobiliaria del Centro, perteneciente al empresario consentido Juan Armando Hinojosa Cantú —su hijo estuvo casado unos años con la hija del ex gobernador de Veracruz, Fidel Herrera, y ya separado de ella murió al caer el helicóptero en el que viajaba.

Hinojosa Cantú es un empresario sumamente exitoso gracias a sus contratos en el Estado de México. El Grupo Higa se compone de las empresas Eolo; Constructora Teya; Publicidad y Artículos Creativos; Autopistas de Vanguardia, S.A. de C.V.; Mezcla Asfáltica de Calidad; Señales y Mantenimiento, S.A. de C.V., y Consorcio IGSA Medical del Perú, entre otras. Y de acuerdo con informes de Transparencia Mexicana, ha obtenido 9 mil millones de pesos de procesos públicos durante el gobierno de Enrique Peña Nieto en el Estado de México y antes con Arturo Montiel, quien lo invitó a formar parte del exclusivo club llamado Consorcio Integrador del Ramo de la Construcción, constituido por un grupo de 49 constructores consentidos que reciben la mayor parte de las licitaciones de obra pública. El empresario Hinojosa Cantú tenía una sencilla empresa de serigrafía y milagrosamente la fue transformando en el próspero Grupo Higa.

Hay que añadir que sus actividades «altruistas» fueron decisivas para este exponencial crecimiento financiero. Desde el año 2000, el empresario favorito de Enrique Peña Nieto es un destacado contribuyente del PRI; una lista de donadores registrada en el IFE indica que entregó más de 17 millones de pesos. También cuenta que el señor Hinojosa Cantú es el dueño de las aeronaves utilizadas por Peña Nieto desde 2005, cuando inició su mandato como gobernador del Estado de México. La empresa Eolo de Hinojosa Cantú le ofreció 68 vuelos privados para que se paseara, según publicó el diario *Reforma* en 2012. El candidato presidencial del PRI en ese entonces viajó a

Manzanillo para una cena de aniversario con su novia regiomontana Rebeca Solano y se trasladó 31 veces a sus departamentos de Miami.

Y es que Peña Nieto e Hinojosa Cantú son amigos y compadres. ¿Hasta dónde llegan sus negocios? Los famosos «Papeles de Panamá» revelan que Hinojosa Cantú aparece como uno de los empresarios vinculados al poder político y en especial a altos mandatarios.

En esta etapa vuelven la opacidad y las empresas fantasma como recurso para ocultar riquezas. Según un informe del Consorcio Internacional de Periodistas de Investigación (Internacional Consortium of Investigative Journalists, ICIJ), el empresario Hinojosa Cantú realizó operaciones para llevar dinero a paraísos fiscales. Dice el boletín del ICIJ:

> A lo largo del verano y otoño de 2015, no mucho después de la controversia sobre la Casa Blanca, [el despacho] Mossack Fonseca ayudó a Hinojosa a crear tres fideicomisos para hacerse cargo de las cuentas por valor de aproximadamente 100 millones de dólares «preexistentes» en los bancos. Hinojosa fue el principal beneficiario de los fideicomisos, nominalmente controlados por su madre (Dora Patricia Cantú Moreno) y su suegra (María Teresa Cubría Cavazos). Su esposa (María Teresa García Cubría) e hijos fueron nombrados los beneficiarios en caso de su muerte. Su red es compleja, con nueve entidades establecidas en tres jurisdicciones diferentes: Nueva Zelanda, el Reino Unido y los Países Bajos.

¿Cuánto ha ganado realmente el empresario favorito del sexenio? ¿Cuánto ha escondido? ¿Cuánto de su fortuna le pertenece a él y cuánto dinero es de quienes le han permitido enriquecerse?

¿No es funcionaria pública?

Una de las frases que más sorprendió en el discurso histórico de Angélica Rivera ante la nación fue la justificación de que ella no es funcionaria pública. La Presidencia de la República se dispuso rápidamente a informar a través de su vocero Eduardo Sánchez que no había ningún conflicto de interés (evidentemente, para el gobierno de Peña Nieto la acumulación de riqueza y prosperidad de la Primera Dama no tiene nada que ver con su condición de primer mandatario de la nación):

> No existe tal conflicto y los hechos lo demuestran. Grupo Iga [sic], esta empresa constructora inmobiliaria, ha participado en distintas licitaciones del Gobierno de la República.
> Se trata de un inmueble de un privado, es decir, de una ciudadana que es la primera dama y no es un tema que estrictamente corresponda al gobierno de la República o a información gubernamental.
> [...] quiso ser ella misma en persona quien hiciera la aclaración pertinente [...]. La señora Angélica Rivera no es funcionario público y por lo tanto no tiene facultades para celebrar contratos a nombre del Gobierno de la República. De hecho el Presidente de la República tampoco firma contratos, las facultades para hacerlo las tienen los funcionarios que las leyes claramente señalan [...]. La señora Angélica Rivera, como presidenta del DIF, ocupa un cargo honorario, no percibe ingresos y, como lo he dicho anteriormente, no es un servidor público.
> Ante la preocupación que algunas personas han expresado respecto de un posible conflicto de interés, déjame ser muy claro: no existe tal conflicto y los hechos lo demuestran.

El problema es que esta declaración convierte a Angélica Rivera en un «fantasma» en la vida civil. Sin declaración patrimonial, la figura de la Primera Dama se ubica por encima de la ley, del Estado de derecho. Tal vez por eso la asociación civil Gestión Social ha propuesto a la Cámara de Diputados que los mandatarios y altos funcionarios presenten una declaración patrimonial que incluya a sus cónyuges, hermanos e hijos.

La clase política mexicana no se distingue por la transparencia. De hecho, Peña Nieto presentó durante la campaña presidencial su declaración patrimonial, la misma que en 2013, pero de manera tramposa porque no especificaba el monto total de sus bienes. Y es que el defecto está en la propia Ley Federal de Responsabilidades Administrativas de Servidores Públicos, que obliga a los funcionarios a presentar su declaración patrimonial, aunque los sigue protegiendo porque esta se hará pública, según el artículo 40, «siempre y cuando se cuente con la autorización previa y específica del servidor público del que se trate».

En definitiva, el sistema de rendición de cuentas está basado en la simulación. Efectivamente, las primeras damas no están obligadas a presentar declaración patrimonial. La ley no contempla ese supuesto porque el título de «primera dama» es simbólico, sin carácter vinculante en lo legal. La mujer o cónyuge que acompaña al presidente es la primera dama, título que surgió cuando se fundó Estados Unidos. Así llamaron a Lucy Hayes en 1877 mientras su esposo, Rutherford B. Hayes, ocupaba el cargo de presidente. En la Europa de las monarquías se les llamaba «reina consorte». El puesto de la primera dama no es un cargo de elección popular, ni tiene funciones asignadas en el gobierno. Y se supone que no debe devengar un salario ni recibir otra compensación. En teoría, su función es sólo protocolaria y consiste en acompañar a su esposo en eventos y viajes oficiales. Normalmente, las primeras damas hacen una labor social y dirigen el DIF, pero no es el caso de la señora Rivera, ya que, por alguna razón que la opinión pública desconoce, y como se describió antes, al DIF lo dirige Laura Vargas Carrillo, esposa de Miguel Ángel Osorio Chong, secretario de Gobernación. Por tanto, Angélica Rivera queda fuera del marco de rendición de cuentas porque no ocupa un cargo de servidora pública.

No obstante, aunque carezca de obligación legal, existe jurisprudencia al respecto. El artículo 108 de la Constitución Política de los Estados Unidos Mexicanos establece:

> Para los efectos de las responsabilidades a que alude este Título se reputarán como servidores públicos a los representantes de elección popular, a los miembros del Poder Judicial de la Federación, los funcionarios y empleados y, en general, a toda persona que desempeñe un empleo, cargo o comisión de cualquier naturaleza en el Congreso de la Unión o en la Administración Pública Federal, así como a los servidores públicos

de los organismos a los que esta Constitución otorgue autonomía, quienes serán responsables por los actos u omisiones en que incurran en el desempeño de sus respectivas funciones.

Y el artículo 2 (Definiciones) de la Convención de las Naciones Unidas contra la Corrupción señala:

a) Por «funcionario público» se entenderá: *i)* toda persona que ocupe un cargo, ya sea designado o elegido, permanente o temporal, remunerado u honorario, sea cual sea la antigüedad de esa persona en el cargo.

Por tanto, Angélica Rivera, al ser presidenta honoraria del DIF nacional («Hoy, asumirme como Presidenta Honoraria del Sistema Nacional DIF representa un gran reto. Servir y sentir a México al lado del presidente Enrique Peña Nieto, la más alta responsabilidad», en la página web del DIF) debe hacer pública su declaración patrimonial. ¿Por qué no lo ha hecho aún? Es indispensable saber cuánto pagó de impuestos por los 130 millones de pesos que dice que le remuneró Televisa. Un sistema democrático no puede tolerar semejante opacidad; por eso Artículo 19, organización en defensa de los periodistas y el derecho a la información, el 15 de diciembre de 2014 presentó por medio del abogado constitucionalista Luis Manuel Pérez de Acha una solicitud ante el Servicio de Administración Tributaria (SAT) para que ofreciera información de la declaración de impuestos de la Primera Dama y sobre las retenciones por sus ingresos en los últimos años.

Pese a mantener un perfil político bajo, el ritmo financiero y la vida ostentosa de la Primera Dama han generado cuestionamientos con base en la Ley de Transparencia para saber a cuánto asciende su fortuna y en qué consisten sus gastos. Darío Ramírez, que en ese entonces era director de la oficina regional para México y Centroamérica de Artículo 19, explicó a los medios:

—Es un tema de transparencia y legalidad. Hay razones fundadas para dudar [de] la veracidad de la declaración patrimonial de la señora Rivera; lo que hemos pedido es que el SAT confirme la veracidad.

El conflicto de interés es evidente, aunque Los Pinos se niegue a admitirlo. La única manera de fortalecer el Estado de derecho es combatiendo eficazmente la corrupción en cualquier nivel de gobierno.

Para esta organización no gubernamental, la opacidad que cubre las finanzas de la Primera Dama debería tener dos consecuencias: la inhabilitación y destitución del cargo como presidenta honoraria del DIF, y por consiguiente, la posibilidad de existencia del delito de enriquecimiento ilícito, previsto en el artículo 224 del Código Penal Federal.

—Al igual que cualquier ciudadano, la señora Rivera goza de la presunción de inocencia. Sin embargo, es de «orden público» e «interés social» que los ciudadanos conozcamos la manera como se conducen los funcionarios públicos y cómo se integra su patrimonio —dijo el abogado Luis Manuel Pérez de Acha.

—El punto de partida del delito de enriquecimiento ilícito es la discrepancia entre lo declarado —o lo no reportado por no presentarse [la] declaración mencionada— y la situación patrimonial real del funcionario público. Con ello, eventualmente también habría incurrido en el delito de defraudación fiscal del artículo 109, fracción I del Código Fiscal de la Federación —precisaron ante los medios Luis Manuel Pérez de Acha y Darío Ramírez.

Ahora bien, si el SAT afirmaba que Angélica Rivera no es funcionaria pública, «de cualquier modo, en su calidad de "personaje público" por ser cónyuge del señor Enrique Peña Nieto desde el 27 de noviembre de 2010, prevalece la tesis 1a. XLIII/2010 (registro 164992) de la SCJN»:

La libertad de expresión y el derecho a la información operan en forma diversa tratándose de personajes públicos […] el derecho a la intimidad debe ceder a favor del derecho a comunicar y recibir información […] la solución al conflicto entre la libertad de expresión y el derecho a la información, frente al derecho a la intimidad o a la vida privada, deberá considerarse el caso en concreto, a fin de verificar cuál de estos derechos debe prevalecer distinguiéndose, en el caso de personas públicas a la mayor o menor proyección de la persona, dada su propia posición en la comunidad, así como la forma en que ella misma ha modulado el conocimiento público sobre su vida privada.

La justificación constitucional, según consta en el documento de la solicitud al que he tenido acceso, se basa en el artículo 8 de la Constitución Política, que establece el derecho de los ciudadanos de formular peticiones a sus autoridades:

Los funcionarios y empleados públicos respetarán el ejercicio del derecho de petición, siempre que esta se formule por escrito, de manera pacífica y respetuosa; pero en materia política sólo podrán hacer uso de ese derecho los ciudadanos de la República. A toda petición deberá recaer un acuerdo escrito de la autoridad a quien se haya dirigido, la cual tiene obligación de hacerlo conocer en breve término al peticionario.

Ahora bien, si la información es pública, el SAT debe darla a los ciudadanos, según los estipula el artículo 6, apartado A), fracción I de la propia Constitución Federal:

A. Para el ejercicio del derecho de acceso a la información, la Federación y las entidades federativas, en el ámbito de sus respectivas competencias, se regirán por los siguientes principios y bases:

I. Toda la información en posesión de cualquier autoridad, entidad, órgano y organismo de los Poderes Ejecutivo, Legislativo y Judicial, órganos autónomos, partidos políticos, fideicomisos y fondos públicos, así como de cualquier persona física, moral o sindicato que reciba y ejerza recursos públicos o realice actos de autoridad en el ámbito federal, estatal y municipal, es pública y sólo podrá ser reservada temporalmente por razones de interés público y seguridad nacional, en los términos que fijen las leyes. En la interpretación de este derecho deberá prevalecer el principio de máxima publicidad.

Hay que recordar que fue la propia Primera Dama quien dijo que su declaración de impuestos para el ejercicio fiscal 2010 sería de acceso público en su página web *www.angelicarivera.com*. Pero no explicó que era una declaración «complementaria, no normal». Según su declaración, su registro federal de contribuyentes es RIHA-690826-6W0 (así aparece en la solicitud de Pérez de Acha y Darío Ramírez); se informa que el 26 de abril de 2011 presentó declaración «normal» por concepto de impuesto sobre la renta (ISR), impuesto empresarial a tasa única (IETU) e impuesto al valor agregado (IVA) lo siguiente (en pesos):

- Que el 4 de abril de 2012 presentó declaración *complementaria* por los mismos impuestos.
- Que sus ingresos totales para efectos del ISR ascendieron a 131 millones 690 mil 714, con un impuesto a cargo por 39 millones 136 mil 165. De esos ingresos, 130 millones 724 mil 441 correspondieron a actividades profesionales y 996 mil 273 a intereses.
- Que su base gravable en el IETU fue de 130 millones 601 mil 048, y el impuesto causado, por 22 millones 855 mil 183.
- Que la suma del valor mensual de actos o actividades para efectos del IVA fue igualmente de 130 millones 724 mil 441, todos ellos correspondientes a actividades profesionales, integrados de la siguiente manera, en pesos:

Mes	IVA trasladado	IVA retenido	Valor de Actos o Actividades
Enero	40,783	27,189	254,894
Febrero	40,522	27,015	253,263
Marzo	41,220	27,480	257,625
Abril	40,027	26,685	250,169
Mayo	39,167	26,111	244,794
Junio	41,228	27,485	257,675
Julio	39,972	26,648	249,825
Agosto	8'144,562	5'429,708	50'903,513
Septiembre	6'118,237	4' 078,825	38'238,981
Octubre	40,821	27,214	255,131
Noviembre	0	0	0
Diciembre	6'329,373	4'219,582	39'558,581

Según Angélica Rivera, ella acreditó las siguientes retenciones por concepto de ISR:

- El contribuyente identificado con la clave TEL-721214-GK7, las cantidades de 8 millones 863 mil 120 pesos y 9 millones 453 mil 454 pesos por concepto de ISR e IVA, respectivamente.
- El contribuyente identificado con la clave TTA-830106-353, las cantidades de 4 millones 209 mil 324 pesos y 4 millones 487 mil 174 por concepto de ISR e IVA, respectivamente.
- El contribuyente identificado con la clave SIC-920427-R31, la cantidad de 142 mil 577 por concepto de ISR.

En las consideraciones jurídicas, la solicitud de información presentada por la ONG Artículo 19 aclaró que no pedían acceso a los expedientes o archivos del SAT, ni a la información que publicó la propia Primera Dama en su página web:

Lo único que solicitamos es que se *nos ratifique* si la información y datos contenidos en su declaración *complementaria* de impuestos por el ejercicio de 2010 son veraces, correctos y válidos.

A esta petición no podría recaer una negativa sustentada en el artículo 69 de la Código Fiscal de la Federación, en base a un artificioso «secreto fiscal», por las razones de orden constitucional y de los tratados internacionales de los que México es parte.

[...] Por lo tanto, si la declaración de impuestos, su contenido y la información que en ella se contienen son «públicos», eso significa que no son «secretos», por lo que una correcta interpretación del artículo 69 del Código Fiscal de la Federación imposibilita al SAT que se escude en el «secreto» fiscal para negarse a contestar la *solicitud* ejercida en uso de nuestro *Derecho de Petición,* respecto de documentos e información que voluntaria e intencionadamente fueron «publicados» por la propia interesada [subrayado y negritas en el original].

Sin embargo, el entonces jefe del Servicio de Administración Tributaria (SAT), Aristóteles Núñez, se negó a revelar dicha información argumentando que no le corresponde: «Entre el cúmulo de facultades que le confiere el orden jurídico a esta autoridad, no se encuentra la de resolver lo planteado por ustedes [...] esta autoridad carece de competencia para pronunciarse sobre lo pedido por los solicitantes».

La negativa de las instituciones a transparentar la fortuna de la Primera Dama sólo puede entenderse como una regresión de las libertades fundamentales que sustentan una democracia. El rechazo del SAT vulnera el derecho a la información de los mexicanos porque su negativa quiere decir que no tiene la información o que sencillamente la orden superior es no transparentar nada que tenga que ver con la señora Rivera.

La lucha por el derecho a la información de los mexicanos, un derecho bilateral porque le corresponde a los periodistas defenderlo junto a los ciudadanos, incluyó la presentación de un amparo ante el juez de Distrito en Materia Administrativa en el Distrito Federal por la negativa del Servicio de Administración Tributaria (SAT). El abogado Pérez de Acha fue tajante al respecto: «Es la única dependencia que cuenta con facultades legales para resolver la petición [...] En particular, el Código Fiscal de la Federación y la Ley del SAT».

Según el abogado, con base en ese código y ley, el SAT tiene las siguientes atribuciones: vigilar y asegurar el debido cumplimiento de las disposiciones fiscales, allegarse de la información necesaria para determinar el origen de los ingresos de los contribuyentes y el cumplimiento correcto de sus obligaciones fiscales y administrar y operar la base de datos para el sistema de información fiscal; tres autoridades se señalan como responsables: el jefe del SAT, el administrador general de Servicios al Contribuyente y la administradora central de la Cuenta Tributaria y Contabilidad de Ingresos. El SAT es la institución que puede verificar si fueron pagados en tiempo y forma los impuestos correspondientes al ingreso de 130 millones de pesos que, de acuerdo con su declaración, recibió la señora Angélica Rivera; también puede revisar si las fechas, retenciones y tipo de declaración reportados en la documentación que hizo pública son verdaderos. El abogado Pérez de Acha señaló:

—Nosotros decimos al SAT: algo no cuadra, por lo tanto, nada más tú ratifícanos que esa información es verdadera; nada más, es lo único que estamos pidiéndole, primero al SAT y ahora al juez; ahora corresponde al juez evidenciar cuál es la verdad en esta situación. Es un camino que va a tomar algún tiempo, pero va en la línea contraria de decir que se trata de un caso cerrado. No puede haber casos cerrados de este tamaño.

La negativa del SAT a dar información viola el artículo 16 de la Constitución mexicana, que dice: «Nadie puede ser molestado en su persona, familia, domicilio, papeles o posesiones, sino en virtud de mandamiento escrito de la autoridad competente, que funde y motive la causa legal del procedimiento».

A pesar de ello, el SAT, el gobierno, la Presidencia, Enrique Peña Nieto y su vocero han seguido excusándose, escudándose en el argumento de que la Primera Dama no es funcionario público, algo que, como se ha visto, está muy lejos de la realidad, si se considera que la normatividad constitucional, internacional y legal rige su estatus laboral como presidenta honoraria del Sistema Nacional para el Desarrollo Integral de la Familia (DIF) a partir del 1 de diciembre de 2012.

Es más, el artículo 90 de la Constitución Política indica que la administración pública federal es centralizada o paraestatal, y conforme a la Ley Orgánica de la Administración Pública Federal, la Presidencia de la República, las Secretarías de Estado y la Consejería Jurídica son las que conforman lo que se llama administración pública federal «centralizada», mientras que la pública «paraestatal» está integrada por organismos considerados descentralizados, como el DIF, lo que se estipula en el artículo 1 de su Estatuto Orgánico. Hay que considerar igualmente el artículo 40 de la Ley de Asistencia Social, que crea el Consejo Consultivo del cual Angélica Rivera es presidenta. Los razonamientos jurídicos de la solicitud presentada por Artículo 19 a través del abogado Pérez de Acha no dejan lugar a dudas:

—Esto significa que ella ocupa un cargo equiparado al de presidenta honoraria de un organismo público descentralizado, que como tal forma parte de la administración pública federal y que, en consecuencia, le asigna la calidad de servidor público. La condición para que una persona sea funcionario público no radica en que su puesto sea retribuido económicamente o no... Tampoco es requisito que una persona maneje recursos públicos (dinero) para calificarse como funcionario público. Ello no se exige en ninguna disposición de la Constitución, de la legislación federal ni del Convenio Anticorrupción. De hecho, en nuestro país la gran mayoría de funcionarios públicos no maneja recursos, lo cual no los priva de esa característica. Cabe señalar que el mismo presidente de la República, al igual que la mayoría de los secretarios de Estado, no manejan recursos públicos. Como funcionario público federal, la señora Angélica Rivera Hurtado ha estado obligada a presentar declaraciones sobre su situación patrimonial en términos de los artículos 36, 37, 38 y demás relativos de la Ley Federal de Responsabilidades de los Servidores Públicos. El objetivo de esta regulación es que la información patrimonial de los servidores públicos guarde relación con sus salarios y con cualquier otro ingreso desvinculado de sus cargos. Si los funcionarios públicos no presentan dichas declaraciones, el segundo y tercer párrafos de la fracción I del artículo 37 de la propia ley determinan sanciones administrativas en su contra.

¿A qué se enfrenta la Primera Dama si viola el marco constitucional? La ley responde:

> Si transcurrido el plazo a que hace referencia la fracción I, no se hubiese presentado la declaración correspondiente, sin causa justificada, se suspenderá al infractor de su empleo, cargo o comisión por un periodo de 15 a 30 días naturales. En caso de que la omisión en la declaración continúe por un periodo de 30 días naturales siguientes a la fecha en que hubiere sido suspendido el servidor público, la Secretaría declarará que el nombramiento o contrato ha quedado sin efectos, debiendo notificar lo anterior al titular de la dependencia o entidad correspondiente para los fines procedentes. Lo mismo ocurrirá cuando se omita la declaración a que alude la fracción III.

No sólo eso. En una democracia real, la falta de presentación de la declaración patrimonial puede extenderse al ámbito penal para Angélica Rivera.

El espectro del delito de enriquecimiento ilícito se cierne así sobre la Primera Dama de México. Es una duda que ha quedado en el imaginario colectivo, que se ha ido afianzando cada vez más. Y con justa razón, dada la opacidad, la falta de transparencia, la ostentación, la vida opulenta.

Pérez de Acha señala dijo acerca de la demanda de amparo que presentó en contra del SAT por negarles información sobre la declaración patrimonial de Angélica Rivera:

—Una de las inconsistencias son los valores, los precios manejados, en relación con la casa que está en avenida Palmas, no a la que corresponde a la «Casa Blanca». Esa casa de avenida de las Palmas fue reportada en su declaración de impuestos en una cantidad de 42 millones, cuando en el Registro Público de la Propiedad aparece en 27 millones, uno de esos indicios es lo que nos señala que algo mal está en la declaración de impuestos.

LA SOMBRA DE LA SOSPECHA

Evidentemente, la investigación sobre un presunto enriquecimiento ilícito de Angélica Rivera y su esposo, el presidente de México, Enrique Peña Nieto, no saldrá del propio Estado. Sin embargo, la ley marca los límites de este delito, cuyos indicios saltan a la vista con sólo observar. Como apuntaron Luis Manuel Pérez de Acha y Darío Ramírez, la discrepancia entre lo declarado, o bien lo no reportado, genera la sospecha de comisión del delito de enriquecimiento ilícito, previsto en el artículo 224 del Código Penal Federal (el segundo párrafo citado ya no aparece en la reforma del 18 de julio de 2006):

Se sancionará a quien con motivo de su empleo, cargo o comisión en el servicio público, haya incurrido en enriquecimiento ilícito. Existe enriquecimiento ilícito cuando el servidor público no pudiere acreditar el legítimo aumento de su patrimonio o la legítima procedencia de los bienes a su nombre o de aquellos respecto de los cuales se conduzca como dueño.

Incurre en responsabilidad penal, asimismo, quien haga figurar como suyos bienes que el servidor público adquiera o haya adquirido en contravención de lo dispuesto en la misma Ley, a sabiendas de esta circunstancia.

¿Qué sucedería en un verdadero Estado de derecho si se comprobara que esa «discrepancia» entre lo declarado y lo no reportado por Angélica Rivera tiene además una repercusión fiscal?

En la solicitud presentada por Artículo 19 se cita el artículo 91 de la Ley del ISR vigente a partir del 1 de enero de 2016 (artículo 107 del propio ordenamiento tributario ya abrogado):

> Las personas físicas podrán ser objeto del procedimiento de discrepancia fiscal cuando se compruebe que el monto de las erogaciones en un año de calendario sea superior a los ingresos declarados por el contribuyente, o bien a los que le hubiere correspondido declarar.
>
> Para tal efecto, también se considerarán erogaciones efectuadas por cualquier persona física, las consistentes en gastos, adquisiciones de bienes y depósitos en cuentas bancarias, en inversiones financieras o tarjetas de crédito.
>
> Las erogaciones referidas en el párrafo anterior se presumirán ingresos, cuando se trate de personas físicas que no estén inscritas en el Registro Federal de Contribuyentes, o bien, que estándolo, no presenten las declaraciones a las que están obligadas, o que aun presentándolas, declaren ingresos menores a las erogaciones referidas. Tratándose de contribuyentes que tributen en el Capítulo I del Título IV de la presente Ley y que no estén obligados a presentar declaración anual, se considerarán como ingresos declarados los manifestados por los sujetos que efectúen la retención.

De acuerdo con el razonamiento jurídico anterior, habría que añadir a ese delito dos delitos más: defraudación fiscal y operaciones con recursos de «procedencia ilícita». Luis Manuel Pérez de Acha y Darío Ramírez dijeron:

> De lo antes expuesto resultan dos conclusiones: por una parte, que la señora Angélica Rivera Hurtado sí es funcionario público; y por otro lado, que la afirmación en contrario implica la aceptación de que ella ha incumplido con la obligación de presentar declaraciones sobre su situación patrimonial. Esto tiene las consecuencias siguientes:
>
> *a)* La posible responsabilidad administrativa en su contra establecida en el artículo 37, tercer y cuarto párrafos de la Ley Federal de Responsabilidades de los Servidores Públicos.
>
> *b)* La probable comisión del delito de enriquecimiento ilícito previsto en el artículo 224 del Código Penal Federal.
>
> *c)* La eventual sujeción al procedimiento de «discrepancia fiscal» regulado en los artículos 107 de la Ley del ISR vigente hasta el 31 de diciembre de 2013 y 91 del propio ordenamiento en vigor a partir del 1° de enero de 2014.
>
> *d)* La presunta comisión de delitos de defraudación fiscal y de operaciones con recursos de procedencia ilícita, tipificados en los artículos 109 del Código Fiscal de la Federación y 400-bis del Código Penal Federal respectivamente.

¿Qué pasa si Angélica Rivera, al no presentar las declaraciones de su situación patrimonial exigidas por la ley, ha incurrido en uno o varios delitos? La figura de la declaración patrimonial intenta establecer un sistema democrático basado en la transparencia y rendición de cuentas, sobre todo en una sociedad que en general considera que la corrupción forma parte de la clase política. Según el estudio *México, anatomía de la corrupción* —realizado por el Instituto Mexicano para la Competitividad (IMCO) en colaboración con el Centro de Investigación y Docencia Económicas (CIDE)—, del total de los ciudadanos 91 por ciento no confían en los partidos políticos, 83 por ciento no creen en los legisladores y 80 por ciento tampoco confían en las instituciones de procuración de justicia. En un entorno como ese se busca que la declaración patrimonial sea de carácter preventivo. Se supone que es una forma simbólica que tienen los gobernantes de ofrecer honestidad en su gestión. De esta manera, los ciudadanos conocen el patrimonio del funcionario público y por supuesto el de sus familiares más directos.

El problema es que durante todos estos años ha sido obligatorio presentar la declaración patrimonial sólo ante la contraloría, el órgano interno que supuestamente regula la buena actuación de los funcionarios. Sin embargo, estos no tienen la obligación de hacerla pública, lo que, desde luego, ha facilitado los actos de corrupción que han cometido gobernadores, alcaldes, diputados, senadores, regidores y funcionarios de diversos niveles en la administración pública.

Y no siendo obligatorio hacerla pública, solamente ocho de los 32 gobernadores han cumplido con el deber ético de darla a conocer a los ciudadanos. No obstante, de esos ocho gobernadores, algunos, mañosamente, en la declaración patrimonial hablan de sus bienes, pero omiten subir a internet, en la página de su gobierno, la declaración completa. Lo mismo ocurre con los diputados federales, unos cuantos diputados locales y casi ningún alcalde. La opacidad es la constante.

Y también lo es la simulación, muy arraigada en el sistema político mexicano. El presidente Peña Nieto felicitó a su esposa por los datos ofrecidos sobre su fortuna y por el «valor» de revelar información que debería ser confidencial, como su salario y el precio de la casa de Sierra Gorda. «De haber acreditado, de manera muy fehaciente, a través, incluso, de su declaración fiscal, yo preguntaría quiénes o cuántos se atreven a hacer públicos sus bienes, su patrimonio, los ingresos que tienen, y ella decidió hacerlo», encomió el Presidente.

Sin embargo, esa publicación se hizo mal y a medias. Para el abogado Pérez de Acha, la Primera Dama se encuentra actualmente en una situación de «ilicitud administrativa» e incluso «penal». La reserva de la información y la protección de sus declaraciones fiscales están violando el derecho a la información de los mexicanos. Lo explican en la solicitud presentada:

La finalidad de este derecho humano es que la información que obra, por ejemplo, en poder del SAT, sea «pública», para que a la misma tengamos acceso todos los particulares, siempre bajo el principio de máxima publicidad y sólo limitable, de manera excepcional y bajo la modalidad de reserva temporal, por razones de «interés público» y seguridad nacional. Sin embargo, dada la irregularidad de la señora Angélica Rivera Hurtado por no presentar declaraciones sobre su situación patrimonial, el interés público opera en sentido inverso, en forma tal que sea de «interés público» que ella haga efectiva la presunción de inocencia que opera en su favor e invalide la sospecha generalizada de que ha cometido infracciones que ameritan sanciones administrativas y penales en su contra [...]; como funcionario público, la señora Angélica Rivera Hurtado se ubica en un estatus especial de escrutinio constitucional y, en consecuencia, de una atenuada protección a sus derechos humanos, en temas especiales como protección de datos personales y la honra personal, como lo ha sostenido por la Suprema Corte de Justicia de la Nación (SCJN) [...]. Por lo tanto, ante la sospecha pública generalizada de que la señora Angélica Rivera Hurtado es merecedora de sanciones administrativas y penales, es de «interés público» conocer la situación real sobre el cumplimiento de las obligaciones fiscales a su cargo, en condiciones de «máxima publicidad» y sin reserva alguna, según lo ordena el artículo 6º, apartado A), fracción I de la Constitución Federal. En contra no puede afirmarse que la declaración *complementaria* al ejercicio fiscal 2010, que ella presentó el 4 de abril de 2012 y que subió a su página de internet *www.angelicarivera.com* en sí misma satisface el principio de «máxima publicidad». Al contrario, la información en la misma genera la necesidad de corroborar ante el SAT la corrección, validez y veracidad de su contenido. El hecho de que la señora Angélica Rivera Hurtado publicase esa declaración corrobora la necesidad de actualizar la «presunción de inocencia» en su favor. Con acceso completo a su información fiscal en poder del SAT, los contribuyentes podremos validar si efectivamente ella es inocente o no. Los principios constitucionales de «transparencia» y de «máxima publicidad» lo exigen.

LA PUERTA ESTÁ ABIERTA

¿Por qué fue la propia Angélica Rivera quien subió a su página de internet su declaración fiscal? La información estuvo disponible apenas unos días, me cuenta en entrevista el abogado Luis Manuel Pérez de Acha, quien inmediatamente después de la publicación en *www.angelicarivera.com* descargó los datos y acudió a un notario para darle validez legal y exhibirla ante el SAT. Rápidamente, la página web de la Primera Dama desapareció.

—Ella cometió un gran error, desde el punto de vista estratégico legal: subir su declaración de impuestos a su página —indica Pérez de Acha, que en seguida describe la estrategia que ideó—: Yo sabía que si nos íbamos por el lado de transparencia nos íbamos a topar con pared, bajo el pretexto del secreto fiscal. A lo que yo me fui es a que el SAT me confirmara si en su base de datos tenían esa declaración y la información que ella dio. En ese momento se comentaba que la señora había actuado por la libre, que no se había dejado asesorar adecuadamente. Me da idea que no se le pidió opinión al jefe del SAT, yo creo que subieron la declaración de impuestos sin pedir opinión a los expertos del gobierno federal. Si todo lo tiene tan opaco, fue un error subir esa declaración.

Abogado egresado de la Escuela Libre de Derecho y doctor por la UNAM, Luis Manuel Pérez de Acha litiga desde el año de 1984 y es experto en materia constitucional y fiscal. Encabezó los amparos contra la inconstitucionalidad del gasto público federal (derroche, opacidad y corrupción) y desde principios de su carrera se comprometió con el combate a la corrupción desde la perspectiva constitucional.

—Yo tomé la decisión de dedicar un tiempo en pro de la colectividad —aclara para explicar por qué decidió interponer el recurso sobre el patrimonio de Angélica Rivera.

Refiere que al principio lo hizo junto con el entonces director de la organización Artículo 19, Darío Ramírez, pero luego se quedó litigando solo el asunto.

—Seguí solo en el juicio de amparo en contra de la resolución del SAT, que fue admitido y al final de cuentas se resolvió en el sentido de que era improcedente. Yo me desistí del amparo porque me había quedado solo, ya no tenía elementos que me apoyaran y estaba recibiendo presiones por todos lados de que me desistiera, tanto familiares, como profesionales. Y así lo hice. Mi principal inquietud era que se me fabricaran acusaciones legales.

Cuenta que se le acercaron emisarios del gobierno federal para persuadirlo de cambiar de idea:

—Recibí invitaciones muy seductoras a desistirme del asunto. Me decían que qué quería a cambio. Yo me hacía el desentendido y lo único que respondía era que quería que se conociese la verdad. Fueron cinco aproximaciones que tuve de amigos, que me decían que considerara la situación del país, que entendiera que la información proporcionada por la señora era la correcta y no había más información. Yo insistía que esa información estaba incompleta y faltaban más cosas para aclararse. De las cinco personas que se me acercaron, dos me dejaron sentir que el tema se arreglaba con dinero.

—¿Eran personas del gobierno?

—Indirectamente, son personas muy vinculadas al gobierno.

—¿Eran enviados especiales?

—Sí, directamente de Presidencia.

—¿Y qué pasó?

—Me hacía el desentendido, como que no captaba el mensaje subliminal que había atrás de esto.

—¿Existe conflicto de interés?

—Sin lugar a dudas. Como esposa del presidente de la República eso se presenta de manera clara e indudable. Del enriquecimiento ilícito hay las señales, pero no hay las constancias, y las autoridades competentes para hacer las investigaciones exhaustivas son la Unidad de Inteligencia Financiera de la Secretaría de Hacienda y el SAT. Ellos tienen todas las herramientas, todo el poder, todas las facultades para hacerlo.

—¿Por qué no lo hacen?

—Ni lo van a hacer. Al menos en esta administración. Pero la puerta queda abierta.

—¿Por qué no lo han hecho?

—Porque evidentemente son dependencias que están subordinadas en grado máximo al presidente de la República.

—¿La puerta queda abierta para después que termine este sexenio?

—Por supuesto. Yo ya no puedo hacer nada, pero si otras personas quisieran iniciar la misma vía, sin lugar a dudas que pudieran emprenderla. El caminito quedó hecho, sólo falta que alguien se decida a accionarlo.

Pérez de Acha hace hincapié en que el discurso histórico de Angélica Rivera sobre su casa le generó «profundas sospechas»:

—Cuando me pegué al asunto y empecé a rastrearlo, identifiqué toda la gama de contradicciones que tuvo la señora al declarar y la forma como lo fue presentando. Cada vez que sale un tema de ella, relacionado con su fortuna personal, sin lugar a dudas hay fuertes sospechas de que sea real. Y eso lo sustento y lo fundamento en lo que me tocó constatar en el asunto de su casa. En lo que respecta al conflicto de intereses, las señales son poderosísimas. No hay mucha vuelta que darle.

Sobre los departamentos que la Primera Dama usa en Miami, considera que son evidentes las «irregularidades»:

—La forma en que mediáticamente desnudaron ese asunto es impactante. Entre más explicaciones dan, más se enredan y luego el mismo Presidente quiso dar la explicación del predial y se enredó más. Existen señales indudables de irregularidades incluso en el llenado de las declaraciones patrimoniales que proporcionan ambos desde la Presidencia de la República.

—¿Por qué la señora Rivera creó una empresa *offshore* para comprar un departamento?

—Para efectos de la legislación de otros países es usual crear ese tipo de empresas. Sin embargo, cuando eso lo hacen los funcionarios públicos a quienes se les llama personas políticamente expuestas, como son el presidente de la República y su esposa (pueden ser los gobernadores), utilizar empresas pantalla no hace sino acrecentar las sombras de duda que existen en las operaciones que realizan. Hay una opacidad alrededor de ella que ha reinado durante estos años y que se va agudizando. A veces me surge la sospecha de si ella no será prestanombres de otras personas, como de su esposo, Enrique Peña Nieto, o de otros poderosos económicamente de México. Lo que debería imperar en esas operaciones es la transparencia.

—En la riqueza de Angélica Rivera, la transparencia es la gran ausente...

—Sí, pero hay un tratado internacional que nos da la pauta de llegar a la conclusión de que ella sí es funcionario público. Es una válvula de escape muy fácil decir que los cónyuges no son funcionarios públicos. Eso es una salida fácil, por eso el tratado da los elementos en sentido contrario. Hay experiencia de otros países en donde por conflicto de intereses, opacidad, por riqueza inexplicable, las consecuencias políticas y jurídicas son muy grandes.

El abogado recuerda el caso del presidente de Alemania, Christian Wulff, quien en 2012 renunció después de escándalos sobre un posible conflicto de interés y una pérdida de prestigio y credibilidad ante la opinión pública. El presidente Wulff había sido acusado de hacer favores a amigos ricos a cambio de regalos como vacaciones pagadas en hoteles de cinco estrellas, uso gratuito de un automóvil que le obsequió un consorcio automotriz alemán y créditos privados sin intereses. De acuerdo con la legislación alemana, los funcionarios que reciban regalos mayores a 50 euros deben reportarlos a la autoridad, algo que Wulff omitió hacer.

—Él tuvo que renunciar aun sin estar claro que había conflicto de interés —comenta Pérez de Acha—. Aquí estamos a la inversa en el caso de la señora Angélica Rivera: claro que hubo conflicto de intereses que involucra decenas de millones de pesos y no pasa absolutamente nada, ya no digamos en lo jurídico, sino en lo político.

—¿Puede haber más propiedades de ella o de su esposo con prestanombres?

—Si es así, puede existir un fenómeno de evasión fiscal, enriquecimiento ilícito, y en el caso de que se estén utilizando prestanombres y haya una red operativa que esté armando esto y lo esté articulando, la ley lo califica como delincuencia organizada porque hay lavado de dinero. Todo esto en conjunto presenta lo siguiente: fraude fiscal, enriquecimiento ilícito, lavado de dinero y delincuencia organizada. No son delitos menores.

Pérez de Acha guarda silencio unos minutos. Luego recapitula la lucha que desde la sociedad civil han emprendido para generar cambios combatiendo la corrupción de la clase política.

—Lo que hicimos puede parecer una derrota, pero a visión de largo plazo esta misma estrategia algún fruto rindió y rendirá.

Operación Virgilio

—¿Y de qué te sirve poseer las estrellas?
—Me sirve para ser rico.
—¿Y de qué te sirve ser rico?
—Me sirve para comprar más estrellas.

— ANTOINE
DE SAINT-EXUPÉRY

NADA QUEDA de aquella *Gaviota* a la que, en la cúspide del éxito y la fama, amaban millones de mexicanos. La mujer que con su imagen y carisma aportó tanto a la campaña presidencial de Enrique Peña Nieto. La que gozaba de aceptación en los medios y despertaba simpatías en la opinión pública.

El desgaste de su imagen es tal que algunos asesores ya se han preguntado cuánto afecta Angélica Rivera al Presidente y si les conviene llevar a cabo un divorcio amistoso o a una separación discreta. Se trata de un asunto de Estado. Y no es para menos. Luego de su discurso sobre la compra de la casa de Sierra Gorda y el escándalo posterior, el 3 de febrero de 2015 Peña Nieto ordenó a la Secretaría de la Función Pública efectuar una «investigación» para determinar si su esposa o él mismo habían incurrido en un «conflicto de interés» con dicha compra.

La ocasión resultó memorable: en la Residencia Oficial de Los Pinos el mandatario nombró secretario de la Función Pública al ex consejero electoral Virgilio Andrade Martínez y le instruyó, como primer encargo, precisamente iniciar la investigación sobre los bienes inmuebles de la Primera Dama. Y de paso sobre la casa del entonces secretario de Hacienda, Luis Videgaray, ubicada en un fraccionamiento de Ixtapan de la Sal.

Las palabras que pronunció Enrique Peña Nieto fueron claras y contundentes, aunque los hechos mostraban otra cosa. Ante una tormenta y un escándalo que no cesaban, y para «fortalecer la legalidad y cerrar los espacios de corrupción», el Presidente anunció ocho «acciones ejecutivas» (respeto la puntuación y la sintaxis originales):

> La corrupción en México es, como lo he señalado ya de manera reiterada en distintos espacios, es un problema estructural, que entre todos debemos enfrentar.
>
> Y a pesar de los esfuerzos emprendidos en las últimas décadas, la percepción sobre este problema no ha mejorado en nuestro país.
>
> De acuerdo con los resultados del *Índice de Percepción de la Corrupción de 2014,* que publicó Transparencia Internacional, México obtuvo una calificación de apenas 35 en una escala de 0 a 100. Es prácticamente la misma calificación que ha tenido durante las últimas dos décadas.
>
> Y si bien he sostenido que la corrupción es un problema para todos los países y en muchas ocasiones un tema de carácter cultural, no hay excusa para dejar de tomar acciones decididas.
>
> Como Presidente de la República tengo la convicción de fortalecer la legalidad y cerrar espacios a la corrupción.
>
> Siempre he estado comprometido a trabajar en favor de la transparencia y la rendición de cuentas: desde el primer compromiso que firmé como candidato a la Presidencia, en la primera propuesta Legislativa que impulsé como Presidente electo y en las reformas transformadoras que he promovido como titular del Ejecutivo.
>
> No obstante de que en todo momento mi actuar se ha apegado al marco jurídico vigente, en meses pasados se hicieron diversos señalamientos sobre posibles conflictos de interés en mi Gobierno.

Es importante precisar que la Ley Federal de Responsabilidades Administrativas de los Servidores Públicos señala, a la letra, lo siguiente, y cito textualmente:

Habrá intereses en conflicto cuando los intereses personales, familiares o de negocios del servidor público puedan afectar el desempeño imparcial de su empleo, cargo o comisión.

Esto nunca ha sido el caso en mi responsabilidad como Presidente de la República, y tampoco en mis cargos públicos anteriores.

Las contrataciones se sujetan a los procedimientos que marca la ley, y en ninguno de ellos participa el Presidente de la República.

En el ejercicio de mis funciones siempre me he conducido con imparcialidad y apego a derecho.

Y aquí quiero ser enfático: El Presidente no otorga contratos, no adjudica compras, ni obras, tampoco participa en ningún comité de adquisiciones, arrendamientos o servicios.

Y no obstante estas aclaraciones, soy consciente de que los señalamientos realizados generaron la apariencia de algo indebido, algo que, en realidad, no ocurrió.

Esta percepción se explica, en gran medida, porque en México no tenemos los instrumentos normativos para determinar con claridad cómo declarar posibles conflictos de interés.

La doctrina, permítame hacer esta referencia, habla de tres tipos de conflictos de interés: los reales, en los que el funcionario público actúa de forma indebida y viola el marco legal, al tomar decisiones a partir de intereses personales, familiares o de negocios.

Otros son los conflictos de interés potenciales o posibles, en donde aún no existe el conflicto, pero en un futuro es probable que pueda generarse y, por tanto, preventivamente debe declararse.

Y otro son los aparentes, en donde existe la percepción social o la sospecha de que hay un conflicto de interés, sin que en realidad exista influencia indebida en la toma de decisiones, ni violación legal alguna.

Esto es lo que dice la doctrina con respecto al conflicto de interés.

Ante ello, México necesita adoptar un enfoque moderno, que garantice con políticas públicas efectivas que la toma de decisiones gubernamentales no sea vulnerada por intereses privados.

Por estas razones, este día presento a los mexicanos un conjunto de acciones ejecutivas para prevenir la corrupción y evitar los conflictos de interés.

El responsable de llevarlas a cabo será el maestro Virgilio Andrade Martínez, a quien he nombrado Secretario de la Función Pública.

Le he dado indicaciones de reforzar los procesos de control, fiscalización y auditoría del Gobierno de la República y de vigilar que los servidores públicos se apeguen a la ley y a la ética.

El Secretario Andrade cuenta con una amplia, prestigiada e idónea trayectoria en el servicio público para cumplir la elevada responsabilidad de su encargo y aplicar las acciones ejecutivas que hoy quiero compartirles.

Primera acción. A partir de mayo de este año, mes en que por ley todos los servidores públicos entregan la declaración patrimonial, será en consecuencia obligación de los servidores públicos federales, presentar una declaración de posibles conflictos de interés.

Esta declaración deberá entregarse al ingresar a cargos públicos federales, actualizarse anualmente o en cualquier momento en que un funcionario considere que pudiera ocurrir un posible conflicto de interés en su responsabilidad.

Asimismo, permitirá determinar si existe una posible influencia indebida en las decisiones de los servidores públicos, que impida cumplir con las obligaciones de su encargo con objetividad e imparcialidad.

La declaración contendrá, entre otros elementos, las actividades profesionales del funcionario, su participación en empresas, la existencia de deudas o bienes propios, de su cónyuge o dependientes económicos, así como las causas por las que el servidor público considere que pudiera existir un conflicto de interés con relación a las decisiones que tiene a su cargo.

Esta declaración de posibles conflictos de interés retoma las mejores prácticas internacionales y su diseño cuenta con el aval de los expertos de la Organización para la Cooperación y el Desarrollo Económicos, la OCDE.

Segunda acción. Dentro de la Secretaría de la Función Pública se creará una Unidad Especializada en Ética y Prevención de Conflictos de Interés.

Esta área será responsable de determinar la existencia de conflictos de interés, dictar medidas preventivas y, en su caso, velar para que se apliquen las sanciones correspondientes.

La unidad también deberá articular las actividades de los Comités de Ética y de prevención de conflictos de interés de cada dependencia o sector de la Administración Pública Federal.

Tercera acción. Se emitirán reglas de integridad para el ejercicio de la Función Pública Federal, que amplíen y profundicen los actuales códigos de ética y sean acordes con los nuevos retos que enfrentamos en el combate a la corrupción.

Se requiere transitar de una mera declaración de principios a un nuevo protocolo formal que norme el comportamiento de los servidores públicos, especialmente de aquellos responsables de las contrataciones públicas.

Cuarta acción. Se establecerán protocolos de contacto entre particulares y los funcionarios responsables de decidir en los procedimientos de contrataciones públicas, licencias, concesiones y permisos.

La Secretaría de la Función Pública definirá los lineamientos claros y específicos que deberán seguir los servidores públicos al tratar con los interesados.

Quinta acción. En complemento a la medida anterior, todas las dependencias y entidades de la Administración Pública Federal tendrán hasta el mes de abril para identificar y clasificar el nivel de responsabilidad de los servidores públicos que intervengan en esos procedimientos.

La Secretaría de la Función Pública deberá integrar un registro de dichos funcionarios y someterlos a una certificación, a efecto de asegurar su honestidad y adecuado desempeño.

Sexta acción ejecutiva. Se acelerará la operación de la Ventanilla Única Nacional para los trámites y servicios del Gobierno.

El día de hoy, se publicará el Decreto que permitirá incorporar los trámites Federales en formatos digitales, a través del portal de internet: *www.gob.mx.*

La Ventanilla Única digital deberá incluir gradualmente los trámites de la Administración Pública Federal más solicitados por la población, siempre que la naturaleza del mismo lo permita.

Esto reducirá espacios posibles o potenciales de corrupción al eliminar la interacción entre funcionarios Federales y los particulares.

Séptima acción. La lista pública de proveedores sancionados por el Gobierno de la República será más completa y detallada, ya que señalará la causa de su sanción.

Octava acción. Se ampliarán los mecanismos de colaboración con el sector privado, en materia de transparencia y combate a la corrupción.

La participación activa de los ciudadanos es fundamental para identificar procesos y trámites vulnerables a conflictos de interés o actos de corrupción.

Trabajaremos con Cámaras empresariales y organizaciones de la sociedad civil con el propósito de suscribir convenios de colaboración y juntos prevenir actos al margen de la ley.

Finalmente, reafirmando mi absoluto compromiso con la transparencia y la rendición de cuentas, he solicitado a la Secretaría de la Función Pública que investigue y resuelva si hubo o no conflicto de interés en las obras públicas o contratos otorgados por dependencias Federales a las empresas que celebraron compraventas de inmuebles con mi esposa, con el titular de la Secretaría de Hacienda y Crédito Público y con un servidor.

Adicionalmente, y en el ánimo de generar plena confianza y transparencia, le he solicitado al Secretario de la Función Pública reunir a un panel de expertos, con reconocido prestigio en materia de transparencia, para que conozcan y evalúen los resultados de la investigación que habrá de llevar a cabo.

Señoras y señores:

El Gobierno que presido está decidido a realizar una gestión pública abierta y cercana a la gente; está comprometido a ser un Gobierno más moderno, eficaz y, sobre todo, transparente.

Por ello, para la adecuada instrumentación de estas acciones ejecutivas, el Gobierno de la República ha solicitado también la asesoría y acompañamiento de la Organización para la Cooperación y Desarrollo Económicos, la OCDE, que agrupa a 34 países de mayor desarrollo en el mundo y que en consecuencia está a la vanguardia en las mejores prácticas para la buena gobernanza.

En breve, las Secretarías de Relaciones Exteriores y de la Función Pública suscribirán un Acuerdo de Cooperación Técnica con este organismo internacional.

Desde ahora, reconozco a la OCDE por su invaluable apoyo para consolidar la arquitectura institucional que hoy estamos construyendo en favor de la integridad en el servicio público y el combate a la corrupción.

Las acciones ejecutivas que he anunciado se suman a lo que hemos venido promoviendo desde el inicio de este Gobierno.

Y déjenme, de manera enunciativa, sólo hacer referencia a varias de las acciones ya que precisamente están orientadas a fortalecer la transparencia.

La Reforma Constitucional en Materia de Transparencia; la participación de México en la Alianza para el Gobierno Abierto para promover la rendición de cuentas y abrir mayores espacios de participación a la ciudadanía.

Así como la iniciativa de reforma a la Ley de Obras Públicas y servicios relacionados con las mismas, que fortalece los mecanismos legales para que los recursos se administren con mayor eficiencia y honradez.

Además, hago votos, como ya lo he dicho anteriormente, porque en este Segundo Periodo de Sesiones Ordinarias que acaba de iniciar, las y los Legisladores Federales aprueben el Sistema Nacional Anticorrupción.

Construir el país que queremos exige actuar permanentemente en favor de la apertura, la transparencia y la eficacia.

Eso es lo que quiere y desea la sociedad participativa y propositiva que hoy, afortunadamente, tiene México.

Muchas gracias.

«YA SÉ QUE NO APLAUDEN»

El discurso de Peña Nieto a favor de la transparencia no convenció. Aquello parecía más bien una puesta en escena. Cuando terminó de hablar soltó unas últimas palabras que le salieron del corazón y se escucharon cerca del micrófono: «Ya sé que no aplauden». La frase se volvió tendencia en las redes sociales y fue pretexto de *memes* y bromas. El vocero del Presidente, Eduardo Sánchez, salió a defenderlo, señalando que lo importante no era la frase, sino el contenido del mensaje.

Lo curioso de este *show* contra la corrupción fue que el mandatario esperaba que los periodistas le aplaudieran. A pesar de la tempestad, pensó que lo recibiría su guardia pretoriana de periodistas aplaudidores, que en efecto tiene, pero que en ese momento no estaba. En la frase aparentemente espontánea del Presidente subyace un fenómeno digno de análisis: el servilismo de una parte de la prensa mexicana al poder en turno. ¿Por qué habría imaginado Peña Nieto que los periodistas iban a aplaudirle al terminar la conferencia de prensa? ¿Por qué cree que los periodistas debemos aplaudirle? Tal vez porque su única relación con el periodismo se da en el segmento de la llamada «prensa vendida». Y no es que algunos queramos llamarla así, sino que son las audiencias, los lectores, los televidentes y los radioescuchas los que le ponen ese calificativo a la prensa cercana al poder: la vendida, la oficialista, la que le hace entrevistas a modo. Peña Nieto no se relaciona con otro tipo de prensa, jamás con la prensa crítica e independiente. Pero sí con los periodistas aplaudidores o merolicos, vendidos al mejor postor, estrechamente vinculados al poder en turno, beneficiarios de prebendas y grandiosas ganancias. Aunque algunos se conforman con las sobras, otros se han enriquecido en los últimos sexenios. Y no importa que cambie el partido, la ideología de estos *desinformadores* se basa en el dinero, no en los colores electorales.

Si durante 1968 la consigna era «prensa vendida», en 2012 el estandarte fue la democratización de la prensa. No todas las manifestaciones tuvieron lugar frente al Palacio Nacional y contra el presidente; también las hubo frente a Televisa o TV Azteca. Basta recordar el origen y desarrollo del movimiento #YoSoy132.

La prensa aplaudidora tiene sus recompensas derivadas de la publicidad oficial, que en México sigue moviéndose en la oscuridad y se presta a corrupción y censura disfrazadas. El estudio *Publicidad oficial: recursos públicos ejercidos por el Poder Ejecutivo Federal en 2013*, realizado por Artículo 19 y Fundar, señala que, tan sólo en su primer año de gobierno, Peña Nieto gastó 4 mil 195 millones de pesos en publicidad oficial, de los cuales pagó a la televisión 33 por ciento —equivalente a casi mil 400 millones de pesos—. Peor aún, Peña Nieto reparte la publicidad oficial bajo criterios subjetivos y arbitrarios: 61 por ciento a la televisión de paga y abierta, 10 por ciento a la prensa escrita y 9 por ciento a la radio. La Presidencia de la República se reserva los criterios de tal distribución.

Aquí también impera la opacidad. El gobierno federal gasta diariamente 6.3 millones de pesos en propaganda oficial. Durante los primeros diez meses de 2014 incrementó la partida para este rubro en mil 908 millones de pesos, en comparación con el mismo periodo de 2013, cuando el gasto fue de 485 millones 600 mil pesos. Obviamente, como era de esperarse, devolvió los favores recibidos y sus consentidas fueron las televisoras, pues en esos diez meses pagó 144 millones de pesos a Televisa y TV Azteca. Aparte de este desembolso, habría que considerar las cantidades individuales y prebendas que el poder político otorga a algunos periodistas aplaudidores, aun cuando el resultado no ha sido alentador para el Presidente, ya que no lo han ayudado mucho a mejorar su imagen ni su nivel de aceptación. Peña Nieto ha vulnerado el derecho a la información de los mexicanos, información que debe ser veraz y completa. Hay que recordar que durante su campaña hizo una promesa que no ha cumplido:

El gobierno debe establecer una relación con los medios de comunicación acorde con una cultura democrática. Como Presidente de la República impulsaré una reforma constitucional para crear una instancia ciudadana y autónoma que supervise que la contratación de publicidad de todos los niveles de gobierno en medios de comunicación se lleve a cabo bajo los principios de utilidad pública, transparencia, respeto a la libertad periodística y fomento del acceso ciudadano a la información. Sólo un país bien informado garantiza una cultura democrática.

En 1952 la prensa vendida instituyó el 7 de junio como el Día de la Libertad de Prensa para rendirle pleitesía al presidente en turno. Desde Miguel Alemán hasta Enrique Peña Nieto, pasando por Felipe Calderón, en ese o cualquier otro día simplemente se pronuncian discursos vacíos sobre libertad de expresión que no corresponden a la realidad. La relación prensa-gobierno no debe basarse en el servilismo, el cortejo o la adulación mutua. No todos los periodistas están al servicio del «presidente». Algunos de verdad estamos empeñados en ejercer la libertad de expresión, la libertad de prensa, con todos los riesgos que eso implique. Y sin aplaudir.

EL BUFÓN DE LA CORTE

Las críticas por la designación de Virgilio Andrade no se hicieron esperar. El flamante nuevo zar anticorrupción nombrado por Enrique Peña Nieto provocó burlas desde el principio. Encargado de vigilar la honestidad de sus compañeros, era en realidad un subalterno a las órdenes del Presidente. Luego de que este le tomara protesta, Virgilio se concretó en su discurso a seguir magistralmente el guion trazado desde la Presidencia. Su lenguaje corporal, bajando constantemente la cabeza y dirigiendo la mirada a Peña Nieto, denotaba con claridad su subordinación al jefe:

> Asumo con plena determinación, compromiso y responsabilidad el cargo que me ha confiado. En estos momentos estoy consciente de que la sociedad y la ciudadanía demandan de manera intensa acciones para cerrar espacios a la corrupción, a conflictos de intereses y a prácticas indebidas en el ejercicio administrativo y en el ejercicio público […], frenar los espacios a la corrupción es desde luego una condición indispensable.

De inmediato surgieron dudas sobre la necesaria independencia de Virgilio para cumplir con su cometido. Más aún, ¿cuál era realmente su función?

La respuesta llegó seis meses después, el 21 de agosto de 2015, cuando exoneró de cualquier conflicto de interés a Angélica Rivera y al Presidente, lo mismo que al entonces secretario de Hacienda, Luis

Videgaray. Como en una monarquía, el secretario tenía que proteger al rey y preparó cuidadosamente su escena. Apareció con sus comparsas, otros cuatro servidores públicos, en un marco solemne. Los cinco de riguroso traje oscuro. Con su cabello negro debidamente peinado, los rizos sobre la frente acomodados con espuma moldeadora y una leve sonrisa, Virgilio inició su *sketch*: «Ni el Presidente ni su esposa adquirieron bien alguno después de la toma de protesta». Proyectaba un gesto temeroso, una expresión de vacuidad. ¿Alguien pensó que el secretario de la Función Pública, nombrado por Peña Nieto y subordinado de este, iba a procesar a su jefe o a su esposa?

Virgilio continuó (las cursivas son mías):

El propósito del día de hoy es dar a conocer los resultados sobre la investigación del posible conflicto de interés. Para ello, daré lectura a un documento que, con base en el Principio de Legalidad, establece los hechos y las conclusiones respecto de este caso.

De conformidad con lo dispuesto en la Ley Federal de Responsabilidades Administrativas de los Servidores Públicos y el artículo 37 de la Ley Orgánica de la Administración Pública Federal, que está vigente por virtud del artículo Transitorio 2o. del Decreto que reformó dicha ley y que se publicó el 2 de enero de 2013, corresponde a la Secretaría de la Función Pública conocer e investigar conductas de los servidores públicos del gobierno federal que, en su caso, pudieran constituir responsabilidades administrativas.

En el ejercicio de estas atribuciones que le corresponden solamente a la Secretaría de la Función Pública cuando se trata de servidores públicos federales, se inició con base en distintas notas periodísticas, el expediente número DGDI/097/2014, para investigar si existió o no algún conflicto de interés en el otorgamiento de contratos de obra pública o servicios a empresas vinculadas con los grupos empresariales que celebraron contratos de compraventa de inmuebles en el pasado, con la señora Angélica Rivera Hurtado y el licenciado Enrique Peña Nieto. A este expediente de 2014, se acumuló la solicitud del Presidente de la República, hecha el 3 de febrero del presente año, para que se llevara a cabo la investigación citada.

Con el mismo objeto, se inició el expediente número DGDI/020 /2015, derivado de la solicitud del Presidente de la República para investigar si existió o no algún conflicto de interés en el otorgamiento de contratos de obra pública o servicios a empresas vinculadas con el grupo empresarial que celebró un contrato de compraventa de un inmueble con el doctor Luis Videgaray Caso.

Las inmobiliarias que celebraron contratos de compraventa con la señora Angélica Rivera Hurtado y el doctor Luis Videgaray Caso en el año de 2012, tienen como accionista al señor Juan Armando Hinojosa Cantú, por lo que se investigó, en primer lugar, qué empresas en donde fuese accionista esta persona tienen contratos con el Gobierno Federal.

De dicho análisis se desprenden cuatro empresas vinculadas al grupo empresarial conocido como Grupo Higa, que tiene contratos con dependencias o entidades de la administración pública federal, y que son:

- Constructora Tella, S.A. de C.V., con tres contratos;
- Concretos y Obra Civil del Pacífico, S.A. de C.V., con seis contratos;
- Eolo Plus, S.A. de C.V., con 11 contratos;
- Publicidad y Artículos Creativos, S.A. de C.V., con dos contratos.

Además se consideró el caso de la participación de Constructora Tella, S.A. de C.V., en el consorcio conformado por las empresas Constructora Edificadora GIA Plus A, S.A. de C.V., Promotora y Desarrolladora Mexicana, S.A. de C.V., GHP Infraestructura Mexicana, SAPI de C.V., China Railwal Construction Corporation Limited, China Railway Construction Corporation International Limited, China Railway Construction México, S.A. de C.V. y CSR Corporation Limited. Si bien este consorcio no cuenta con contrato alguno, sí participó en una licitación pública.

En total, las cuatro empresas mencionadas tienen 22 contratos con el Gobierno Federal.

Por su parte, la inmobiliaria que celebró en los años 2005 y 2006 contratos de compraventa con el licenciado Enrique Peña Nieto tiene como accionista a Ricardo Arturo San Román Dunne, por lo que se investigó qué empresas, en donde fuese accionista esta persona, tienen contratos con el Gobierno Federal.

Del análisis referido, se determinó que son dos empresas las que tienen contratos con el Gobierno Federal:

- Constructora Urbanizadora Ixtapan, S.A. de C.V., con cinco contratos.
- Club de Golf Ixtapan, S.A. de C.V., con seis contratos.

En total, estas empresas tienen 11 contratos con la Administración Pública Federal.

De los 33 contratos de ambos grupos, 13 son de adquisiciones de bienes y servicios, 20 son de obra pública o servicios relacionados con la misma. Todos estos contratos representan el 0.017 por ciento del monto total de los contratos otorgados por el Gobierno Federal, considerando el periodo del 1o. de diciembre de 2012 al 31 de marzo de 2015.

Los contratos fueron celebrados con 15 dependencias o entidades de la Administración Pública Federal, por lo que se ordenó por parte de la Secretaría de la Función Pública iniciar un expediente de investigación respecto de cada dependencia o entidad para investigar si en el otorgamiento de los citados contratos existió algún conflicto de interés o alguna influencia indebida para otorgarlos de parte de cualquier servidor público.

En estos 15 expedientes se investigó la conducta de 111 servidores públicos que intervinieron en alguno de los 33 contratos ya referidos.

Dichos expedientes están identificados con los números DGDI/031/2015 a DGDI/044/2015 y el DGDI/050/2015.

Analicemos ahora el concepto de conflicto de interés conforme a las leyes mexicanas, una vez narrados los hechos y las bases de la investigación.

Para estar en condiciones de exponerles el resultado de los 17 expedientes de investigación iniciados que están conformados por casi 60 mil fojas, es indispensable primero hacer el análisis de qué constituye conflicto de interés conforme a las leyes mexicanas.

El artículo 8, fracción XII, párrafo segundo de la Ley Federal de Responsabilidades Administrativas de los Servidores Públicos señala textualmente lo siguiente:

«Habrá intereses en conflicto cuando los intereses personales, familiares o de negocios del servidor público puedan afectar el desempeño imparcial de su empleo, cargo o comisión».

De lo anterior se desprende que los elementos básicos del conflicto de interés son los siguientes:

Primero.- Que en el ejercicio de las atribuciones propias del cargo de cada servidor público se demuestre que hubo una actitud parcial.

Segundo.- Que la actuación parcial del servidor público se encuentre motivada por intereses personales, familiares o de negocios.

Tercero.- Que la actuación parcial afecte el buen desempeño de la Administración Pública o del ejercicio de su cargo.

De esta forma, lo central en el conflicto de interés es acreditar que hubo actuación parcial de servidor público en el ejercicio de sus propias atribuciones, de otra forma no se incurre en conflicto de interés.

Por otra parte, las obligaciones que la ley impone a todo servidor público para no incurrir en conflicto de interés son las previstas en las fracciones XI, XII, XIII, XXII y XXIII del citado artículo 8.

En ese sentido, es el artículo 8 de la Ley Federal de Responsabilidades Administrativas de los Servidores Públicos el que establece de acuerdo con las leyes mexicanas qué se entiende por conflicto de interés y cuáles son las conductas que a su vez lo materializan en el sentido del deber que tienen los servidores públicos para atenerse a la ley de acuerdo con este artículo.

En consecuencia, incumplir alguna de las obligaciones señaladas en el artículo 8 podría implicar la existencia de conflicto de interés.

De las citadas fracciones se desprenden las siguientes obligaciones:

Primero.- Excusarse de intervenir en la atención, trámite o resolución de asuntos a su cargo en los que tenga interés personal, familiar o de negocios.

Segundo.- Abstenerse durante el tiempo en que es servidor público de solicitar, aceptar o recibir dinero o bienes en precio notoriamente inferior al que tenga en el mercado de personas que estén directamente vinculadas, reguladas o supervisadas por el servidor público. Esto puede ampliarse a que si existe una relación contractual previa a ser servidor público, no se haya modificado dicha relación contractual por virtud del cargo y además, que se trate de personas vinculadas, reguladas o supervisadas directamente por el servidor público.

Tercera obligación para evitar Conflicto de Interés: Desempeñar el cargo sin obtener o pretender obtener beneficios adicionales a su sueldo.

Cuarta obligación: Abstenerse de inducir a otro servidor público para que efectúe, retrase u omita realizar algún acto y que esto genere la obtención de un beneficio, provecho o ventaja.

De esta forma, con base en dicho marco legal, en cada uno de los expedientes iniciados ante esta Secretaría para determinar si existió o no conflicto de interés, se realizó un análisis de las pruebas para determinar si hubo o no violación a las obligaciones impuestas a los servidores públicos que eran materia de investigación. Estos resultados serán expuestos más adelante.

Es importante señalar que en la actuación de la autoridad, la Suprema Corte de Justicia de la Nación sostiene que en Derecho Administrativo Sancionador los principios que rigen son los de estricta aplicación de la Ley, de forma que se prohíbe imponer sanción por analogía o mayoría de razón y la presunción de inocencia, que obliga a que exista una comprobación fehaciente de la conducta violatoria de la Ley.

Una vez establecido el marco legal, analizaremos cada uno de los hechos y adelanto que cada uno de los mismos está documentado y está también acompañado de las pruebas correspondientes a los hechos que aquí se mencionarán.

Primero analizaremos el asunto del inmueble, del cual la señora Angélica Rivera Hurtado celebró contrato de compraventa con reserva de dominio.

En el expediente relacionado con la investigación de este contrato y de este inmueble, quedaron demostrados los hechos siguientes:

1.- Que el 12 de enero de 2012 se celebró entre la empresa Ingeniería Inmobiliaria del Centro, S.A. de C.V. y la señora Angélica Rivera Hurtado, un contrato de compraventa con reserva de dominio sobre un inmueble ubicado en la Calle de Sierra Gorda número 150 y 160, mismos que se encuentran legalmente fusionados con el número 150, en la Colonia Lomas de Chapultepec, Delegación Miguel Hidalgo, en un precio de 54 millones de pesos —reitero: firmado el 12 de enero de

2012— a un plazo de pago de ocho años y con un interés anual de 9 por ciento, que es igual al interés legal previsto por la Ley Civil Federal. Los hechos que acabo de describir en el contrato quedan demostrados, a su vez, con lo siguiente:

Primero: Con la declaración del representante legal de Ingeniería Inmobiliaria del Centro, S.A. de C.V., así como con los documentos presentados por él.

Segundo: Con la declaración de la señora Angélica Rivera Hurtado y con los documentos que anexó; entre ellos, anexó en la indagatoria copia certificada de los 33 cheques y copia simple de tres cheques más expedidos de su cuenta personal a favor de Inmobiliaria del Centro S.A. de C.V., de los cuales se desprende que el primer pago se realizó el día 12 de enero de 2012 y se realizaron los pagos posteriores de acuerdo a las obligaciones que se estipularon originalmente en el contrato. Incluso se hizo un pago de arrendamiento en términos de un convenio de terminación del contrato de compraventa que narraré más adelante.

Con el oficio 214-4/881608/2015, la Comisión Nacional Bancaria y de Valores comprueba, respecto de los cheques de Scotiabank Inverlat S.A. de C.V., de 17 de agosto de 2015, en dicho documento anexa lo 36 cheques certificados cobrados que coinciden con los cheques presentados por la señora Angélica Rivera Hurtado ante esta autoridad, es decir, la Comisión Nacional Bancaria y de Valores avala que dichos cheques son auténticos y certificados. Asimismo, se demuestran los hechos del contrato del 12 de enero de 2012.

Con el informe del Registro Público de la Propiedad y de Comercio del Distrito Federal RPPICDARICCRTJUDB5004/2015, mediante el cual informa que el inmueble ubicado en Sierra Gorda con número 160 se encuentra a nombre de Ingeniería Inmobiliaria del Centro S.A. de C.V., lo que es consistente con el convenio de compraventa con reserva de dominio que se celebró con la señora Angélica Rivera, ya que en el mismo se señala que hasta en tanto no se cubra la totalidad del precio pactado por sus intereses, el propietario seguiría siendo la inmobiliaria, es decir, de acuerdo con el Código Civil, no pasaría a formar parte del patrimonio de la señora Angélica Rivera Hurtado, sino hasta el pago total del inmueble.

Se demuestra que en términos del contrato de compraventa a diciembre de 2014, la señora Angélica Rivera Hurtado había pagado a Ingeniería Inmobiliaria del Centro S.A. de C.V., mediante 35 cheques de su cuenta personal la cantidad de 14 millones 594 mil 031 pesos, y se demuestra que esa cantidad fue únicamente aplicada a los intereses generados por el contrato, ya que las partes convinieron que durante los tres primeros años los pagos sólo se aplicarían a intereses.

En el expediente se incluye también el hecho y los documentos correspondientes a que la señora Angélica Rivera Hurtado ha trabajado como actriz, de donde provienen los recursos que conforman su patrimonio, entre ellos, los que tiene en su cuenta personal de donde emitió los cheques ya referidos. Además de su declaración, este hecho quedó demostrado con lo siguiente:

Con la declaración del representante legal de Televisa Talento S.A. de C.V., que en síntesis dijo lo siguiente:

Que la señora Angélica Rivera Hurtado tuvo una relación contractual de carácter civil y de propiedad intelectual con Televisa Talento S.A. de C.V. desde la década de los 90, principalmente para la presentación de servicios de actuación y/o interpretación artística.

Que dicha relación concluyó mediante un convenio de terminación de fecha 25 de junio de 2010, por el cual se acordó pagarle la cantidad de 88 millones 631 mil 200 pesos, más el Impuesto al Valor Agregado, así como una casa en Paseo de las Palmas, colonia Lomas de Chapultepec.

El convenio de terminación certificado fue presentado por el representante legal de Televisa Talento, S.A. de C.V.

Asimismo, están los cheques de caja certificados que fueron remitidos a esta autoridad por la Comisión Nacional Bancaria y de Valores mediante oficio 214-4/881602/2015, mismos que se acompañan del escrito de Banco Santander del 6 de agosto de 2015 y que coinciden con los montos establecidos en el convenio de terminación de la relación contractual entre la señora Angélica Rivera Hurtado y Televisa Talento, S.A. de C.V.

Se encuentra también en el expediente la copia certificada de las declaraciones de impuestos hechas por la señora Angélica Rivera Hurtado ante el Servicio de Administración Tributaria, en donde declaró ingresos acumulables en el año 2010, último año de su relación contractual con Televisa Talento, S.A. de C.V. por la cantidad de 130 millones 601 mil 48 pesos. De dichas copias se desprende que pagó por concepto de Impuestos Sobre la Renta la cantidad de 39 millones 136 mil 165 pesos, que comprenden impuestos retenidos y pagados efectuados. En el expediente obran las constancias de retención respectivas. También queda demostrado un hecho adicional respecto del inmueble en comento.

Con fecha 11 de diciembre de 2014 Ingeniería Inmobiliaria del Centro, S.A. de C.V. y la señora Angélica Rivera Hurtado celebraron de mutuo acuerdo un convenio de terminación del contrato de compraventa sobre el inmueble ubicado en la calle de Sierra Gorda, del que se desprende que la señora Angélica Rivera Hurtado regresó la posesión del inmueble a Ingeniería Inmobiliaria del Centro, S.A. de C.V. Debemos recordar que la señora Angélica Rivera Hurtado tuvo la posesión, pero nunca hubo transmisión de propiedad por ser un contrato de compraventa con reserva de dominio. Que en virtud de este acuerdo de terminación del contrato la señora Angélica Rivera Hurtado debía pagar la renta por el tiempo que tuvo la posesión del inmueble, por lo que pagó 10 millones 500 mil pesos en relación con ello, y que la inmobiliaria se comprometía a regresar los pagos realizados por la compradora con sus intereses.

Todo lo anterior se encuentra corroborado con lo siguiente: con el informe rendido por la Comisión Nacional Bancaria y de Valores, en el cual anexa copia del cheque expedido por la señora Angélica Rivera Hurtado a favor de Ingeniería Inmobiliaria del Centro, S.A. de C.V. por concepto de arrendamiento por una cantidad de 10 millones 500 mil pesos; con las declaraciones del representante legal de Ingeniería Inmobiliaria del Centro, S.A. de C.V. y de la señora Angélica Rivera Hurtado; con la copia del estado de cuenta de la señora Angélica Rivera Hurtado en Scotiabank Inverlat, en el que se constata que el cheque referido fue cobrado en el mes de diciembre de 2014, y con copias certificadas del convenio de terminación aportados por quienes lo celebraron.

Y con este hecho la señora Angélica Rivera Hurtado dejó de ser la poseedora del inmueble de Sierra Gorda desde diciembre de 2014.

Vayamos ahora al análisis de los hechos y la descripción de la documentación en relación con la propiedad del señor Luis Videgaray Caso en el Municipio de Malinalco.

En el expediente quedó demostrado lo siguiente:

Número uno, que el 10 de octubre de 2012 el señor Luis Videgaray Caso celebró con la empresa Bienes Raíces HIG, S.A. de C.V., un contrato de compraventa del inmueble ubicado en el lote número 15, manzana 5, del fraccionamiento Club de Golf Malinalco, en el municipio de Malinalco, Estado de México, en un precio de 7 millones 500 mil pesos a un plazo de 18 años y con un interés anual pactado del 5.31 por ciento; y a su vez celebró otro contrato de arrendamiento del terreno colindante identificado con el número 16 de la manzana 5 del fraccionamiento Club de Golf Malinalco, municipio de Malinalco, por un plazo de tres años.

Quedó demostrado que en términos del contrato de compraventa la liquidación de la operación de compraventa del inmueble que nos ocupa que realizó como sigue:

Al 31 de enero de 2014 se acredita que el señor Luis Videgaray Caso había pagado de su patrimonio la cantidad de un millón 344 mil 716 pesos por conceptos de anticipo, abono a capital e interés.

Se acreditó que al momento de celebrar el contrato de compraventa transmitió la propiedad de tres obras de arte valuadas en ese tiempo en un monto de 2 millones 452 mil 492 pesos y que le fueron recibidas por el vendedor en un monto de 2 millones 250 mil pesos, menos las retenciones de los impuestos conforme a la ley, por lo que quedó un monto de un millón 800 mil pesos para ser aplicado al contrato de compraventa y al arrendamiento del lote contiguo.

Asimismo, se comprobó ante esta autoridad con copia certificada de la declaración de conclusión de situación patrimonial del señor Luis Videragay Caso, por su cargo de diputado federal, presentada el 31 de mayo de 2011, que las obras pictóricas señaladas eran de su propiedad y que las tenía declaradas ante la Auditoría Superior de la Federación.

El 31 de enero de 2014, el señor Luis Videgaray Caso cubrió anticipadamente a Bienes Raíces HIG el adeudo insoluto del contrato de compraventa por la cantidad de 6 millones 601 mil 349 pesos, acreditándose que fue con recursos de su patrimonio, ya que esta autoridad lo corroboró con el informe de la Comisión Nacional Bancaria y de Valores que obra en el oficio número 214-4/881601/2015, mediante el cual remite copia certificada del cheque expedido de su cuenta bancaria y a favor del vendedor por la cantidad señalada.

Analicemos ahora los hechos del inmueble del señor Enrique Peña Nieto en el municipio de Ixtapan de la Sal.

En el expediente quedó demostrado lo siguiente:

Que en sus declaraciones patrimoniales presentadas ante esta Secretaría y desde su declaración inicial, el ciudadano Enrique Peña Nieto ha manifestado ser propietario de un inmueble en el fraccionamiento conocido como Club de Golf Gran Reserva Ixtapan de la Sal.

Que el inmueble referido consta de tres lotes identificados con los números 7, 8 y 9 que conforman una unidad con una casa-habitación y mejoras, el lote número 9 fue adquirido el 27 de diciembre de 2005 y los lotes números 7 y 8 el 18 de agosto de 2006.

Queda demostrado que las compraventas se formalizaron en escritura pública con fecha 18 de agosto de 2011.

Lo anterior se encuentra a su vez corroborado con los siguientes elementos de prueba:

Prueba documental pública consistente en las declaraciones patrimoniales presentadas ante esta Secretaría por el licenciado Enrique Peña Nieto; oficio 210A00000355/2015 de la Secretaría de la Contraloría del Estado de México, que confirma que el ciudadano Enrique Peña Nieto manifestó, dentro de su patrimonio, en el año 2005 ser propietario de un bien inmueble ubicado en el Club de Golf Gran Reserva, en Ixtapan de la Sal, Estado de México.

Oficio 210-A-00000377/2015 de la Secretaría de la Contraloría del Estado de México, en el que confirma que el ciudadano Enrique Peña Nieto manifestó, dentro de su patrimonio, en el año 2006, ser propietario de los inmuebles identificados como Lote 7 y 8, en el Club de Golf Gran Reserva, en Ixtapan de la Sal, Estado de México.

Escritura Pública número 20879 del 18 de agosto de 2011, que formaliza la compraventa del Lote número 7; Escritura Pública número 20880 del 18 de agosto de 2011, que formaliza la compraventa del Lote número 8; Escritura Pública número 20881 del 18 de agosto de 2011, que formaliza la compraventa del Lote número 9.

Estos son los hechos vinculados con los tres inmuebles que acabamos de comentar.

Ahora analizaremos los resultados específicos de la investigación relacionando los hechos y los tiempos de los contratos de bienes inmuebles con los elementos encontrados en los Procesos de Licitación de los contratos con el Gobierno Federal y particularmente el tipo de participación que tuvieron los servidores públicos en los Procesos de Asignación de dichos contratos.

Respecto del licenciado Enrique Peña Nieto, en los expedientes de investigación números DGDI-031/2015 a DGDI-044/2015 y el DGDI-050/2015 se interrogó a 111 servidores públicos que intervinieron en los contratos de Servicios u Obras Públicas otorgados a las empresas vinculadas con el señor Juan Armando Hinojosa Cantú y Ricardo Arturo San Román Dunne.

En todos los casos, los servidores públicos declararon, bajo protesta de decir verdad, que no se les ordenó resolver de alguna manera el procedimiento, así como que no tenían ningún interés personal, familiar o de negocios con la empresa adjudicada.

Asimismo, se analizó en cada expediente que los servidores públicos que participaron en cada contratación, se analizó que no tuvieran relación personal, familiar o de negocios con los contratistas. En este análisis se incluyó la declaración de cada uno de ellos sobre posible Conflicto de Interés y con base en el análisis y en la documentación existente, dichos servidores públicos tampoco incurrieron en ningún Conflicto de Interés en lo particular.

Como se señaló, de acuerdo con las Leyes mexicanas, para que exista Conflicto de Interés es necesario demostrar la violación a la imparcialidad en el actuar público del servidor investigado y que la parcialidad en que incurra esté relacionada con las atribuciones que la Constitución y las Leyes le señalan. Del análisis del artículo 89 de la Constitución Política de los Estados Unidos Mexicanos se desprende que al Presidente de la República no le corresponde intervenir en contrataciones de Obra Pública, Arrendamiento o Servicios, lo cual se ve corroborado con el

Oficio CGA-011/2015 del Coordinador General de Administración de la Oficina de la Presidencia de la República, en el que informa que el licenciado Enrique Peña Nieto no ha participado en ningún Proceso de Contratación.

Adicionalmente, se corrobora que no hubo ninguna participación del licenciado Enrique Peña Nieto en el otorgamiento de los contratos con las declaraciones de los 111 servidores públicos que participaron en los Procesos de Contratación, lo que tiene valor probatorio, en virtud de lo dispuesto por el Código Federal de Procedimientos Civiles de Aplicación Supletoria en estos casos, en términos del artículo 47 de la Ley Federal de Responsabilidades Administrativas de los Servidores Públicos.

Ahora bien, por cuanto hace a las obligaciones que a todo servidor público federal le imponen las fracciones 11a, 12a, 13a, 22a y 23a del artículo 8 de la Ley Federal de Responsabilidades Administrativas de los Servidores Públicos, es pertinente señalar lo siguiente respecto del licenciado Enrique Peña Nieto:

Respecto de la conducta establecida en la Fracción 11a del artículo 8 de la Ley Federal de Responsabilidades Administrativas de los Servidores Públicos, y con base en los hechos demostrados, el Presidente de la República no intervino en ningún proceso de contratación, por lo tanto, no era jurídicamente posible que se excusara de intervenir en los mismos ya que en dichos procesos él no forma parte conforme a sus atribuciones constitucionales ni legales. La excusa a que se refiere esta obligación de ley, el hecho de excusarse se da cuando se participa directamente en el acto de atención, trámite o resolución de asuntos, lo que no sucedió, tal y como se demuestra, del análisis de todos y cada uno de los procesos de contratación en los que no se desprende participación alguna del Presidente de la República, y que se corrobora con las 111 declaraciones que obran en los expedientes de investigación, en donde los servidores públicos que participaron en las contrataciones señalaron que no recibieron instrucción alguna.

Respecto de la fracción XII, esta fracción obliga a los servidores públicos a abstenerse de solicitar aceptar o recibir dinero, bienes muebles o inmuebles, en precio notoriamente inferior al que tenga en el mercado ordinario, así como donaciones, servicios o empleos que procedan de persona cuyas actividades se encuentren directamente vinculadas reguladas o supervisadas por el servidor público.

Ningún contratista se encuentra directamente vinculado, regulado o supervisado por el Presidente de la República, no le corresponde conforme a la ley participar en contrataciones o en la supervisión de la ejecución de dichos contratos.

Adicionalmente, durante el tiempo del encargo del Presidente de la República, ni él ni su esposa han adquirido bien inmueble alguno y además se encuentran corroborados con las documentales públicas y privadas los siguientes elementos:

La casa ubicada en la calle de Sierra Gorda fue materia de una compraventa el 12 de enero de 2012, en donde la compradora fue la señora Angélica Rivera Hurtado y los pagos acordados fueron hechos de su patrimonio y de su cuenta personal, como está establecido en las documentales públicas consistentes en los cheques certificados y remitidos a esta autoridad por la Comisión Nacional Bancaria y de Valores, expedidos a favor de la parte vendedora Ingeniería Inmobiliaria del Centro S.A. de C.V.

El contrato de compraventa original no fue modificado en ningún momento, por lo que no se desprende que hubiese un cambio de condiciones a favor de la señora Angélica Rivera Hurtado a partir de que su esposo inició su encargo como Presidente de la República.

Se acreditó que el patrimonio con los cuales fueron hechos los pagos de la compraventa proviene de la cuenta personal de la señora Angélica Rivera Hurtado, lo que se encuentra plenamente acreditado mediante distintas documentales públicas que ya han sido referidas anteriormente.

En el patrimonio de la señora Angélica Rivera Hurtado, la adquisición del inmueble era un pasivo porque fue con reserva de dominio, además de que los primeros tres años fueron pagados solamente intereses.

La obligación en términos de conflicto de interés, de acuerdo con las leyes mexicanas, está referida a los servidores públicos en activo y no a particulares. Cuando se celebró el contrato de compraventa ni el señor Enrique Peña Nieto ni la señora Angélica Rivera Hurtado eran servidores públicos.

En relación con el inmueble ubicado en el Municipio de Ixtapan de la Sal se comprobó que el mismo fue adquirido con anterioridad a que fuere servidor público federal el señor Enrique Peña Nieto y que estaba incorporado a su patrimonio previamente, lo que declaró ante la Secretaría de la Contraloría del Estado de México en sus declaraciones correspondientes a los años 2005 y 2006, además de ser declarado desde el inicio de su encargo como Presidente de la República ante la autoridad.

Por lo anterior se demostró que ni el señor Enrique Peña ni su esposa adquirieron bien inmueble alguno con posterioridad a tomar posesión como Presidente de la República, de acuerdo con las declaraciones patrimoniales correspondientes y además ello incluye el hecho de que su esposa tampoco adquirió bien inmueble alguno con dicha posterioridad. Tampoco se modificaron en forma alguna los contratos de compraventa previamente firmados después del 1o. de diciembre de 2012. Esta razón no actualiza violación a la obligación contenida en la fracción XII del artículo 8 de la Ley Federal de Responsabilidades Administrativas de los Servidores Públicos.

Analicemos ahora el caso de la fracción XIII. De acuerdo con la fracción XIII se obliga a los servidores públicos a desempeñar su empleo, cargo o comisión sin obtener o pretender obtener beneficios adicionales a las contraprestaciones comprobables que el Estado le otorga.

Como se señaló con anterioridad, ni el licenciado Enrique Peña Nieto ni su esposa adquirieron inmueble alguno con posterioridad al inicio del cargo del primero como Presidente de la República. Tampoco se modificaron los términos de ningún contrato de compraventa que pudiera significarle a cualquiera de las dos personas referidas algún beneficio. En autos se comprobó plenamente que los inmuebles de Ixtapan de la Sal fueron adquiridos con siete y seis años de antelación a que fuere servidor público federal el señor Enrique Peña Nieto y la casa materia de la compraventa con reserva de dominio celebrada por la señora Angélica Rivera Hurtado estaba siendo pagada con el patrimonio exclusivo de la señora y conforme a los términos del contrato de compraventa, lo cual está demostrado con documentales públicas que corroboran el contrato privado de compraventa y las declaraciones de las partes sobre dicho contrato. Por lo anterior, está corroborado que no se obtuvo ni se pretendió obtener ningún beneficio adicional a las contraprestaciones comprobables que el Estado otorga en la calidad de servidor público.

Analicemos ahora la fracción XXII. Esta fracción impone la obligación de los servidores públicos de abstenerse de usar su posición para inducir a otro servidor público a efectuar, retrasar u omitir algún acto de su competencia que le reporte un beneficio, provecho o ventaja.

Con los 15 expedientes de investigación, con números DGDI/031 /2015 a DGDI/044/2015 y el DGDI/050/2015, se demostró que a los servidores públicos que participaron en las contrataciones no se les ordenó resolver de alguna manera el procedimiento. Adicionalmente como quedó demostrado de acuerdo al expediente no hubo beneficio, provecho o ventaja en los contratos de compraventa de los inmuebles previamente adquiridos, ya que precisamente dichos contratos fueron celebrados con anterioridad a que el licenciado Enrique Peña Nieto fuera servidor público federal y sin haber sido modificados en forma alguna. En relación con los inmuebles de Ixtapan de la Sal se demostró que los había adquirido con anterioridad a ser servidor público federal y los declaró como parte de su patrimonio ante la Secretaría de Contraloría del Estado de México, cumpliendo así su obligación de declarar su patrimonio, y en relación con la casa materia de la compraventa con reserva de dominio de la señora Angélica Rivera Hurtado, se determinó que el contrato se celebró el 12 de enero de 2012 entre dos particulares y que se venía cumpliendo el pago acordado en los términos del contrato original hasta la fecha de su terminación en diciembre de 2014.

Se encuentra acreditado con los expedientes de referencia que no hubo ninguna participación del licenciado Enrique Peña Nieto en los procedimientos de contratación, lo que excluye la existencia, beneficio, provecho o ventaja, razón por la que no hubo violación a la obligación impuesta en esta fracción.

Analicemos ahora el caso de la fracción XXIII del artículo 8. Esta fracción prevé la obligación de los servidores públicos de abstenerse de adquirir bienes inmuebles que podían incrementar su valor o que mejoren sus condiciones como resultado de la realización de obras o inversiones públicas o privadas que haya autorizado o tenido conocimiento.

Debe decirse que al haberse realizado las compraventas de los inmuebles con anterioridad a que el licenciado Enrique Peña Nieto fuera servidor público federal ni él ni su esposa realizaron dichas operaciones que establece esta fracción con el objeto de que los inmuebles tuvieran mejoras en sus condiciones como resultado de la realización de obras o inversiones públicas o privadas que haya autorizado o tenido conocimiento con motivo de su empleo, cargo o comisión, pues no tenía el carácter de Presidente de la República cuando sucedieron dichas compraventas y, por ende, con base en los elementos del expediente no autorizó ni tuvo conocimiento de ninguna obra o inversión que pudiera mejorar las condiciones de dichos inmuebles. Por lo anterior, no existió violación a la obligación prevista en la fracción XXIII del artículo 8 de la Ley Federal de Responsabilidades Administrativas de los Servidores Públicos.

Vamos al caso del doctor Luis Videgaray Caso.

En los expedientes de investigación números DGDI031/2015 a DGDI044/2015 y el DGDI050/2015, se interrogó a 111 servidores públicos que intervinieron en los contratos de servicios u obras públicas otorgados a las empresas vinculadas con el señor Juan Armando Hinojosa Cantú.

En todos los casos los servidores públicos declararon que no se les ordenó resolver de alguna manera el procedimiento, así como que no tenían ningún interés personal, familiar o de negocios con la empresa adjudicada.

Asimismo, se analizó en cada expediente que los servidores públicos que participaron en cada contratación no tuvieran relación personal, familiar o de negocios con los contratistas, por lo que dichos servidores públicos tampoco incurrieron en ningún conflicto de interés.

Como se señaló, para que exista conflicto de interés es necesario demostrar que se viola la imparcialidad en el actuar público del servidor investigado y que la parcialidad en que incurra esté relacionada con las atribuciones que la constitución y las leyes le señalan. En los expedientes está demostrado que el doctor Luis Videgaray Caso no intervino en ninguno de los Procedimientos de Contratación del caso, por lo que no se le imputa falta de imparcialidad o actitud parcial a favor de alguien en estos contratos.

Adicionalmente, se corrobora que no hubo ninguna participación del doctor Luis Videgaray Caso en el otorgamiento de los contratos, con las declaraciones de los 111 servidores públicos que participaron en los Procesos de Contratación, lo que tiene el valor probatorio a que se refiere el Código Federal de Procedimientos Civiles de aplicación supletoria, en términos del artículo 47 de la Ley Federal de Responsabilidades Administrativas de los Servidores Públicos.

Ahora, por cuanto hace a las obligaciones que a todo servidor público federal le imponen las Fracciones XI, XII, XIII, XXII y XXIII del artículo 8 de la Ley Federal de Responsabilidades Administrativas de los Servidores Públicos, es pertinente señalar lo siguiente y procedemos al análisis de cada Fracción, como legalmente corresponde:

Respecto de la Fracción XI: el doctor Luis Videgaray Caso, en su carácter de Secretario de Hacienda y Crédito Público, no intervino en ningún Proceso de Contratación. Por tanto, no era jurídicamente aplicable la cláusula de que se excusara de intervenir en los mismos porque, como se dijo con anterioridad, la excusa a que se refiere esta obligación de Ley se tiene que dar cuando se participa directamente en la atención, trámite o resolución de asuntos, lo que no sucedió, tal y como se demuestra en el análisis de todos y cada uno de los Procesos de Contratación en los que no se desprende participación alguna del doctor Luis Videgaray Caso y que se corrobora con las 111 declaraciones que obran en los expedientes de investigación, en donde los servidores públicos que participaron en las contrataciones señalaron que no recibieron instrucción alguna.

Respecto de la Fracción XII, esta Fracción obliga a los servidores públicos a abstenerse de solicitar, aceptar o recibir dinero, bienes muebles o inmuebles, en precio notoriamente inferior al que tengan en el mercado ordinario, así como donaciones, servicios o empleos que procedan de persona cuyas actividades se encuentren directamente vinculadas, reguladas o supervisadas por el servidor público.

Dentro de las atribuciones legales del Secretario de Hacienda y Crédito Público no está regulado supervisar a contratistas del Gobierno Federal, lo que se corrobora con el hecho de que ninguna participación tuvo en los contratos otorgados a las empresas del caso.

Adicionalmente, durante el tiempo del encargo del doctor Luis Videgaray como Secretario de Hacienda y Crédito Público, no ha adquirido inmueble alguno, como se corrobora en su Declaración Patrimonial presentada ante esta Secretaría. El contrato de compraventa del bien inmueble se realizó el 10 de octubre de 2012 y fue pagado en los términos referidos, lo cual quedó demostrado ya que el pago se realizó con el patrimonio que tenía declarado el doctor Luis Videgaray Caso cuando era Diputado Federal o con el patrimonio declarado como Secretario de Hacienda y Crédito Público ante esta Secretaría, como lo es el cheque emitido de su cuenta bancaria personal.

Los términos del contrato de compraventa no fueron modificados en ningún momento, por lo que no se desprende que hubiese un cambio de condiciones a favor del doctor Luis Videgaray Caso, a partir de que tomó posesión como Secretario de Hacienda y Crédito Público.

La obligación, en relación con los Conflictos de Interés, está referida a los servidores públicos en activo y no a particulares, como cuando se celebró el contrato de compraventa del señor Luis Videgaray respecto del inmueble referido.

Por lo anterior, no existió violación a la obligación impuesta en la fracción XII del artículo 8 de la Ley Federal de Responsabilidades Administrativas de los Servidores Públicos.

Respecto de la fracción XIII, esta fracción obliga a los servidores públicos a desempeñar su empleo, cargo o comisión sin obtener o pretender obtener beneficios adicionales a las contraprestaciones comprobables que el Estado le otorga.

Como se señaló con anterioridad, el doctor Luis Videgaray Caso no adquirió el inmueble siendo servidor público ni tampoco se modificaron los términos del contrato de compraventa que pudiera significarle algún beneficio.

Se comprobó que el contrato de compraventa se celebró el 10 de octubre de 2012 y que los pagos fueron hechos con el patrimonio del doctor Luis Videgaray, que tenía declarado ante las autoridades respectivas, tanto en su carácter de diputado federal como en su carácter de Secretario de Hacienda y Crédito Público. Con ello queda demostrado que no se obtuvo ni se pretendió obtener beneficios adicionales a las contraprestaciones que como servidor público le corresponden.

Respecto de la fracción XXII, esta fracción impone la obligación de los servidores públicos de abstenerse de usar su posición para inducir a otro servidor público a efectuar, retrasar u omitir algún acto de su competencia que le reporte un beneficio, provecho o ventaja.

Con los 15 expedientes de investigación con los números DGDI31/2015 a DGDI44/2015 y DGDI50/2015 se demostró que a los servidores públicos que participaron en las contrataciones no se les ordenó resolver de alguna manera el procedimiento, adicionalmente se demostró que no hubo beneficio, provecho o ventaja en el contrato de compraventa del inmueble que previamente había celebrado con anterioridad al 1 de diciembre de 2012.

Se encuentra acreditado con los expedientes de referencia que no hubo participación indebida del doctor Luis Videgaray Caso en los procedimientos de contratación de obras o servicios, lo que excluye la existencia de cualquier beneficio, provecho o ventaja, razón por la que no hubo violación a la obligación impuesta en esta fracción.

Fracción XXIII, en relación con el doctor Luis Videgaray Caso. Esta fracción prevé la obligación de los servidores públicos de abstenerse de adquirir bienes inmuebles que pudieran incrementar su valor o que mejoren sus condiciones, como resultado de la realización de obras o inversiones públicas o privadas, que haya autorizado o tenido conocimiento.

Al haberse realizado la compraventa del inmueble con anterioridad a que el doctor Luis Videgaray Caso fuera servidor público federal, no realizó dicha operación con el objeto de que el inmueble tuviera mejoras en sus condiciones como resultado de la realización de obras o inversiones públicas o privadas que haya autorizado o tenido conocimiento, con motivo de su empleo, cargo o comisión, pues en aquel entonces no tenía el carácter de Secretario de Hacienda y Crédito Público cuando sucedió la compraventa y por ende, no autorizó ni tuvo conocimiento de ninguna obra o inversión que pudiera mejorar las condiciones de dicho inmueble. Por lo anterior, no existió violación a la obligación prevista en la fracción XXIII del artículo 8 de la Ley Federal de Responsabilidades Administrativas de los Servidores Públicos.

Pasemos ahora a las conclusiones del caso.

Por todo lo expuesto, esta Secretaría, por conducto de las unidades administrativas competentes, determinó que no existió por parte del *licenciado Enrique Peña Nieto* responsabilidad en relación con el artículo 8 de la Ley Federal de Responsabilidades Administrativas de los Servidores Públicos en sus fracciones XI, XII, XIII, XXII y XXIII. Para adoptar esta determinación se investigó también la conducta de *la señora Angélica Rivera Hurtado* en su carácter de particular por estar casada con el servidor público, lo que permitió concluir que el Presidente de la República no incurrió en violación de las obligaciones que le impone el precitado artículo, ya que se comprobó la legal existencia del contrato de compraventa con reserva de dominio de la casa de Sierra Gorda 150, el cual fue celebrado antes de su carácter como servidor público federal el señor Enrique Peña Nieto. Se comprobaron también el pago de las obligaciones derivadas de dicho contrato hasta que se dio por terminado en forma anticipada el 11 de diciembre de 2014 y quedó comprobado que dichos pagos se realizaron con el patrimonio de la particular, mismo que provenía de su cuenta bancaria, en donde se depositaron los recursos derivados de su trabajo. Se acreditó que con motivo del inicio del encargo del licenciado Enrique Peña Nieto como Presidente de la República no hubo modificación alguna a los términos originales del contrato de compraventa con reserva de dominio del inmueble que implicara condiciones favorables derivadas del carácter de esposa del servidor público.

Asimismo, se resolvió que *el doctor Luis Videgaray Caso*, en su carácter de Secretario de Hacienda y Crédito Público, no incurrió en violación de las obligaciones previstas en las fracciones XI, XII, XIII, XXII y XXIII del artículo 8 de la Ley Federal de Responsabilidades Administrativas de los Servidores Públicos.

También se determinó que no existe conflicto de interés, ya que ni el licenciado Enrique Peña Nieto ni el doctor Luis Videgaray Caso incurrieron en alguna acción parcial relacionada con las atribuciones legales que les corresponden, ni participaron de forma alguna en los contratos celebrados con el Gobierno Federal y que ya se han referido.

En virtud de que en este caso el compromiso es hacerlo plenamente transparente, he decidido poner a disposición los expedientes de investigación al público en general y no restringir el acceso a solo un grupo de expertos,

Lo anterior con el propósito de que cualquier ciudadano interesado pueda revisar la investigación referida y conocer también a detalle los pormenores de la misma, así como la documentación relacionada en sus actuaciones.

EL LADO OSCURO DE VIRGILIO

¿La investigación de Virgilio Andrade Martínez sobre las propiedades de Angélica Rivera fue un montaje? ¿Un plan urdido para despejar las dudas en torno a la legalidad de las adquisiciones de la familia presidencial y el entonces secretario de Hacienda? ¿Quién es en realidad este hombre que de pronto acaparó la atención pública con su peculiar misión?

Virgilio Andrade es hijo nada menos que de Virgilio Andrade Palacios, miembro del equipo de abogados del corrupto líder sindical de los petroleros, Carlos Romero Deschamps. Con semejante estirpe familiar, ¿qué podíamos esperar? Peor aún, durante unos años fue asesor de Ana Paula Gerard, esposa de Carlos Salinas de Gortari, cuando era secretaria técnica de su gabinete económico.

Pero para comprender mejor al personaje hay una mujer clave en su vida, que además fue testigo excepcional de aquel momento en que se desarrolló la investigación encomendada por Peña Nieto. Se trata de Nayeli Martínez, pareja extramarital de Virgilio Andrade durante cinco años y con quien tiene un hijo.

Nayeli, médica cirujana y maestra en administración militar por la Universidad del Ejército y la Fuerza Aérea, y Virgilio, abogado, vivían su propia historia de amor. Iniciaron su relación en 2010, cuando ella era asesora de seguridad y fungía como enlace entre las Fuerzas Armadas y el gobierno del Distrito Federal. Él la fue conquistando con sus detalles. Nayeli se ilusionó profundamente y, a pesar de que era casado, empezaron una intensa relación amorosa.

Virgilio, como acostumbran algunos funcionarios mexicanos, colocó a su pareja en puestos de la administración pública: primero en la Secretaría de Desarrollo Social (Sedesol) y luego en la de Desarrollo Agrario, Territorial y Urbano (Sedatu). Emocionada, Nayeli se convirtió en la directora de Organización y Aplicación de Recursos en la Dirección General de Organización y Evaluación del Fondo para el Desarrollo Regional Sustentable de Estados y Municipios Mineros, con nivel salarial MA1, que le representaba un ingreso mensual de 80 mil pesos. Además, se le apoyó con una beca para estudiar un doctorado en la Universidad Anáhuac y se le asignó un chofer. Andarde le pidió el «favor» a su amigo Emilio Zebadúa para contratar a su pareja extramarital. Zebadúa fue oficial mayor primero de la Sedesol y después de la Sedatu.

Todo iba viento en popa; el amor entre ellos crecía y más a raíz del nacimiento de su hijo, el 9 de agosto de 2013, un niño que fue reconocido por Virgilio, quien por ese entonces era titular de la Comisión Federal de Mejora Regulatoria (Cofemer) gracias a su amistad con Luis Videgaray y Enrique Peña Nieto.

No obstante, las cosas cambiaron a partir de su nombramiento como secretario de la Función Pública. El poder, el dinero, la exposición pública transformaron al hombre del que Nayeli se había enamorado. Virgilio inició una nueva etapa en su vida, marcada por el vértigo del poder que marea a algunos seres humanos y les hace perder piso.

En el ámbito personal, el funcionario empezó a tener actitudes agresivas hacia su pareja. Nayeli, luego de sufrir todo tipo de violencia: psicológica, económica, sexual, intrafamiliar y hasta amenazas de muerte, decidió interponer en enero de 2016 una denuncia ante la Fiscalía Especial para los Delitos de Violencia contra las Mujeres y Trata de Personas (Fevimtra) de la Procuraduría General de la República (PGR).

Con gran valor y entereza, Nayeli buscaba al mismo tiempo defender los derechos de su pequeño hijo e interpuso una denuncia para exigir una pensión alimenticia. Eso enfureció más a Virgilio, que intensificó los ataques en su contra. Su cómplice, dice Nayeli en entrevista, fue Emilio Zebadúa, quien empezó a ejercer presiones sobre ella en el trabajo para que renunciara; incluso la aislaron trasladándola a una oficina vacía. Además, su salario se redujo drásticamente sin explicación oficial: de 80 mil a 30 mil pesos, y le quitaron la beca y el chofer.

Desesperada, Nayeli acudió a algunos medios de comunicación para contar su historia, pero Virgilio Andrade, a través del despacho de abogados Nassar Nassar, solicitó «medidas de apremio» para que los periodistas no publicaran nada de su historia de amor, utilizando el derecho de su hijo menor de edad, con quien ya no convivía y al que no le entregaba pensión.

«Si bien es cierto que pudiéramos considerar que el derecho a la información es un derecho fundamental, también lo es el derecho a la privacidad de las partes, en especial con el objeto de tutelar eficazmente el interés superior del menor; dado el caso, para resolver tal conflicto debemos acudir a los principios que emanan de la teoría de ponderación de principios que establece que cuando dos hechos fundamentales entran en colisión debe resolverse el problema atendiendo a las características y naturaleza del caso concreto», dice el argumento judicial presentado ante el juez décimo noveno de lo Familiar en la Ciudad de México.

Nayeli entonces optó por denunciarlo ante la Secretaría de la Función Pública (SFP), encabezada por el mismo Virgilio, y envió una carta a Roberto Michel Padilla, contralor interno de la SFP, que se supone vigila el cabal cumplimiento del Código de Ética de los funcionarios. La carta, con fecha del 28 de enero de 2016, dice:

> Quiero presentar mi queja formal contra el secretario de la Función Pública, el Maestro Virgilio Andrade Martínez, por uso indebido de su cargo y lo que resulte, por amenazarme, intimidarme y violentarme, ya que en sus funciones de secretario en horarios laborales y muchas veces en su oficina me ha violentado, me ha amenazado de correrme de mi trabajo si me niego a permanecer en la relación que tenemos, me

amenaza con matarme si alguien se entera que tenemos un hijo, y si lo dejo y si inicio algún procedimiento contra él y me dice: «Atrévete, imbécil, a demandarme y verás lo que te pasa». Tenemos una relación de cinco años y a últimas fechas Virgilio Andrade Martínez se ha vuelto más violento, posesivo, controlador, intimidante, amenazante, me ha obligado incluso a tener sexo oral con él en su oficina, aunque lo hemos hecho también en ocasiones con mi consentimiento; es así que, desde los primeros días que fue nombrado secretario de la Función Pública teníamos sexo oral en su oficina, en la parte que tiene su oficina entrando a mano derecha está una puerta donde tiene un sillón y ahí lo hacíamos; me decía que no hiciéramos tanto ruido porque ya le habían dicho que se escuchaba, incluso me comentó que había dado la orden de poner algo ahí para evitar que se escuchara, y recuerdo como una de las fechas más violentas el 15 de septiembre y en noviembre, nuestra relación se tornó violenta, conforme él ascendía, sufro de violencia psicológica, violencia sexual, violencia económica y violencia intrafamiliar; me controla en mi trabajo, ya que desde que iniciamos nuestra relación él no quería que yo trabajara, sin embargo en octubre de 2014 me dejó trabajar pero con un amigo de él, el doctor Emilio Zebadúa González, oficial mayor de la Secretaría de Desarrollo Social, con quien me permitió trabajar y ahí comencé a trabajar, sin embargo en una forma controlada donde yo no puedo participar en nada, me tiene aislada de mis funciones de administración pública, sin embargo asisto todos los días a mis labores y cumplo un horario, pero el aislamiento laboral no cede, por indicaciones de Virgilio Andrade Martínez, desde donde me controla también algunas prestaciones que no se liberan hasta que yo vaya a verlo sólo para controlarme, ofenderme, abusarme, humillarme; nosotros tenemos un hijo de dos años y medio *[se omite su nombre]*. Cuando amenacé con dejarlo o demandar la pensión alimenticia de mi hijo amenaza con matarme, dice que no le importaría ir a la cárcel si yo hago algo, amenaza con correrme de mi trabajo y no permitir que nunca vuelva a la administración pública, refiere que él tiene el control de todas las contralorías internas de la administración pública y podría hacerme pedazos, acabar conmigo como una mosca, por lo cual solicito se aplique la Ley Federal de Servidores Públicos por las amenazas, la intimidación y la violencia que desde su cargo ha ejercido hacia mí y que se me respeten mis derechos de víctima.

Nayeli emprendió así una batalla contra la injusticia. Presentó quejas, además, ante Rosario Robles, secretaria de la Sedatu, no sólo para denunciar la violencia ejercida en su contra por parte de Virgilio Andrade, sino también la presión de Emilio Zebadúa González, quien —dijo— le solicitó a través de su secretaria particular, Carolina Gómez, que «desocupara» su oficina, argumentando una «remodelación» del lugar y solicitándole que se fuera a trabajar a su casa.

«Entre las amenazas estaban la de correrme de mi trabajo, de matarme, de hacerme pedazos a mí y a mi familia utilizando todo el poder del Estado; por miedo he estado haciendo lo que él me pedía, sin embargo yo ya no puedo seguir soportando tanta humillación, tanto maltrato y tanta violencia, aunque las amenazas son muy fuertes y tiene el poder para cumplirlas, yo ya no soporto tanta humillación, por eso he querido salir de este círculo de violencia», explica en otra carta, del 8 de febrero de 2016.

Entonces Nayeli decidió acudir a la Comisión Nacional de Derechos Humanos (CNDH) y ampliar su denuncia, pero la cuarta visitadora, Norma Inés Aguilar León, le notificó el 11 de marzo que su caso estaba cerrado. Justamente ese día firmaba con Virgilio Andrade un convenio en el marco del Día Internacional de la Mujer.

La CNDH argumentó que Nayeli no «acreditó» que las conductas denunciadas hayan ocurrido en el «ejercicio de su cargo»:

El 20 y 29 de enero de 2016, se recibieron en este Organismo Nacional los escritos de queja y ampliación, respectivamente, de una persona quien manifestó que un funcionario federal (SFP) ha ejercido sobre ella violencia física, sexual y económica; que derivado de una controversia de alimentos que promovió para su menor hijo y en contra del citado funcionario público, temía ser despedida de su empleo, toda vez que se desempeñaba laboralmente en la Secretaría de Desarrollo Agrario, Territorial y Urbano. Con la finalidad de atender los hechos motivo de la queja y para la debida integración del asunto, se radicó el expediente

CNDH /4/2016/839/Q, y el 5 de febrero de 2016 se solicitó a los titulares de las Secretarías de la Función Pública (SFP) y de Desarrollo Agrario, Territorial y Urbano (Sedatu), rindieran un informe con relación a los hechos señalados; asimismo, se solicitó, como medida precautoria, que se implementaran las acciones necesarias para evitar cualquier conducta que pudiera afectar los intereses de la quejosa y/o de su menor hijo y de sus familiares. Al respecto, los días 6 y 8, 12 y 19, de febrero del año en curso, la SFP y la Sedatu, respectivamente, informaron su aceptación de las medidas cautelares y remitieron la información solicitada. Cabe señalar que durante la tramitación del asunto la quejosa fue atendida en diversas ocasiones de manera telefónica y personalmente por servidores públicos de este organismo nacional; además, el 23 de febrero de 2016, en atención a su solicitud, se designó a dos visitadores adjuntos, para que le dieran acompañamiento y presentar su denuncia a la Fiscalía Especial para los Delitos de Violencia contra las Mujeres y Trata de Personas de la Procuraduría General de la República (Fevimtra), donde ante la agente del Ministerio Público de la Federación respectiva, la encargada de despacho de la dirección de averiguaciones previas B, área de violencia contra las mujeres, y la subdirectora de área adscrita a la dirección de vinculación institucional, esta última para proporcionar apoyo psicológico, presentó formalmente su denuncia, radicándose la averiguación previa correspondiente. Dada la naturaleza de los hechos denunciados y la preocupación de la persona que radicó la queja, la autoridad ministerial le señaló y explicó en qué consisten los servicios que se proporcionan en un refugio a cargo de la PGR, respecto de la protección, asistencia psicológica y jurídica, entre otros, para el caso que lo requiriera, lo cual en ese momento no aceptó, señalando que lo analizaría y con posterioridad informaría su decisión. Asimismo, la agente del Ministerio Público brindó a la quejosa el apoyo de canalización a la Comisión Ejecutiva de Atención a Víctimas, para recibir apoyo psicológico y jurídico, a lo que accedió, por lo que se realizaron las gestiones correspondientes para su inmediata atención. El 11 de marzo de 2016 se determinó concluir el asunto, con fundamento en lo establecido en el artículo 125, fracción VIII, del Reglamento Interno de la Comisión Nacional de los Derechos Humanos, en razón de que, con relación a los hechos que la quejosa atribuyó al funcionario federal, se advirtió que se trataba de un asunto entre particulares, respecto de la relación que guarda el aludido servidor público con ella y su menor hijo. Además, se advirtió que lo relacionado con la presunta violencia de la que afirmó ser víctima la quejosa, al tratarse de una posible conducta delictuosa, corresponde a la autoridad ministerial llevar a cabo la investigación correspondiente y, en su oportunidad, determinar lo procedente conforme a Derecho, para lo cual se inició la respectiva averiguación previa ante la Fevimtra; asimismo, por lo que hace al posible incumplimiento del deber de proporcionar alimentos, el Juez Décimo Noveno de lo Familiar del Tribunal Superior de Justicia de la Ciudad de México es quien conoce del asunto promovido por la propia quejosa. Por otra parte, la Contraloría Interna de la SFP tramita un expediente integrado con motivo de los escritos que la quejosa presentó el 28 de enero del año en curso, y es quien deberá resolver, en el ámbito de sus atribuciones, lo que en Derecho corresponda. Finalmente, se orientó a la quejosa para que aporte ante las citadas autoridades las pruebas con que cuente para acreditar sus afirmaciones sobre los hechos materia de su queja. De igual forma, para que, en caso de considerarlo conveniente, acuda a la Procuraduría de la Defensa del Trabajo, o bien, ante la Contraloría Interna de la Secretaría de Desarrollo Agrario, Territorial y Urbano, en relación con los hechos que atribuyó a esta dependencia; asimismo, se puntualizó que, de contar con nueva información o documentos relacionados con el asunto, de los que se advierta una presunta vulneración a sus derechos humanos, se encuentra facultada para solicitar la reapertura del expediente.

Al ver Nayeli que se le cerraban las puertas de las instituciones en su búsqueda de justicia, envió también una carta a Phumzile Mlambo, directora ejecutiva de ONU Mujeres, solicitando su intercesión.

Por su parte, Virgilio Andrade ha negado todas las acusaciones escudándose en que su ex pareja no ha presentado «pruebas».

A Nayeli le salió muy caro haber sido testigo de un hecho trascendente: la forma en que Virgilio Andrade exoneró a sus amigos Enrique Peña Nieto y Luis Videgaray. Y por supuesto, a la Primera Dama.

MISIÓN CUMPLIDA

Mi encuentro con Nayeli Martínez ocurre en el restaurante Giornale, ubicado en Jardines del Pedregal, al sur de la Ciudad de México. Tiene el rostro desencajado. Confiesa su miedo y la certeza de que la están siguiendo. Cuenta que sus denuncias han provocado un mayor enojo de Virgilio Andrade. La protección que el funcionario recibe del presidente Enrique Peña Nieto y el entonces secretario de Hacienda, Luis Videgaray, es total, luego de que los exoneró. Agrega que eso lo hace prácticamente un hombre «intocable». Nayeli teme por su vida y por la seguridad de su pequeño hijo.

Relata que Virgilio Andrade y Luis Videgaray son amigos desde la preparatoria, lo que el propio Andrade ha reconocido. Luego se hizo amigo de Enrique Peña Nieto. La amistad fue un elemento importante para nombrarlo secretario de la Función Pública a fin de «investigar» el posible «conflicto de interés» respecto a sus propiedades. De hecho, fue el propio Videgaray quien propuso a Virgilio Andrade. Evidentemente, el resultado sería la exoneración.

El conflicto de interés del entonces secretario de Hacienda efectivamente quedó entre amigos. La casa de Videgaray en el Club de Golf Malinalco, en el Estado de México, tiene 850 metros cuadrados y costó 7.5 millones de pesos, unos 600 mil dólares al tipo de cambio de octubre de 2012, justo dos meses antes de que iniciara el sexenio de Enrique Peña Nieto. La casa fue obra de Juan Armando Hinojosa, el contratista favorito del gobierno, el mismo que construyó la casa de Angélica Rivera en Sierra Gorda y el que ha ganado aproximadamente 800 millones de dólares en contratos con el gobierno federal y del Estado de México durante los mandatos de Peña Nieto.

Hinojosa le otorgó a Videgaray un crédito hipotecario a pagar en 18 años, pero este lo liquidó dos años después, cuando ya ocupaba el cargo de secretario de Hacienda. El asunto fue revelado por un reportaje de *The Wall Street Journal* del 11 de diciembre de 2014. Según el diario, el funcionario —ex directivo de banca de inversión— «pagó la casa con tres obras de arte y un cheque personal fechado el 31 de enero de 2014». Casualmente, el cheque por 6.6 millones de pesos no había sido cobrado, hasta unos días antes que fuera publicado el reportaje.

Nayeli comenta que es evidente que el nombramiento de Virgilio Andrade obedeció particularmente al deseo de Peña Nieto y Videgaray de solucionar «el problema». Y una «exoneración» de su parte era lo esperado. Hecho el trabajo, Virgilio fue prescindible. Así que convocó a conferencia de prensa y renunció a su puesto el 18 de julio de 2016. Para dar inicio a la puesta en escena de la nueva simulación, apareció sonriente, de riguroso traje oscuro y corbata roja, con el cabello perfectamente engominado y brillante, sin que le faltaran los característicos rizos en la frente:

El mes de julio es para México un mes símbolo de cambios muy importantes en nuestras instituciones públicas. Hace 20 años, el 23 de julio de 1996, el presidente de la República y los cuatro partidos políticos que tenían registro y representación en el Congreso, firmaron en Palacio Nacional el proyecto de reforma constitucional en materia electoral que dio un cambio definitivo y fue dejando atrás los males y vicios de nuestras elecciones. Hoy, 20 años después, vivimos en México los beneficios de aquella firma y de aquella Reforma en Palacio Nacional. Así como hace 20 años se firmó aquel importante acuerdo en materia electoral, hoy, 20 años después, 18 de julio de 2016, el Presidente de la República en presencia de su gabinete, de Órganos Constitucionales Autónomos, de Gobernadores, de los Grupos Parlamentarios, partidos políticos, legisladoras y legisladores, pero principalmente el día de hoy con la presencia de ciudadanas, ciudadanos y organizaciones de la sociedad civil, el Presidente de la República promulgará el paquete de leyes que le dan vida, a partir del día de hoy, al Sistema Nacional Anticorrupción.

Con este paso histórico, se pretende ir dejando atrás, como hace 20 años en materia electoral, hoy dejar atrás los vicios y los males de la corrupción. La presente reforma del Sistema Nacional Anticorrupción tiene grandes virtudes en su confección y también en su contenido. En su confección, el Presidente de la República participó enviando la iniciativa y trabajándola aún siendo candidato. Los partidos políticos, los grupos parlamentarios, legisladoras y legisladores trabajaron en este proyecto de reforma, adecuándola a lo largo de casi cuatro años y, principalmente, en esta confección debemos reconocer la decidida participación de ciudadanas, ciudadanos y organizaciones de la sociedad civil, que con su iniciativa dieron impulso definitivo y aceleraron la aprobación de esta reforma que hoy se habrá de promulgar. En su contenido, la reforma del Sistema Nacional Anticorrupción tiene una virtud fundamental, serán los ciudadanos los que tengan la responsabilidad de establecer las directrices del propio Sistema Nacional Anticorrupción y de las instituciones públicas que integran el Sistema, entre ellas, la Secretaría de la Función Pública.

Para la Secretaría de la Función Pública se ha establecido en la reforma un aspecto fundamental: que el Secretario de la Función Pública que participe en el Sistema Nacional Anticorrupción sea nombrado por el Presidente y ratificado por el Senado de la República. Es así como tenemos el día de hoy el inicio de una nueva era en la Secretaría de la Función Pública.

Por tal motivo, decidí presentar el día de hoy al Presidente de México mi renuncia como Secretario de la Función Pública, a fin de que el Ejecutivo Federal cumpla a cabalidad con el mandato constitucional de contar dentro del Sistema Nacional Anticorrupción con un Secretario de la Función Pública debidamente nombrado y ratificado por el Senado.

Hoy finaliza, por lo tanto, en la Secretaría de la Función Pública, la era de la administración tradicional del control interno para dar paso a un nuevo episodio ciudadano y plural. Tengo la convicción de que el Sistema Nacional Anticorrupción requiere que todas sus instituciones funcionen con la plenitud constitucional que sus normas dictan para consolidar su confianza. A ello obedece mi determinación personal de haber presentado la renuncia a este cargo.

En todo caso, la Secretaría de la Función Pública ofrece hoy condiciones en su estructura, en sus sistemas, en sus vínculos institucionales e internacionales y también en sus mesas de diálogo, las condiciones para desde el día de hoy realizar aportaciones importantes al Sistema Nacional Anticorrupción.

En lo personal, agradezco desde luego al Presidente de la República su confianza al haberme conferido este cargo, agradezco a mis amigas y amigos del gabinete y de los órganos de Estado de todos los niveles, por su cooperación con esta dependencia. A quienes apoyaron de manera permanente el proyecto de esta Secretaría, gracias por su orientación. También mi gratitud a los críticos y opositores, porque con su reflexión tenemos siempre oportunidad de establecer mejoras continuas. Desde luego, mi gratitud al equipo de la Secretaría, por su entrega y por su trabajo y, por supuesto, a quienes me acompañan el día de hoy, y a mi familia por su afecto y por su cariño.

EXILIO FORZADO

Nayeli ha pagado un alto costo por su arrojo y valentía para denunciar a su ex pareja. Las constantes amenazas de muerte la orillaron a salir de México. Es un exilio forzado. Ahora vive en el extranjero, en un país donde ha solicitado asilo político a causa de la persecución que sufre por parte de Virgilio Andrade y por consiguiente del presidente Enrique Peña Nieto.

En entrevista vía telefónica, me cuenta que intenta reponerse y cerrar sus heridas conduciéndose con un perfil más bajo. Nayeli, de 39 años, es una mujer inteligente, preparada, pero su vida dio un vuelco a la hora de enterarse de los entresijos de la relación entre Virgilio Andrade y Enrique Peña Nieto, sobre todo en la Secretaría de la Función Pública. Y al atestiguar el desarrollo del encargo que le hizo el Presidente a su ex pareja sobre la investigación de las propiedades de Angélica Rivera.

Cuando Virgilio Andrade renunció a su puesto, acudió al Juzgado Décimo Noveno de lo Familiar, con la jueza María del Rocío Martínez Urbina, para declarar que era un «desempleado» y no podía pagar la pensión.

—La situación ha sido muy difícil para mí —declara Nayeli—. Me dejaron sin trabajo, me bloquearon. Mi hijo no recibe pensión de alimentos, le está dando cero pesos. Virgilio le dijo a la juez que no tenía cómo hacerse cargo de su manutención porque había renunciado a su puesto. La juez estuvo de acuerdo. Apelé. En la pensión de alimentos llevo nueve apelaciones y las cinco que se han resuelto todas han sido favorables a él.

—¿Crees que él ha sido protegido por su posición?

—Sí, aunque él ya no está por el momento en el gobierno, evidentemente ha habido una protección hacia él y una persecución hacia mí. Eso es lo que me tiene consternada, que el Presidente se haya ensañado con una mamá y con un niño, para defender su condición.

—¿Tú responsabilizas al presidente Peña Nieto?

—Estoy fuera del país, tuve que salir de México huyendo. El abogado de Virgilio me amenazó, luego recibí amenazas telefónicas y yo tuve que agarrar mis cosas e irme. Estoy en un estado de *shock* debido a esta situación.

—¿Sufriste una venganza por haber desvelado los hechos?

—Evidentemente, pero he preferido irme al exilio y esperar a que salga este gobierno. Un gobierno que tiene 30 mil desaparecidos, que encarcela a la gente que defiende sus derechos como encarcelaron a los maestros y a medio mundo que se atreve a hablar. No quiero formar parte de esas estadísticas. Por eso he tenido que irme.

—¿Tienes miedo?

—Por supuesto. Dejé todo: mi familia, mi casa; dejé mi vida. Comprendí que era más riesgoso permanecer que irme.

—¿Esto que estás sufriendo tiene que ver con el puesto que Peña Nieto le dio a Virgilio Andrade como secretario de la Función Pública?

—Evidentemente. Es una situación donde yo estorbo. Y el que estorba en México lo desaparecen o lo matan. No tenía otra opción.

—¿Tú fuiste testigo de cómo se dio la investigación de las propiedades de Angélica Rivera, Peña Nieto y Videgaray?

—Así es. Fui testigo y eso me ha costado mi seguridad, de mi familia, de mis hijos.

—¿Crees que todo fue un montaje, que Virgilio Andrade no investigó, que sólo se dedicó a obedecer las órdenes de su jefe, Peña Nieto?

—Sobre ese tema prefiero ya no hablar. Estoy siendo recibida por este país para poder estar aquí oficialmente en el asilo.

—¿Estás buscando asilo político?

—Así es. He preferido conservar mi vida.

—¿Denuncias también a Emilio Zebadúa, amigo de Virgilio?

—Claro, lo denuncié ante la CNDH y la PGR porque me había privado de mi libertad. Él, ellos, me secuestran, me llevan a un lugar donde no hay nadie, que está todo solo. Era un piso rentado donde no había nadie. La única persona que querían que estuviera allí era yo.

—¿Eso fue a partir de que tú denunciaste?

—Así es. Cuando denuncié me chocaron mi carro, tuve esguince cervical y lumbar, después me llevaron allí. Fue una situación donde yo pensé que me iban a matar y no iba a haber nadie que lo relacionara. ¿Me explicó? La situación se calmó un poco, pero después volvió a activarse y yo estaba en riesgo y evidentemente las instituciones en México no me iban a dar protección.

—¿Cuánto tiempo llevas con esta pesadilla?

—Desde el 21 de enero de 2016 en la CNDH, pero viví un año anterior de violencia de otro tipo. No la violencia institucional, que sufrí después, sino la violencia doméstica por parte de Virgilio: violencia psicológica, violencia física, violencia sexual, violencia económica... todo tipo de violencia. Me quería tener controlada y eso era terrible, que no me dejaba hacer nada, me humillaba y me maltrataba, me amenazaba de muerte. Es algo muy triste y doloroso, sobre todo cuando es la persona que amas.

—¿Qué tipo de violencia institucional?

—La que te revictimiza, donde se busca el poder del Estado para desacreditarte y quitarte tu valor.

—¿El precio que estás pagando es muy alto?

—Pudo haber sido peor, estoy viva, lo que yo quiero es mantenerme viva, mantener con vida a mis hijos.

—¿Crees que la renuncia de Virgilio Andrade tiene que ver con tu caso?

—Tendría que venir un análisis de fuera, alguien que pueda decir si es así o no. En este punto no quisiera opinar.

—Finalmente renunció cuando cumplió sus servicios. ¿Fue designado para eso?

—Sí, justamente este tema me ha tenido al borde de que me maten. Para mí es trágico, estar en una situación en medio de un torbellino, una turbulencia, que eso me trunque toda mi vida. Yo tenía mi futuro, mi proyecto de vida. Todo finalmente se terminó.

—¿Todo por las propiedades de Angélica Rivera?

—Ningún funcionario público puede hacer uso del recurso público y eso es la ley. No puedo creer que eso me haya costado mi proyecto de vida. Pudo costarme más. Espero que no sea peor. Estoy tratando de rehacer mi vida desde cero en un país donde no hablo ni el idioma. ¡Imagínate!

—Tú supiste que fue Enrique Peña Nieto directamente a visitar a Virgilio Andrade a su oficina en la SFP para darle línea sobre la investigación…

—No sé hasta dónde puedan llegar. Yo estoy asustada, tuve que salir huyendo, obviamente con miedo de que me detuvieran en el aeropuerto, que no me dejaran salir. Afortunadamente pude irme.

—¿Por qué te iban a detener?

—Precisamente porque pueden pensar que yo estando en otro lado iba a hablar libremente de la situación.

—De todo lo que sabes…

—Sí, de la situación que tú me estas preguntando y de algunas otras situaciones que pudieran no convenirle al gobierno en turno que se supieran. Por eso, preferí irme.

—¿Fuiste testigo del montaje?

—*[Silencio]* …Es una situación difícil. Es bastante injusto. Además de la situación política en la que me encuentro, es un gobierno que pese a que se ha jactado, no le tiene ninguna consideración a las mujeres, con los feminicidios y todo lo que pasa hacia las mujeres, aparte del maltrato oficial, institucional que hay hacia la mujer. Me encuentro en una situación política de altísimo riesgo para mí.

—¿Por qué crees que te convertiste en perseguida política?

—Por la casa de Angélica Rivera, la corrupción, por quién es Virgilio, porque él se encargaba de investigar. Una situación en la que yo me vi involucrada sin pedirlo, sin quererlo y sin imaginarlo.

—Y porque te enteraste de muchas cosas…

—Así es.

—¿Con qué imagen nos quedamos de Virgilio Andrade?

—No sé con qué palabras, yo no puedo describir a una persona que no se preocupa por un hijo, ¿cómo se puede describir a una persona así? Me parece que es triste que en nuestro país no hay justicia.

—¿Cómo defines al padre de tu hijo?

—No podría definirlo. Yo misma no comprendo qué pasa por la mente de una persona que tiene esas actitudes.

—¿Que pedirías?

—¿Qué puede pedir una persona como yo que se tiene que ir al exilio? En México no fueron capaces de darme lo mínimo: protección, justicia, ni siquiera para mi hijo que es un bebé.

—¿Nunca pensaste que esto fuera a llegar tan lejos?

—No pensé que fuera tan importante.

—Sabías que había todo un entramado de alto nivel.

—Pues sí.

—¿Él cambió contigo a partir de que fue nombrado por Peña Nieto secretario de la Función Pública?

—Sí, hubo un cambio.

—¿En qué sentido?

—Se volvió más violento.

—Porque tenía más poder…

—Sí.

—¿Crees que él se puso más violento por su vínculo estrecho, su amistad con Peña Nieto?

—Creo que se sabía protegido y eso le daba seguridad para hacer cualquier cosa. Y se la sigue dando.

—¿Por qué eligieron a Virgilio Andrade para ese puesto en la SFP?

—Porque es cercano a su grupo.

—Eran amigos.

—En un principio Virgilio era amigo de Videgaray, muy amigo. Y después de Peña Nieto.

—Y te fuiste enterando de cosas…

—Así fue. Ojalá la verdad se conozca. Y ojalá no le cueste a la gente que le diga. Hay que decirlo.

—¿Crees que algún día se sepa la verdad?

—Tal vez, pero no creo que sea en este sexenio.

—¿Esa verdad que tú conoces?

—Que conoce mucha gente, aparte de mí. Lo que yo quiero es estar a salvo. No quiero más persecución, más violencia, más agresiones.

—¿Los mexicanos tenemos derecho?

—Sí tenemos derecho, pero cuando se pone en riesgo la vida de las personas, una valora. Cuando llegas a tener esa disyuntiva, eliges vivir.

—¿Como tú?

—Así es. Mi hijo me necesita.

—¿Que le vas a decir, en su momento, de su papá?

Nayeli suspira, vuelve a guardar silencio unos segundos, piensa la respuesta. Y habla con la voz entrecortada por la emoción:

—Esa pregunta todavía no tiene respuesta.

Vida en rosa

El orgullo que se alimenta con la vanidad
acaba en el desprecio.
— BENJAMIN FRANKLIN

VERÓNICA CASTRO luce radiante, espléndida. Cumple 50 años de carrera artística y lo celebra volviendo a los escenarios. Es una diva, una diosa. A sus 63 años conserva su imponente belleza y extraordinario sentido del humor. Sentada en su camerino del teatro San Rafael, en la Ciudad de México, con un blusón de piedras multicolor y frente a una estampita de la Virgen de Guadalupe en el espejo, aguarda a que llegue la hora de la función mientras una estilista la peina tranquilamente. *Aplauso. ¡Un musical para una estrella!* es la obra con que marca su regreso a los escenarios después de 20 años de retiro; ha sido todo un éxito en los primeros dos meses.

Me mira con esos ojazos verdes que forman parte de la historia reciente de la televisión mexicana. Televisa fue su casa. ¿Cuántos no se enamoraron de ella a través de la pantalla chica? Sus telenovelas traspasaron las fronteras de México y se tradujeron al ruso, francés, chino, italiano… Triunfaron en Estados Unidos, Sudamérica, Europa y Asia.

Muy pronto, en 1969, se convirtió en la primera edecán del programa *En familia con Chabelo* y luego en asistente del programa *Muy agradecido,* de Pedro Vargas. Gracias a su talento y simpatía natural, hizo en 1980 *Noche a noche,* su primer *late night show,* el programa que duraba diez horas diarias. Posteriormente vinieron más programas: *Mala noche... ¡No!, ¡Aquí está!, La movida, Y Vero América ¡Va!, La tocada* y *Furia musical* en 1993, uno de los primeros programas musicales que dio a conocer la onda grupera. Fue la conductora de tres emisiones de *Big Brother VIP* entre 2003 y 2005. Luego siguieron proyectos sueltos hasta el año 2008, cuando participó en la primera temporada de la serie *Mujeres asesinas,* producida por Pedro Torres. Eso fue lo último. Después hubo un silencio de siete años.

¿Cuál fue la razón de ese alejamiento de la televisión? ¿Por qué permanece fuera de Televisa? Algunos consideran que tiene que ver con aquella entrevista que concedió en 2009 a la revista *¡Hola!,* en la que criticó la anulación del matrimonio religioso de su hermano José Alberto *el Güero* Castro y la actriz Angélica Rivera.

—Qué bueno que todo el mundo sea feliz, pero vamos a ser claros: ¿ahora resulta que mi hermano y Angélica se casaron de mentira? —enfatizó en aquella entrevista que provocó la furia de su ex cuñada y del presidente Enrique Peña Nieto.

Han pasado siete largos años desde entonces. Verónica no se arrepiente de nada. Su sólida fe católica pesó más para cuestionar aquella polémica decisión contra el sacramento del matrimonio. No pensó en las consecuencias, simplemente ejerció su libertad para expresar la inconformidad y el rechazo a una acción que consideró inaceptable. Desde entonces su carrera quedó, en parte, suspendida, aunque ella siguió trabajando en el extranjero.

De la mano vino su silencio en torno a este asunto y todo lo que tenga que ver con su ex cuñada. Un silencio que atiza los sentimientos y que ella se ha impuesto de seguro para no afectar a su hermano y en especial a sus sobrinas: Sofía, Fernanda y Regina, con quienes desde entonces, dice, lamentablemente no tiene relación. Pero ahora rompe ese silencio, porque ella es un ser libre, independiente. Madre amorosa y abuela de Rafaela, es una mujer en la plenitud de la vida, llena de energía y vitalidad, que hace una de las cosas que más le apasionan en la vida: el teatro, el género musical.

—¿Extraña la televisión? —le pregunto mientras la miro y viene a mi memoria su telenovela *Rosa Salvaje*.

—Por ahorita no. Me voy de cabeza, de clavado a los trabajos que hago, y este es un trabajo para clavarse de verdad. Es complicado entre el baile, el campo, la actuación, los cambios de ropa y aparte volver a recuperar lo que pensé que estaba perdido.

—¿Por qué?

—Porque no sé si la gente se acuerde de mí, o si quiera verme o si no quiera, o si le interesa. Regresar de esta manera, a mí me ha hecho sentir muy bien.

—Los vetos de las televisoras, como Televisa, finalmente perjudican no sólo a la actriz, sino también a los ciudadanos…

—Sí, cómo no.

—Le quitan a la gente actrices como usted, por un veto que a veces la gente no entiende.

—Sí, es verdad.

—¿No cree que la declaración que hizo a la revista *¡Hola!* contra la anulación del matrimonio religioso de su hermano con Angélica Rivera tiene que ver con su veto de Televisa?

—Bueno, obviamente sí tiene que ver mucho con mi situación, obviamente que sí.

—La «Gaviota» fue un personaje que hizo Angélica Rivera y en ese momento fue amada por millones de mexicanos, pero con el paso de los años ella se ha convertido en un ser odiado…

—Cada quien se busca su vida. Cada quien escoge su camino y carga la cruz que quiere cargar. Ni me interesa su vida.

—¿Qué opina de ella?

—No puedo opinar, la verdad.

—Usted fue su maestra, su madrina, la que le abrió las puertas en Televisa…

—Ahorita no puedo opinar de ella. Lo que tenía que opinar, lo opiné y lo dije fuerte.

—Se refiere a esa entrevista a *¡Hola!* que fue portada, histórica, una maravilla...

Verónica abre los ojos más de lo normal y exclama:

—Sanjuana, ¡me haces sudar la gota gorda! —Suelta una carcajada y prosigue—: Tenía que decir la verdad. Se dice la verdad cuando se tiene que decir. Y yo la dije. Y sí, hay gente que lo entendió porque es gente muy inteligente.

—Después la historia le dio la razón, porque se descubrió que la anulación del matrimonio religioso fue amañada y su nueva boda un montaje...

—A mí me duele por mi religión. Tengo mucha fe, pero ya me di cuenta que la fe en la tierra es muy diferente a la fe que tengo de Dios en el cielo. No se cumplen las cosas como debe en la tierra.

—¿Mantiene usted relación con Angélica Rivera?

—No, nada, nada.

—¿Con sus sobrinas?

—Tampoco. No he podido verlas. No sé dónde encontrarlas tampoco. Es una situación difícil.

—¿Y su hermano?

—José es muy caballero, muy lindo. Y Fausto también es un caballero y muy atento. Y trabajan juntos.

—Imagino que José Alberto *el Güero* Castro tiene que haber sufrido mucho...

—Yo creo que sí. Obviamente no la pasó nada bien. Pero ya pasó, ya fue. Afortunadamente Dios cura ese tipo de heridas.

—¿Y usted cómo asiste a este espectáculo político entre Angélica Rivera y Peña Nieto?

—Ay, yo no asisto, yo asisto nada más al teatro *[risas]*.

—Ese también es un teatro...

—Sí, pero es otro tipo de teatro *[más risas]*.

Verónica suelta de nuevo una sonora carcajada. Y me dice, mirándome fijamente:

—¡Eres tremenda, Sanjuana! ¡Ave María purísima!

—Yo sigo preguntando... Usted es una mujer de lucha, un referente para las mujeres, una guerrera...

—Sí —responde sin permitirme formular la pregunta, apresurando las palabras—. Ya vas a encontrar pronto a la mujer guerrera, porque tengo... tengo muchas cosas, tengo cañón...

—¿Y habrá que esperar a que se termine el sexenio de Peña Nieto?

—[risas] No.

—¿Tendrá que terminar el sexenio para verla nuevamente en Televisa?

—No, ya hay un montón de formas de hacer tele, y miniseries en otras partes.

—¿Cuándo se termine el sexenio?

—No... [risas]. A lo mejor no les interesó mi trabajo en este sexenio, pero puede ser que al próximo. Da igual. No importa. No lo necesito ahorita, estoy bien enfrascada en el teatro. Pero sí. Vas a ver.

—¿Está resurgiendo como el ave fénix?

—Sí, yo tranquila, yo la llevo en paz, con la paz de Dios. Obviamente, cuando hay que defenderse, hay que salir y hay que decir «esta es mi postura y esta es mi posición». Hay que presentarte como quien eres.

—¿Usted cree que está justificado odiar a Angélica Rivera?

—No es justificado, ni siquiera la palabra odiar. Es mejor desaparecer. Es como cuando muere algún ser querido. A lo mejor te olvidas y no te duele tanto. Te olvidas y se suaviza. Dejémoslo suavizado.

—No creo que Angélica Rivera pueda desaparecer, es la Primera Dama.

—Ah, no; yo ni sé cómo le vaya, ni sé si está contenta, me da igual.

—Ella debería estar muy agradecida con usted. Fue usted quien la llevó a ese mundo, fue su madrina como quien dice...

—Yo lo que doy, lo doy de corazón, y lo que sale de mí lo doy de verdad abiertamente y con toda la tranquilidad del mundo. Si la gente valora bien, y si no, es problema de ellos. Yo estoy bien. ¡Qué me importa! Yo la vida la tengo demasiada llena, demasiada bonita, demasiada familia, demasiado sabrosa y con muchas cosas bonitas, muchas bendiciones; entonces, ¿por qué me voy a estar preocupando de lo que le esté pasando a otra gente?

—Pues usted debe verla, es su vecina en Miami en Ocean Club, en la isla de Key Biscayne...

—No, yo no tengo nada. No, no, no. Yo no tengo departamento ni casa en Miami. No empiecen a meter cosas. Pueden checar perfectamente. Yo soy de las pocas gentes que invirtió su dinero todo en México. Estúpidamente. Te lo digo, porque la verdad están las propiedades allí paradas y no puedo hacer nada con ellas. No sé vender.

—La mayoría compra en el extranjero.

—Sí, y yo compré todo acá. De hecho tenía un departamento en Nueva York, lo vendí y compré acá donde vivo.

—¿Y el poder?

—Es bien bonito, pero bien peligroso. Si no lo sabes dominar, te domina a ti y terminas haciendo daño y ni cuenta te das. He visto a gente empoderada que puede llegar a hacer daño y sinceramente da mucho miedo.

—Esa gente tiene soberbia, ambición desmedida…

—También, porque no miden. No se miden.

—Hay gente que se marea cuando tiene poder y riqueza, fama… es un coctel molotov.

—Es un coctel molotov.

—¿Usted se hizo rica en la tele?

—No, tengo mi dinerito guardado. Tuve que hacer un guardadito, más que nada, porque cuando tienes hijos, tienes que pensar. Yo era el sostén de mi familia: mis hermanos, madre, hijos, mis primos, mi abuela, mis tíos. Falleciendo todos ellos, mi mamá se ha hecho cargo de muchos de mis primos. Yo tenía pensar en la familia.

—Pero usted no se mareó a pesar de ser famosa y tenerlo todo…

—Es que si te mareas te caes. ¿Para qué te mareas? Trata de estar ecuánime, porque si te mareas te caes. Como dice mi maestro, Facundo Cabral, que decía: «Tienes una casa muy linda, vives bien». Pero quieren otra casa en otro lado, quieren otra casa en otro país y en otro. Pero si nada más puedes vivir en una casa, ¿para qué quieres tantas casas? No puedes vivirlas.

—¿Y por qué acumular riqueza?

—No sé.

—La ostentación…

—Es una presunción. A las artistas nos encanta estar bien vestidas, que se note el zapato y el vestido. Sí, es la presunción, pero hay una medida. No está bonito cuando te excedes y más cuando estás viendo lo que está pasando en nuestro país. Ya ni siquiera te puedes poner un vestido de esos. Ya ni hacen fiestas para ese tipo de ropa. Ahora estoy sacando las garras que tenía guardadas hace tiempo para hacer el programa, estos últimos diez años que no trabajé. Los saco para hacer revistas, acabo de terminar un reportaje de *Quién*... Estoy utilizando esa ropita que se me quedó de ese trabajo.

—Si hay 55 millones de pobres en México, ¿cómo puede la Primera Dama andar con medio millón de pesos en ropa y accesorios?

—Es lo que te digo, ya ni hay a dónde ir así.

—Si eres Primera Dama, sí puedes andar así porque te cuida el Estado Mayor Presidencial...

Verónica estalla en risas.

—¡Sanjuana! Me haces reír, eres buena onda.

—¿Eso es frivolidad? —le pregunto.

—Claro que es frivolidad. Nada más es para la pantalla. Pero la realidad es otra. ¿Cuánto ganan los actores y las actrices? ¿Cuánto gana un actor o actriz de televisión o de teatro? Y te vas a morir de la risa. ¡Somos todos muertos de hambre!

—Ustedes, porque Angélica Rivera ganó suficiente para comprarse una casa de 86 millones de pesos y más propiedades...

—No, bueno... Yo he trabajado mucho y no he logrado tanto.

—¿Nunca ganó como ella?

—No.

—¿Qué opina de la corrupción en el gobierno?

—Eso está bien gacho, eso está feo. Llega un momento en que todo mundo se presta...

—¿Qué espera de este sexenio?

—Que se acaben los problemas con mi gente. Quiero ver a mis mexicanos contentos. Quiero ver el México que conozco, que viví y que tuve en mis manos. Los mexicanos divertidos, cantando, bailando, divirtiéndose, siendo felices y festejando. Lo añoro de verdad.

—Ese México se lo acabaron, ya no existe.

—Ya no.

—La clase política roba a manos llenas…

—Sí. A mí me impactan mucho los muertos. Me pone muy nerviosa y muy mal.

—Pensar enriquecerse cuando tienes un país empobrecido, ensangrentado…

—La sangre está por todos lados. Pero yo tengo mucha fe en Dios y en la virgen. Todo esto se tiene que componer. México es un país maravilloso y hay gente increíble. No puede ganar la gente negativa.

—¿Que ha sido para usted ese veto de Televisa?

—La verdad yo no lo sentí, ni lo siento como veto porque yo empecé a ver que cambiaba la forma de trabajar, la televisión. Y preferí salirme. Ya no era lo mismo. Si yo no encontraba mi espacio y no me sentía contenta con lo que estaba haciendo, sentí que había muchos cambios, entonces me hice un poquito también para atrás y dije…

—¿Por qué?

—No me sentí cómoda. Ya no era mi estilo de trabajar. Lo que estaban haciendo en Televisa era mucha repetición de lo mismo. Y dije no. Yo no puedo regresar con la gente a hacer lo mismo. Tengo que hacer algo diferente, tengo que mostrarles alguna novedad, algo más de mí. Pero no vi que avanzara, de hecho, detrás de todos estos ocho años que estuve como atrás de todo, esperando a ver qué pasaba… No esperé, porque estuve trabajando en Argentina, estuve yendo a Estados Unidos, fui a Italia, estuve en Rusia, pero no en mi país.

—¿Por qué se alejó de México?

—Sí, me alejé de México, digo de la pantalla mexicana, no de México. Me hacía falta a mí y también le hacía falta a la gente. También un poco de aire, porque no paré. Trabajaba 365 días del año y las 24 horas del día, dormía en Televisa.

—¿Aquella Televisa de Emilio *el Tigre* Azcárraga es diferente de la actual?

—Cambió mucho. Fue otro sistema, otro mundo, otra gente. Está bien, es su forma de actuar y de ser y me parece muy bien. Cada quien su vida y sus formas.

—Usted fue el gran amor del *Tigre* Azcárraga...

—No, ¡qué gran amor iba a ser! Ojalá. Fui una de sus consentidas para trabajar. Siempre me decía: «Tú no debes de salir de la pantalla».

Refiere Verónica que ella le reclamaba: «Usted quiere que esté aquí metida las 24 horas», y él contestaba: «Sí, allí te quiero metida en la pantalla 24 horas, no me importa». «Bueno, jefe, ¿qué onda?, ¿y cuándo tengo vacaciones?». «No, no, tú no debes de salir de la pantalla, nunca», le decía *el Tigre*.

—Y sí, quería siempre que estuviera o en el programa, la telenovela, o conduciendo o lo que fuera, no me daba vacaciones —agrega Verónica.

—Es que usted le daba altos índices de *rating*...

—Sí, bendito Dios, confió bastante en mí. Me decía: «No te equivoques, porque como no tienes dinero, tú no te puedes equivocar».

—¿Volverá a la tele?

—No, voy a buscar una película, es lo que me falta hacer, porque ya hice mucha televisión.

—Ahora las que tienen éxito son de otros países: brasileñas o turcas, como *¿Qué culpa tiene Fatmagül?*

—Sí, de otras culturas. Televisa se está durmiendo y estamos viendo material con otro tipo de actores, modos, sistemas, colores y ritmos, está interesante. El turco es una locura —dice riendo, y añade—: Todos guapos, por lo menos nuevos, galanes nuevos. Pero están mal por el otro lado, porque los demás están perdiendo un mercado que era muy importante para nosotros.

—¿Y qué le dice su hermano, José Alberto *el Güero* Castro, que todavía hace telenovelas en Televisa?

—Ese se quedó allí, pobre. Es su trabajo, le gustó y allí se quedó. Pues qué bueno, pero yo creo que él también tiene ganas de hacer otras cosas, todos tenemos ganas de hacer cosas diferentes, pero bueno, es lo que piden. El que paga manda.

—Y Sofía, su sobrina, ¿es actriz y trabaja en Televisa?

—Sí, me enteré que ahora la llevan en una historia. Ahora sí, que Dios la acompañe y que le eche ganas, y si realmente es su profesión, que siga. Espero que no se quede nada más allí, tiene que hacer más cosas; digo, si quiere seguirla realmente como profesión.

—¿Por qué?

—Hay mucha gente que solamente llega a la profesión para tentar, para ver y todo este tipo de cosas, y después ya como que dicen: «No, de verdad esto es mucho trabajo», y mejor se van o se casan o lo que sea. Y consiguen nada más imagen.

—¿Está enamorada?

—No, no estoy enamorada. Me di un *relax* también en ese asunto, porque venía yo con tropiezos, pensando en esos tropiezos también y no me gustó. Preferí abandonar el tema; así como abandoné la televisión, así abandoné eso porque no ha sido muy grato.

—¿Se casaría?

—Yo nunca me he casado, ni me casaré, no tengo ni ganas tampoco. No se me antoja. Tener un compañero de vida que te acompañe cuando tú lo necesites es diferente a que viva contigo y que tengas obligaciones; no, ya no, la obligación ya no. Quiero hacer puras cosas por gusto, no por obligación.

—¿Quiere explorar nuevas apetencias?

—Es que está mal el momento, ni siquiera para llegar a conocer una persona. Es un momento muy difícil para todo mundo y para este país.

—¿Cómo ve a México?

—Siento mucha agresión, prendes la televisión y nada más hay dramas: mataron a fulano, descabezaron a otro, amanecieron tantos muertos. Es una película de terror.

—¿Y cómo ve el sexenio de Enrique Peña Nieto?

—La gente lo está sintiendo mucho económicamente… Se siente un momento muy difícil, muy peligroso.

—¿Cómo ve estas parejas de políticos con actrices, como la de Peña Nieto y Angélica Rivera?

—Cada quien su vida, tengo tantos problemas…

—¿A usted nunca le interesó un político?

—No. Tienes que depender mucho de su carrera, y yo nunca dependí de nadie, ni de mi papá. De mi mamá a lo mejor dependí para cuidar a mis hijos, pero nunca dependí de nadie, esa es la verdad.

—¿Por qué ya no fue lo mismo?

—Por el sistema, la forma, y empezó a cambiar todo. La televisión ha dado un giro de 360 grados en diez años. No somos los mismos.

—¿Qué opina de la tele que se hace actualmente?

—Ya casi no veo tele. Eso también ha venido a cambiarnos a nosotros. No sé si es una renovación para bien o para mal. Yo ya no entiendo. Con tanta tecnología. También es un miedo especial porque cada vez que dices una tontería o algo inadecuado, la gente te lo hace saber inmediatamente. La tecnología es muy linda, pero también es muy perversa. No sé cómo manejarla todavía porque de repente explotan muchas cosas a la luz, que a lo mejor ni pensabas y la estamos utilizando no sé si para bien o para mal.

—¿Qué ha sido para Verónica Castro volver a los escenarios después de todos estos años?

—Es un privilegio. No sé si lo tenga todo el mundo, pero me tocó a mí y le doy gracias a Dios porque de verdad que no me lo esperaba, ni que fuera esta obra que tanto me gusta, ni la respuesta de la gente, que ha estado increíble.

—Usted había hecho muchos años televisión, pero ahora vuelve al teatro. ¿Por qué?

—El teatro es para mí la vida, es como volver a la escuela. El teatro es realmente el que te quita los vicios de hablar bajito, de que si no se te entiende no importa, de que si te ves linda o no… No, no, aquí todo es vida, aquí todo es actuación, aquí tienes que salir, no puedes perder el tiempo, no se pueden hacer pausas, no se puede perder vida, tiene que ser al instante, tienes que vivirlo y hacerlo sentir vivir a la gente.

—¿Cuál es el futuro para usted?

—Estoy tan contenta con la obra, que no quiero que se acabe. Estoy viviendo el momento y lo estoy disfrutando un montón. Si vienen otras cosas, esperaré con paciencia. Ya me di cuenta que las cosas buenas no tienes que buscarlas, llegan solitas.

—¿Qué pasa con las actrices que se concentran en hacer televisión y se olvidan del teatro?

—No completas una carrera como actriz o actor. La carrera completa viene siendo aprender a ser actriz primero de teatro para poderte preparar bien y ya con el teatro puedes hacer todo lo que quieras. Es la base. Estudiar teatro te da más conocimientos, de dónde viene, cuál es la zona fuerte en un teatro o débil, cómo tienes que impostar la voz, cómo tienes que respirar. El teatro te fuerza a regresar a los inicios, a quitar los vicios, como hablar bajito como en la telenovela cuando estás sufriendo; aquí tienes que sufrir, pero con voz, y hay que sacarla de adentro. La gente que trabaja bien el teatro puede hacer cualquier cosa.

—¿El público mexicano está preparado para los musicales?

—A la gente le da mucho gusto estar viendo a sus artistas cantando y bailando. La música ayuda muchísimo, estimula a todo el mundo. Siempre para bien.

En ese momento, entra su asistente con la comida. La estilista ya terminó de peinarla. En media hora tiene que salir al escenario. Me permite tomarle unas fotos y me invita a ver su obra. Por sus venas corren actuación, teatro, canto, baile, cine, expresión artística, pues. En el escenario brilla con su liderazgo y mueve a un elenco de cantantes y bailarines. Luce más de diez cambios de vestuario de su armario personal y culmina la obra con un espectacular vestido, tipo sirena, que resalta su espléndida figura.

Antes de despedirnos me comenta que me fije bien en el musical *Aplauso*, que me dispongo a disfrutar. Me pide que lo analice y que, cuando termine, le diga a quién se parece el personaje de Eva Harrington, interpretado por Natalia Sosa, en esta obra escrita por Betty Comden y Adolph Green, basada en la historia de la cinta *La malvada* y la obra de Mary Orr. En el musical, Verónica es Margo Channing.

—Margo es casi como yo; pareciera que los escritores se inspiraron en mi vida para crear esta comedia musical; podría decir que es una perfecta biografía —dice mientras la gran sala del teatro San Rafael se va llenando poco a poco.

Verónica Castro hace su aparición. El público la ovaciona. La función acaba de empezar.

Una trepadora

La obra está basada en la película *Todo sobre Eva,* protagonizada por Bette Davis y Anne Baxter en 1950. Se estrenó en Broadway en 1970 y es la primera vez que se presenta en México. La dirige Alejandro Orive. Margo Channing, el personaje de Verónica Castro, es una famosa estrella de teatro que se encuentra en la plenitud de su carrera artística. Margo es fuerte, valiente, inteligente, divertida y también confiada. La noche del estreno conoce a Eva Harrington, una muchacha que la ha seguido durante su carrera y se declara su *fan* número uno. Margo la deja entrar a su vida y le abre las puertas del mundo del espectáculo. Sin darse cuenta, ignorando completamente los planes de esta joven e incipiente actriz, Margo empieza a notar actitudes de absoluta deslealtad. Luego que la convierte en su asistente, la ambición desmedida de la joven actriz es notoria porque va escalando posiciones en el teatro mediante trampas, manipulaciones y traiciones. Sin escrúpulos logra poco a poco sustituirla. Finalmente, Eva Harrington pone en peligro la carrera de Margo, su relación amorosa y su futuro. En un momento del musical, Margo condena la actitud arribista de Eva: «Ella trepó, yo luché —dice a su pareja, y añade—: ¡Esta salió más cabrona que yo!».

Son evidentes las similitudes entre el personaje Eva Harrington y Angélica Rivera. Verónica Castro estaba en la cúspide de su carrera cuando Angélica Rivera, de 17 años, se le acercó. Esta se enteró de que Verónica grabaría el video de la canción «Macumba» en la Ciudad de México y acudió para rendirle pleitesía y admiración, aunque su verdadera intención era que le diera una oportunidad para incursionar en el medio artístico. Y lo logró. Fue gracias a ella que la joven Angélica llegó a convertirse en El Rostro de El Heraldo. Verónica le brindó apoyo y derivado de ello se le abrieron muchas puertas a Angélica.

Luego conoció a su hermano, *el Güero* Castro, con quien vivió 14 años en unión libre y cuatro casados, y del que finalmente se divorció en medio de la polémica debido a una sospechosa y rápida anulación del matrimonio religioso, algo que ofendió profundamente las creencias católicas de Verónica Castro. Desde entonces, ambas se distanciaron de manera definitiva. La consecuencia inmediata fue el alejamiento también de sus tres sobrinas; luego, Verónica quedó desterrada de Televisa.

MATRIMONIO DE A MENTIRAS

El contubernio del poder político y la jerarquía católica se demostró una vez más con la sospechosa anulación del matrimonio religioso de Angélica Rivera y José Alberto *el Güero* Castro. Decenas de casos son prueba del interés económico y político que tiene la Iglesia en este tipo de anulaciones efectuadas por la Santa Sede.

No es el primer caso en México. Ahí está la historia de Vicente Fox y Marta Sahagún. Se casaron por la vía civil el 2 de julio de 2001 y la señora Sahagún inició los trámites para la anulación de su lazo matrimonial eclesiástico con Manuel Bribiesca, el padre de sus tres hijos: Manuel, Jorge y Fernando, seriamente cuestionados por corrupción. Al final, la pareja Fox-Sahagún consiguió su objetivo gracias a la decisiva ayuda de la jerarquía católica mexicana, encabezada por el cardenal Norberto Rivera y en ese entonces el obispo Onésimo Cepeda. Fue la periodista argentina Olga Wornat quien reveló el contenido del expediente de anulación, compuesto por distintos testimonios, entre ellos el de la propia Marta Sahagún, que argumentó infidelidades, mala relación sexual y violencia doméstica:

Como anécdota, en Zamora, Michoacán, en una fiesta una chica muy guapa de nombre Fátima comentó que su novio iba a llegar a México, y yo le pregunté: «¿Quién es tu novio?» y ella me contestó que Manuel Bribiesca. Curiosamente en esos momentos también era el mío. Un dato que considero fundamental es que Manuel y yo tuvimos relaciones sexuales antes de casarnos, y con la huella moral y religiosa en la cual yo había sido educada, el haberme entregado sexualmente para mí era un peso moral enorme, ya que era una niña bien, y me sentía, por el hecho de las relaciones sexuales, obligada a casarme.

La idea del matrimonio nació sin ninguna reflexión. Se le ocurrió a Manuel la idea de casarnos como consecuencia de las relaciones sexuales prematrimoniales. El planteamiento fue de él y yo lo acepté. Moralmente me pesaba ese contacto físico que habíamos tenido y, de hecho, yo creía que eso debería terminar en un matrimonio; por lo tanto, lo seguía permitiendo, ya que había un atractivo físico, pero sin amor [...].

¿Por qué digo que hubo una falta de entendimiento profundo en la intimidad? Porque el sexo que tuvimos fue muy malo, poco cálido, muy frustrante, y esto traía muchos pleitos. Yo en esta área fui fría con él, ya que la sexualidad era a la fuerza, no había apetito sexual, no se me antojaba como hombre. En cambio Manuel era fogoso y erótico.

Se expidió la anulación eclesiástica. El matrimonio de 27 años entre Marta Sahagún y Manuel Bribiesca quedó fulminantemente anulado gracias al poder político y eclesiástico. La decisión del Vaticano fue muy criticada en su momento.

El enlace religioso de Vicente Fox y Marta Sahagún tuvo lugar el 9 de julio de 2009 en el casco de la hacienda del Rancho San Cristóbal. El sacerdote Alejandro Latapí, de los Legionarios de Cristo, celebró la ceremonia.

Al día siguiente, la revista *Quién* publicó que dicha boda podría no tener validez, ya que fue celebrada fuera de un templo católico: «En México está prohibida la celebración del sacramento del matrimonio en lugares privados fuera de las parroquias, iglesias o capillas reconocidas por la Iglesia, según señala un documento publicado por el Sistema Informativo de la Arquidiócesis de México».

Dos meses atrás, el 19 de mayo de 2009, había sido anulada la boda de Angélica Rivera y José Alberto *el Güero* Castro. Ella misma lo dio a conocer a través de Ernesto Laguardia en su programa en Televisa, explicando que se casaron sin cumplir con los lineamientos exigidos por la Iglesia. Como se narró en páginas anteriores, la realidad es que se casaron el 2 de diciembre de 2004 (según el acta matrimonial) en la iglesia de Nuestra Señora de Fátima de la colonia Roma, Ciudad de México, ante el sacerdote Ramón García. Y después, el 11 de diciembre de 2004, hubo una ceremonia simbólica en la playa de Pichilingue, en Acapulco, cuyo objetivo era dar gracias a Dios por el santo sacramento celebrado antes en la Ciudad de México. Esta ceremonia fue oficiada por el sacerdote José Luis Salinas, conocido en Televisa como «El sacerdote de las estrellas».

Maritza, la hermana de la actriz, aclaró para la revista *Quién:* «No se trata de una anulación de matrimonio, sino de invalidez, porque se casó en la playa y es un trámite que está haciendo por sus hijos».

Apenas un par de meses antes de anunciarse la anulación, en marzo de 2009, el sacerdote José de Jesús Aguilar, director de radio y TV de la Arquidiócesis, había dicho:

Ella [Angélica Rivera] estuvo el miércoles [en la Arquidiócesis] y pudo haber iniciado el proceso, que puede durar uno o varios años. No sabemos si haya ido a pedir información, si ya haya llevado la primera parte escrita que se pide para este proceso o ya esté en una situación más avanzada [...]. La declaración de nulidad matrimonial no tarda un día o dos: es un proceso que lleva un tiempo largo. Sabemos que estuvo ahí, en el Arzobispado, pero ella no ha dicho todavía si ha solicitado la declaración de nulidad o no para que se inicie el proceso.

No obstante, la anulación fue rápida y contundente. El 19 de mayo de 2009 el Tribunal de la Arquidiócesis publicó un decreto de nulidad del matrimonio, argumentando que haber incluido una ceremonia en la playa significaba un defecto de forma canónica:

Por las presentes letras, teniendo a Dios en mente, la santidad del matrimonio, la justicia y el bien de las partes, se hace constar que con Decreto del día 19 de mayo de 2009, el Pbro. Dr. Alberto Pacheco Escobedo, vicario judicial del Tribunal Eclesiástico Interdiocesano de México en los términos y con las facultades que concede el canon 1686, declara y pronuncia NULO E INVÁLIDO POR: «DEFECTO DE FORMA CANÓNICA».

El matrimonio que contrajeron José Alberto Castro Alva y Angélica Rivera Hurtado, el día 2 de diciembre de 2004, en la Iglesia de Nuestra

Señora de Fátima de esta Arquidiócesis de México y el que pretendieron contraer el día 11 de diciembre de 2004 en Acapulco, Gro.

Por tal motivo, Angélica Rivera Hurtado queda libre canónicamente y puede por lo mismo contraer matrimonio canónico, si así lo desea, previos los trámites necesarios y oportunos que el Derecho Canónico establezca.

A diferencia del matrimonio de Vicente Fox y Marta Sahagún, la boda religiosa de Angélica Rivera con *el Güero* Castro sí se llevó a cabo en una iglesia y cumplió, según el sacerdote que ofició la ceremonia, con todos los requisitos exigidos por la Iglesia. Días después de la anulación, el 3 de junio de 2009, el programa *No lo cuentes,* conducido por Gustavo Adolfo Infante, explicó los detalles de la realización de un matrimonio conforme al derecho canónico. Y divulgaba las imágenes de la actriz cuando solicitó la anulación del matrimonio.

La boda religiosa de la actriz y José Alberto *el Güero* Castro fue una ceremonia íntima, con sus hijas y familiares. Firmaron como testigos el hermano de él, Fausto Sáinz Castro, y las hermanas de la actriz: Elisa, Adriana y Carolina. En el programa transmitieron la entrevista que le hicieron a Patricia Cuevas, secretaria de la iglesia de Nuestra Señora de Fátima, quien dijo que la boda fue oficiada por el sacerdote Ramón García López, vicario de esa parroquia. La secretaria fue aclarando los hechos:

—La boda de ellos fue aquí, fue a la seis de la tarde; la válida es esta, la de la parroquia [...].

—¿El sacramento es válido? —le preguntó el periodista.

—Claro, porque además fue aquí en la parroquia [...]. La de aquí es la válida y ellos la quisieron hacer para pasar por el sacramento, por el matrimonio, que era lo válido, ¿no? Claro, si eres católica, eso es lo que ellos querían tener: la bendición de Dios en su matrimonio [...]. Toda la vida se les dice: «No puedes casarte en un casco de una hacienda, no te puedes casar en un jardín», se les dice antes, por eso es que ellos decidieron hacer la boda aquí en una parroquia y después hacer la ficticia con todos los artistas en un jardín.

—¿La boda está anulada ya por la arquidiócesis?

—La arquidiócesis es la que lleva todo el trámite…

—Pero ¿no te han pedido a ti los documentos?

—Obvio, obvio, mi labor terminó al momento cuando a mí me pidió mi expediente la arquidiócesis; el expediente, si yo lo tuviera aquí, sí te ayudaría muchísimo; pero en el momento que la arquidiócesis me pide los documentos esto queda clausurado.

Luego preguntaron su opinión al interesado, José Alberto *el Güero* Castro, quien confirmó lo dicho por la secretaria:

—Nosotros primero nos casamos en una iglesia en México y después hicimos una bendición en Acapulco […]. Lo único que yo busco es que mis hijas estén bien, que Angélica esté contenta y yo también, que las cosas, siempre y cuando se hagan apegadas a la verdad y al derecho, todo está perfecto.

Después de que se transmitió la entrevista, la secretaria de la parroquia fue despedida. Y el sacerdote que ofició la ceremonia en la playa, José Luis Salinas Aranda, fue castigado luego de que se declarara nulo el enlace religioso entre Angélica Rivera y José Alberto Castro.

Días antes de la visita del papa a México, que tuvo lugar del 12 al 17 de febrero de 2016, *Aristegui Noticias* reveló que tanto Peña Nieto como su esposa tuvieron conocimiento de las injusticias cometidas a cambio de conseguir la anulación del matrimonio, particularmente la sanción contra el padre Salinas Aranda, a quien le suspendieron el ministerio sacerdotal. Y es que el 5 de noviembre de 2010, siendo Peña Nieto gobernador del Estado de México, el cura castigado le escribió para enterarlo de todo:

Considerando la oportunidad de poder enviar esta carta para que le sea entregada en propia mano, me veo obligado moralmente a comunicarle lo siguiente, ya que de sobra es mediáticamente conocido el futuro enlace matrimonial sacramental de usted con Angélica Rivera. Más allá de desearlo o no, yo estoy indirectamente implicado en este tema, puesto que la anulación canónica del matrimonio realizado entre Angélica y José Alberto le ha sido otorgada gracias a que el Tribunal de la Arquidiócesis de México me ha hecho a mí responsable de la celebración del matrimonio en Acapulco, Gro. Por supuesto, que si dicha celebración sacramental se hubiera realizado así la causa de nulidad sería automática. Sin embargo, los hechos no se dieron así, porque en Acapulco se celebró una misa, que yo mismo presidí por invitación de los esposos, pero en la que se renovó el compromiso matrimonial realizado canónica y previamente a la mencionada celebración de la misa. Del consentimiento matrimonial no fui yo el testigo canónico sino un sacerdote debidamente delegado para ello, lo que hace que el matrimonio fuera absolutamente válido y no tan fácil de ser anulado. Los documentos que comprueban lo que afirmo son contundentes, así como también la gran cantidad de irregularidades canónicas en la exposición de motivos por los que el Tribunal de la Arquidiócesis de México a mí me decreta una severa sanción en que se me implica muy irresponsablemente de algunos delitos, falsos todos ellos, pero especialmente en el que se afirma además el de haber celebrado el matrimonio en Acapulco sin tener delegación alguna. Por supuesto que no celebré el matrimonio en Acapulco, no es lo mismo celebrarlo que renovar un compromiso anteriormente ya hecho, así hayan pasado uno o más días, porque eso no es lo que hace válido o inválido un matrimonio, como tampoco la vestimenta que los contrayentes hayan llevado, sólo lo hace válido el consentimiento libremente expresado de los contrayentes ante un sacerdote debidamente delegado para ser testigo canónico. El Decreto emitido por el Tribunal de la Arquidiócesis de México por el que yo he sido sancionado ya ha sido examinado minuciosamente por expertos canonistas y exponen una a una las irregularidades contenidas en él. Quiero con todo esto, y se lo digo con toda sinceridad, que de ninguna manera deseo se vean afectados los legítimos proyectos que tengan tanto usted como Angélica. Si en este tema, no lo sé, alguien le ha asesorado, quiero decirle que lo ha hecho no sólo mal, sino muy mal. Las implicaciones que todo esto tiene son en verdad muy graves y por lo mismo muy importante de tomarse en cuenta. Por mi más profunda convicción personal y por recomendación del Nuncio Apostólico, no haré nunca una exposición pública del asunto. En este sentido puede estar seguro, tanto usted como Angélica, que así será. Sin embargo, no puedo evitar que de todo esto se filtre alguna información, no mía por supuesto, y que lo revele. Las gravísimas consecuencias que de ello se derivan son en todos aspectos más que evidentes, tanto política, en lo que concierne a un buen Gobierno, como también institucionalmente en lo que concierne a la Iglesia. De mi parte, cuente con mi mejor disposición de exponerle personalmente lo que le he escrito, así como ampliar aún más las interrogantes que tenga, siempre de manera personal y confidencial. Esta oportunidad de dirigirme a usted es también ocasión para agradecerle su interés por mi salud y bienestar, así como también mis respetos y afecto sincero por Angélica. De mi más alta consideración, afectuosamente en Cristo Jesús, Presbítero José Luis Salinas Aranda.

No fue la única carta que escribió el padre Salinas. También solicitó ayuda al papa Francisco, a través de una carta de 12 páginas, para que le restablecieran el ministerio sacerdotal que el cardenal Norberto Rivera Carrera se había encargado de retirarle sin respetar el fallo favorable del Tribunal de la Rota Romana, y lo había difamado para conseguir finalmente la anulación del matrimonio de Angélica Rivera y José Alberto Castro. El padre Salinas sólo les ofreció su bendición en Acapulco, porque previamente el padre Ramón García López los había casado en la iglesia de Fátima en la Ciudad de México. Al final, todo quedó al descubierto y se demostró que dicha anulación matrimonial fue absolutamente irregular, expedita y a costa del ministerio sacerdotal del padre Salinas, quien fue claramente un chivo expiatorio para que la Primera Dama lograra su cometido.

El padre Salinas aguardó durante años a que la Iglesia le regresara su ministerio sacerdotal tan injustamente arrebatado. El 7 de octubre de 2015 falleció esperando una decisión papal a su favor y en contra del cardenal Norberto Rivera Carrera.

Y como bien dicen, después de una mentira, vienen muchas más. En junio de 2009 Angélica Rivera dijo con absoluto aplomo, en entrevista con la revista *Quién*, que «nunca» estuvo casada con *el Güero* Castro. Y defendió la polémica anulación de su matrimonio religioso.

—No fue anulación, la Iglesia lo dictaminó como algo inválido. No tuvo validez porque no llevamos las formas como la Iglesia lo requiere, fue un error de parte de nosotros, la Iglesia lo tomó así

[...] la Iglesia no puede hacer válido el supuesto matrimonio de la iglesia de Fátima porque no se corrieron amonestaciones, en la ceremonia del 2 de diciembre no hubo anillo, no hubo lazo y, por si fuera poco, el padre que firmó el acta no tenía permiso para celebrar el sacramento.

Pero su ex marido no piensa lo mismo. José Alberto Castro Alva nunca dudó de la validez de su matrimonio religioso y así lo expresó en la carta que escribió en octubre de 2010 a solicitud del padre José Luis Salinas Aranda (*véase* el primer capítulo de este libro).

BANALIDAD Y FRIVOLIDAD

¿Hasta qué punto el matrimonio entre Enrique Peña Nieto y Angélica Rivera Hurtado es simplemente una operación de *marketing*? Sin importarles nada, consiguieron una anulación matrimonial llena de irregularidades, lastimando a terceros, insultando la fe de los mexicanos católicos, pasando por alto el derecho canónico.

El sacerdote Alejandro Solalinde era amigo del padre José Luis Salinas Aranda. Por eso quise entrevistarlo. Está vestido de blanco y lleva su inseparable cruz de madera al cuello. El tema sobre su amigo le sigue doliendo, sobre todo por la forma como murió, sin tener acceso a la justicia.

—Fue mi amigo y él me platicó cómo estuvo todo esto —relata el padre Solalinde—. Él murió lastimadísimo. La desautorización de Roma, la complicidad de la Iglesia local fue para él un golpe tremendo. Yo me hospedaba en su casa en la colonia Roma y me platicó todo. Murió muy lastimado por la injusticia que se hizo contra él, porque prácticamente le dieron toda la razón a Peña y a *la Gaviota*. Pero allí están las pruebas, sus testimonios, y es muy lamentable que haya muerto así.

Solalinde es coordinador de la Pastoral de Movilidad Humana Pacífico Sur del Episcopado Mexicano y fundador del albergue Hermanos en el Camino, ubicado en Ixtepec, Oaxaca, donde autoridades locales lo han amenazado de muerte por su defensa de los migrantes.

Es un hombre noble y generoso, entregado a la causa de los derechos humanos. Un crítico del sistema corrupto mexicano y por supuesto de la jerarquía católica. En mayo de 2012 se vio obligado a abandonar México debido a las amenazas de muerte. Y dos meses después regresó al país a pesar del peligro inminente en el que vive. En ese momento aprovechó para recomendarle a los miembros del PRI hacer un «acto de contrición» por los abusos que han cometido durante más de 70 años. Desde entonces, no ha dejado de criticar los excesos cometidos por Enrique Peña Nieto.

—No me extrañan las maniobras que hicieron para casarse ni cómo lastimaron a mi amigo —continúa—. Él y su esposa Angélica Rivera son personas de ese nivel. ¿Qué podemos esperar? Él es del grupo Atlacomulco. No extraña nada. Peña Nieto y Rivera son maestros de la simulación. Ese matrimonio es un montaje. Si analizamos los matrimonios del grupo Atlacomulco nos vamos a dar cuenta que muchos de ellos tienen su orientación bisexual. Es la tónica. Las esposas lo saben y lo aceptan. A ellas no les falta nada, les va muy bien económicamente, pero tienen que aceptarlo así. Es como si fuera una tradición. Desde Isidro Fabela para acá.

Solalinde es un gran defensor de las mujeres. Es un hombre feminista. Regularmente ofrece talleres para *empoderar* a las mujeres de México, porque dice que son ellas las que tienen la capacidad de cambiar este país. Pero no todas. Critica la falta de una agenda política social de la Primera Dama. Y condena su frivolidad y la ostentación en que vive, frente a un país con más de 50 millones de pobres.

—Es algo lastimoso para México. Este gobierno está produciendo un millón de pobres, aunque traten de maquillar las cifras. La gente está muy amolada, cada vez peor. Y la clase política, como ella y como él, no tienen pudor para contenerse en la sobriedad de bienes, al contrario, cada vez acumulan más, roban más, es lo que pasa con Peña y *la Gaviota*. Y nuestra gente parece que se ha acostumbrado a eso. Ya no le admira a la gente que ellos tengan tantas propiedades ocultas, tantas propiedades a nombre de otros, tantos prestanombres.

—*La Gaviota*, de amada, pasó a ser odiada como Primera Dama...

—Claro, lo que pasa es que ella se mostró frívola, se mostró muy *high society*, se mostró y se muestra totalmente insensible con nuestra gente, que la mayor parte está amolada. Nunca hizo labor social, al contrario, se fue a las modas, a la frivolidad de las revistas del corazón. Es una Primera Dama que pudo haber hecho mucho y no lo hizo. Ahorita ya es muy tarde.

DERROCHE SIN LÍMITE

A la luz de los hechos, está claro que a Angélica Rivera le gusta incrementar su guardarropa. Y en especial, con prendas carísimas, de diseñador. La crisis económica por la que atraviesan México y los mexicanos a causa de las políticas públicas financieras de su marido no parecen afectarla a la hora de elegir ropa y accesorios. Además de haber convertido su vida privada en un *show* y de abrir las puertas de su casa a las revistas del corazón, la Primera Dama ha ido acumulando una importante colección de vestuario y joyas.

El lujo de su vestuario le ha valido contarse entre las primeras damas más elegantes del mundo, según la revista *Vanity Fair,* que la considera una de las mujeres «con más estilo» entre las esposas de los jefes de Estado del orbe, y le otorga el séptimo lugar de la lista. Se disputa el *top ten* de las mejor vestidas con mujeres como la reina Rania de Jordania, la emperatriz Michiko de Japón, la reina consorte Jetsun Pema de Bután y la reina consorte Masenate Mohato Seeiso de Lesotho.

—Ese reconocimiento —declaró Angélica Rivera en una entrevista para ¡Hola!— es algo que me llena de orgullo, y no por vanidad, sino porque es una manera de que en el extranjero admiren a México.

El medio oficial para difundir el *glamour* y los costosos atuendos de la Primera Dama es la revista ¡Hola!, que le ha dedicado en estos años decenas de portadas, algunas veces más de una docena de páginas, para mostrar con detalle los vestuarios que usa en sus giras internacionales y en eventos públicos en México. Muy pronto los mexicanos supieron que a su Primera Dama le encanta la ropa cara. El despliegue de ostentación en las cuatro ceremonias del Grito de Independencia en lo que va del sexenio peñista ha sido duramente criticado. En cada una ha usado vestidos largos de diseñador por más de 6 mil dólares cada uno. El primer año se decidió por el diseñador mexicano Benito Santos, con un vestido largo color verde de encaje. El vestido fue reprobado por ser copia de un vestido de Dolce & Gabbana y, claro, por el precio: unos 50 mil pesos. En las redes se habló de «Primera Dama pirata». Esa noche usó además zapatos de la marca Fiorano y aretes de Gustavo Helguera. La maquilló, como de costumbre, Alfonso Waithsman y la peinó el cubano Pedro Senen Armas, mientras que el *personal styling* corrió a cargo de José Ramón Hernández. En 2014 eligió un vestido de corte sirena en rosa y azul marino con un gran moño a la espalda del diseñador dominicano Óscar de la Renta, con un precio de 6 mil 290 dólares, unos 83 mil pesos al tipo de cambio en ese momento. No fue la única que lució vestido caro. También lo hicieron su hija Sofía y sus hijastras Paulina y Nicole Peña Pretelini. Los vestidos de las hijas de la pareja costaron en promedio 20 mil pesos cada uno. Las noches de las ceremonias del Grito de Independencia, a las que acude la familia completa, le han costado a los mexicanos alrededor de 20 millones de pesos cada una, de acuerdo con la información oficial proporcionada por el Instituto Federal de Acceso a la Información y el Portal de Obligaciones y Transparencia (POT) y publicada en el portal *SinEmbargo.mx*, que dice:

En 2013, la organización del Grito de Independencia les costó a los mexicanos 17 millones 422 mil 783 pesos con 4 centavos. La Presidencia de la República reportó ese gasto en el POT como «Servicio integral para la organización del evento: Conmemoración del Grito de Independencia de México» bajo el contrato AD-062-056-13 por licitación directa a la empresa Actidea S.A. de C.V.

El Segundo Grito del Presidente Enrique Peña Nieto quedó a cargo del mismo consorcio y el pago fue 10% mayor debido a la inflación y a «un valor agregado en la sofisticación», sin que hasta ahora haya sido revelado a través de ese portal cibernético construido en 2002 al amparo de la Ley de Transparencia para poner luz en las adquisiciones del gobierno federal, entre otras funciones.

Al concepto hay que añadir el costo de los trajes y vestidos de los inquilinos de la Residencia Oficial de Los Pinos.

En contraste, no se ha dejado esperar la ira del pueblo a causa de semejante ostentación. Desde el balcón y frente al pueblo, la rechifla acompaña a la pareja presidencial y a sus vástagos. En 2015 Angélica Rivera usó para la ceremonia un vestido de corte imperio color marfil con bordados dorados del diseñador mexicano Alejandro Carlín, con un costo aproximado de 80 mil pesos. La esposa de Enrique Peña Nieto marca tendencia. La moda de los vestidos caros se ha extendido a otras primeras damas. El de Anahí, primera dama de Chiapas, costó 120 mil pesos, en uno de los estados con mayor índice de pobreza.

Angélica Rivera mostró la predilección por el vestuario costoso desde que inició el gobierno de Enrique Peña Nieto. Sea la fiesta de XV años para niñas de escasos recursos o a una gala por el aniversario del Ejército, la Primera Dama lleva encima, entre ropa, accesorios, zapatos y bolsa, de 300 mil a 500 mil pesos. Generalmente los *outfits* que usa son de diseñador y en otras ocasiones de marcas famosas igualmente caras. Pero si se trata de presumir, Angélica Rivera y sus hijas e hijastras prefieren las giras presidenciales al extranjero.

Uno de los excesos más sonados fue la visita oficial del presidente Enrique Peña Nieto a Gran Bretaña. Bajo el título «La impactante reaparición de la Primera Dama en su estilosa visita oficial al Reino Unido», la revista ¡Hola! daba cuenta de su *glamour*. Tanto el vestuario de la Primera Dama como el de su hija Sofía Castro provocaron severas críticas por su elevado costo. Las revistas del corazón aprovecharon la ocasión para dedicarle varias páginas a sus vestidos de diseñador, en especial uno de Valentino usado para la cena de gala en el Palacio de Buckingham. Angélica Rivera usó un vestido rojo de una manga que cubría el perfil izquierdo de su cuerpo, cuyo costo fue de 3 mil 300 dólares, unos 50 mil 820 pesos. En total gastó en vestuario alrededor de 7 mil 800 dólares, más de 120 mil pesos al tipo de cambio en ese momento.

Gracias a ese viaje a Londres nos enteramos de que Angélica Rivera tampoco practica la necesaria austeridad en tiempos de crisis económica. Y no sólo nos dejó claro que no la practica, sino que gusta de ostentación y lujo a raudales. A su llegada a Inglaterra, usó un atuendo que casi llega a los 300 mil pesos, entre vestuario, joyas, abrigo, bolsa Gucci y zapatos, todo de caros diseñadores. En los siguientes eventos llevó un vestido de Alexander McQueen y otro de Valentino, valorados en más de 200 mil pesos. Por la noche, un vestido y abrigo negro con joyas, todo valorado en igual cantidad. Luego, para demostrarnos que no iba en viaje oficial, sino de paseo, fue a un foro de televisión donde se filma la telenovela o serie *Downton Abbey*. En definitiva, podríamos decir que la señora Rivera también se despachó con cuchara grande, porque sólo en su arreglo personal se gastó más de un millón de pesos.

Las imágenes de la pareja presidencial en Londres con la reina Isabel y el príncipe Carlos no suavizaron las críticas. La visita fue vista como otra forma de dispendio y cinismo desde el gobierno. Y es que el Presidente viajó con una comitiva de 200 personas; entre ellas, Alfonso Waithsman, el maquillista de la Primera Dama, y también el estilista de su hija Sofía, Aldo Rendón. Además del vestuario ostentoso de la Primera Dama, su hija Sofía fue el centro de atención porque lució un diseño de Dolce & Gabbana de 7 mil 274 dólares. Su estilista, Aldo Rendón, publicó una foto de Sofía, de 18 años, con un impecable peinado, luciendo su costoso vestido y unos guantes color guinda.

Los excesos de la familia presidencial ofrecieron una nueva cara del despilfarro vergonzoso de la clase política instalada en el poder. Con un salario mínimo de hambre de 70 pesos diarios —unos cuatro dólares y medio— que gana un trabajador en México, es evidente por qué esta clase política encabezada por Peña Nieto está muy distanciada de la sociedad. Es una clase política colocada en las antípodas del termómetro ciudadano; una clase política cínica, capaz de despreciar el sentir popular e ignorar el rechazo, el hartazgo, el enojo de los mexicanos con sus gobernantes. Y es que Peña Nieto nos ha demostrado que no le importa la caída en picada de su popularidad, ni tampoco el bajo nivel de aceptación que tienen actualmente su administración, sus reformas o su forma de gobernar.

En el imaginario colectivo quedó claro que Peña Nieto, su familia y una comitiva de 200 personas se fueron a pasear a Londres en avión presidencial de lujo, mientras el país se hunde en la crisis económica. En ese momento se publicó el anuncio de los recortes de la Secretaría de Hacienda al gasto público por 124 mil 300 millones de pesos para 2015; además, ocurrió el desplome del peso, la caída estrepitosa de los precios del petróleo y tantas otras señales financieras negativas. En tal entorno, es claro que la austeridad no es el fuerte de este gobierno. ¿Era necesario viajar con 200 personas a Londres? Seguramente no. ¿Era necesario llevarse a sus cinco hijas e hijastras? Seguramente no. ¿Era necesario que Angélica Rivera se gastara más de 200 mil pesos sólo en dos vestidos de diseñador, aunque posiblemente fue el triple tomando en cuenta bolsos, zapatos y demás ropa que usó? Seguramente no. ¿Era necesario que su hijastra Sofía vistiese un vestido de Dolce & Gabbana que le costó más de 100 mil pesos? Seguramente no. ¿Quién pagó los excesos de la administración peñista de su viaje a Londres? Obviamente el pueblo, ustedes, nosotros, todos los contribuyentes. Peña Nieto, su familia, funcionarios y amigos se sirven con la cuchara grande, saludan con sombrero ajeno, porque los excesos no son pagados con dinero de sus bolsillos, sino con los caudales públicos.

Entre los funcionarios, legisladores, empresarios, académicos, asesores, familiares y amigos invitados con el dinero público a formar parte de la extensa comitiva que acompañó a Peña Nieto en su viaje a Londres estuvieron el secretario personal de Peña Nieto, Jorge Corona; el entonces secretario de Hacienda, Luis Videgaray Caso, artífice de los recortes del país pero que no redujo el presupuesto de ese oneroso viaje; el entonces jefe de la Oficina de la Presidencia, Aurelio Nuño; el coordinador de Asesores, Francisco Guzmán; el coordinador de Comunicación Social, David López, y el jefe del Estado Mayor Presidencial, Roberto Miranda. La larga lista de funcionarios que fueron a Londres estaba llena de secretarios: de Educación, Energía, Turismo, Relaciones Exteriores, Economía, Medio Ambiente...

Y hasta el director de Conaculta. Pero llamó la atención la presencia del perredista de «nueva izquierda», Miguel Ángel Barbosa, acompañado, claro está, de su elegante esposa Rosario Orozco. La mayoría de los funcionarios e invitados viajaron con sus acompañantes, algunos de los cuales eran secretarios, amiguitas, amantes o esposas. También acompañó a Peña Nieto un médico, por lo delicado de su salud. Por supuesto, en la comitiva no podían faltar dos asistentes de Angélica Rivera, esenciales para su arreglo personal: su famoso estilista y su *fashionista*, que le aconseja los modelos que debe comprarse a cargo del erario y lucir en sus viajes al extranjero. El derroche fue tal que el entonces secretario de Educación Pública, Emilio Chuayffet, se llevó a una decena de rectores, entre ellos José Narro. ProMéxico no se quedó atrás: acarreó a alrededor de 50 empresarios.

Sorprende el dispendio en tiempos de enorme rechazo hacia la administración peñista y de inmensa pobreza —70 millones de mexicanos carecen de lo básico, 28 millones de ellos no tienen qué comer—. Y sorprende igualmente la soberbia de los políticos enriquecidos a costa del dinero público, sorprende el tráfico de influencias para hacer «negocios». ¿Tal vez esos 7 mil dólares —unos 108 mil 569 pesos— que costó la bolsa Gucci que llevaba Angélica Rivera cuando descendió del avión habrían podido ser utilizados mejor en el presupuesto social? ¿O tal vez esos 100 mil pesos del vestido de Sofía de Dolce & Gabbana habrían servido para alimentar a cientos de personas que acuden diariamente a los comedores de la raquítica Cruzada Nacional contra el Hambre? Un gobierno rico, una clase política ostentosa de su sospechosa riqueza, frente a un pueblo pobre y saqueado nunca tendrá un buen final. La riqueza suntuosa mal habida es peligrosa, así lo demuestran todos aquellos gobernantes del mundo que han terminado sus días derrocados por el pueblo, pueblos como el mexicano, cada vez más hastiado ante tanta impunidad y descaro.

Las cifras de esta gira que duró sólo tres días lo dicen todo. A través de la Ley Federal de Transparencia y Acceso a la Información Pública Gubernamental, la revista *Proceso* obtuvo de la Presidencia de la República la lista de alimentos y otras cosas entregadas en el avión presidencial TP-01 para la visita oficial al Reino Unido: el viaje costó 91 mil 854 dólares, aproximadamente un millón 440 mil pesos, solamente en «servicio de *catering* VIP», contratado con la empresa Royal FBO Service. El servicio por persona costó a los mexicanos en promedio 47 mil 031 pesos. Se adquirieron 56 botellas de vinos y licores, 20 órdenes de pescados y mariscos, 25 de pollo, 20 de carne roja, 40 de ensaladas, ocho de arroz, cuatro charolas de chiles toreados, 20 órdenes de postre, una canasta de frutas, seis órdenes de pasteles, una rosca de chocolate, dos charolas de queso, una de sándwiches surtidos, otra de sándwiches no surtidos y tres charolas de tortas, así como 75 botellas de agua mineral, 18 latas de agua quina, ocho paquetes de agua embotellada, cinco de Coca-Cola, uno de Coca-Cola Zero, uno de Coca-Cola Light, dos de Gatorade, diez botellas de Gatorade surtido, aceitunas, papas fritas, nueces, arándanos, cacahuates, avena, ate, barritas Nutri-Grain, barritas All-Bran, barritas de Amaranto, chocolates, cinco cajas de té de diferentes sabores y siete de té verde, además de chicles, cepillos de dientes y otras cosas de uso personal.

Mientras el tabloide *Daily Mail* publicó a la Primera Dama en bikini, en su etapa como actriz, el *International Business Times* destacó su *glamour*. La prensa se centró también en los diamantes y rubíes que usó. El *Daily Mail* hizo un recuento de su trayectoria y criticó a la pareja presidencial: «Mientras que [en Londres] podría parecer la esposa de un político consumado, lo cierto es que su carrera como actriz de telenovelas no deja de perseguirla. Su marido, el presidente Enrique Peña Nieto, ha sido ridiculizado [en México] por caer en una "política de telenovela", debido a que él, y su Primera Dama, han sido devorados escándalo tras escándalo». Y afirmó que, por su estilo chic, Rivera se compara con la ex primera dama francesa Carla Bruni.

Por su parte, el periódico *The Guardian* se refirió a los problemas en México: «Enrique Peña Nieto claramente se suscribe a la escuela de pensamiento de "ir duro o irse a casa" cuando de una elegante visita de Estado se trata. Asediado en casa, y con la probabilidad de encontrar aquí [en Londres] manifestantes estudiantiles, ha optado por un afilado traje azul marino y su tradicional corbata roja con rayas, como armadura. Mientras tanto trabaja con ferocidad su cabello peinado con duras separaciones laterales que no suceden por accidente».

A pesar de la caída estrepitosa en su nivel de aceptación, Peña Nieto y la Primera Dama han seguido utilizando las giras presidenciales como un mecanismo de escape y despilfarro: «Cinco días, dos países, seis *outfits,* dos cenas de gala, una elegante noche con los reyes de Dinamarca y un divertido encuentro con *Chicharito* y Lucía Villalón», titulaba la revista *¡Hola!* en su portada dedicada a la Primera Dama en su «ajetreado» viaje a Alemania y Dinamarca. El *glamour* de la Primera Dama fue retratado puntualmente y publicado en 12 páginas interiores dedicadas a la ropa que vistió. Lo más sorprendente de este reportaje es que las fotografías fueron aportadas por la Presidencia de la República. Son fotos que enaltecen la figura de la Primera Dama y la indumentaria que usó durante las actividades de esa gira realizada en abril de 2016: «Mientras en México, su hija Fernanda aparecía con su primer amor», agregaba la portada.

Esta gira presidencial fue muy señalada porque sucedió en uno de los peores momentos del gobierno de Enrique Peña Nieto, marcado por su desencuentro con la Comisión Interamericana de Derechos Humanos (CIDH) en su investigación sobre el crimen de Estado de Ayotzinapa. El gobierno no quiso prolongar el trabajo del Grupo Interdisciplinario de Expertos Independientes (GIEI) que coadyuvaba en la investigación sobre los 43 normalistas desaparecidos e incluso les puso todo tipo de trabas para llegar al fondo de las investigaciones, en especial sobre la participación del Ejército mexicano, institución que fue protegida desde el principio. Los hechos históricos en Ayotzinapa y las violaciones de derechos humanos fueron abordados por el presidente alemán Joachim Grauck y por la canciller Angela Merkel; también por el primer ministro danés, Lars Løkke Rassmusen, a quien le llovieron las críticas por firmar acuerdos económicos con México, país que viola derechos humanos.

En esos días también se publicó el informe del Departamento de Estado estadounidense sobre la situación de los derechos humanos en México y el informe sobre pobreza de la Comisión Económica para América Latina y el Caribe (CEPAL), ambos descalificados por el gobierno mexicano. En definitiva, la crisis de derechos humanos con varios crímenes de Estado: Tlatlaya, Apatzingán, Tanhuato y Ayotzinapa, ocurridos en unos meses, estaba presente en la gira, pero la Primera Dama sólo pensaba en su atuendo. También la revista *¡Hola!*:

> La Primera Dama, Angélica Rivera, ha acompañado a su esposo, durante su viaje por Alemania y Dinamarca. La pareja presidencial ha tenido unos días con mucha actividad, cumpliendo con compromisos en cada uno de estos países. Con el fin de fortalecer las relaciones diplomáticas entre México y estas naciones europeas, la Primera Dama y el Presidente se reunieron con importantes personalidades de la política, la realeza y hasta el deporte [...].
>
> La Reina Margarita celebró una cena en honor al Presidente y su esposa, a la que atendieron los miembros de la familia. En Alemania, además de encontrarse con el presidente Joachim Gauck y la canciller Angela Merkel, la pareja tuvo la oportunidad de convivir con algunos mexicanos ilustres que viven en el país germano. Entre ellos estuvo Javier *Chicharito* Hernández, quien asistió a una cena en honor al Presidente acompañado de su novia, Lucía Villalón. Mientras esto pasaba en Europa, en México, Fernanda Castro, hija de Angélica, se dejaba ver por primera vez en público acompañada de su primer amor.

La pareja presidencial se paseó por Europa y al llegar a Dinamarca fue recibida por la reina Margarita, quien los esperaba en el hangar del aeropuerto de Copenhague junto a su esposo, el príncipe Henrik. Fue la primera visita que un presidente mexicano hacía a aquel país desde 1827, cuando iniciaron las relaciones diplomáticas. La pareja fue recibida en el Palacio de Fredensborg, después en el Castillo de Kronborg y posteriormente en el Museo Marítimo por el presidente y su esposa, junto con la princesa Mary y el príncipe Federico. La prensa del corazón, acostumbrada a cubrir a las monarquías europeas, habló de un «duelo» de estilos entre la princesa y la Primera Dama y destacó el vestuario de Angélica Rivera, quien «lució un vestido verde con mangas tres cuartos, el cual combinó con un abrigo en color camello con zapatos y bolso *clutch* en *nude* a juego».

Pero no siempre son acertados los atuendos elegidos por la Primera Dama. Durante la visita del papa Francisco a México escogió, no sabemos si por casualidad o con toda la intención, un color blanco que rompió el estricto protocolo de la Santa Sede. Ese color sólo está permitido para que lo usen las «reinas católicas», es decir, este concepto denominado *Privilège du blanc* sólo lo pueden usar mujeres de la realeza, como Letizia de España o María Teresa de Luxemburgo. La esposa de Peña Nieto no respetó el protocolo de vestimenta, a pesar de que no era la primera vez que tenía un encuentro con el pontífice. La última vez que lo vio en Roma, tanto ella como sus hijas llevaban vestidos negros con un velo que les cubría el cabello.

GUSTO POR LOS VIAJES

En el transcurso del sexenio, de 2013 a enero de 2016, el Presidente ha realizado 41 viajes internacionales, cuyo gasto total —incluido el de su comitiva, seguridad y logística— asciende a 10 millones 86 mil 543 dólares, aproximadamente 184 millones de pesos, de acuerdo con los datos proporcionados por la Presidencia. Aunque todos los viajes han sido caros, el más costoso fue el de Nueva York, en septiembre de 2015, en el que se gastaron 541 mil 814 dólares. Le siguen los viajes a Davos, Suiza, para asistir al Foro Económico 2014 y el de 2016. En el primero se pagaron 198 mil 703 dólares, pero dos años después, por la estancia de Peña Nieto y su comitiva, el costo se elevó a 440 mil 832 dólares, más del doble que en el primero. Luego está el viaje a Medio Oriente (Arabia Saudita, Emiratos Árabes, Kuwait y Qatar), con un gasto de 173 mil 927 dólares. El costo por la visita de Estado al Reino Unido de Gran Bretaña, entre el primero y el 6 de marzo de 2015, fue de 456 mil dólares, uno de los viajes más caros que reporta la lista oficial de la Presidencia.

Las giras a todo lujo se impusieron con la llegada de Peña Nieto y Angélica Rivera. Por ejemplo, su viaje al Vaticano nos costó 321 mil 517 dólares; la gira a China y Australia, entre el 9 y el 15 de noviembre de 2015, 649 mil 340 dólares. Están incluidas las visitas de Estado a Francia en julio de 2015, con un gasto de 392 mil 631 dólares, y al funeral de Nelson Mandela, entre el 8 y el 11 de diciembre de 2013, el cual representó 224 mil dólares. En los mismos términos de dispendio están los viajes a Argentina, Chile, Alemania, Bélgica, España, Inglaterra, Estados Unidos y Canadá. Todo indica que a Peña Nieto y a su señora esposa les gusta darse la gran vida con familia e invitados «especiales». Todo a cargo del erario.

Uno de los viajes más criticados fue el que la pareja realizó a China en noviembre de 2014.El maquillista de Angélica Rivera, Alfonso Waithsman, anunció en su cuenta de Facebook que se iba de viaje con la Primera Dama en la comitiva oficial de la visita de Estado que realizaba Peña Nieto: «Amigos me desconecto unos días de las redes sociales porq me voy a China q emociooooooooon nos vemos en una semana y documento los momentos». Y en Twittter escribió, junto a una imagen suya a bordo del avión presidencial: «CHINA…. Allá vooooooooooy». Abundaron las críticas, sobre todo por el hecho de que la Primera Dama viajara a cargo del erario con su maquillista y otras personas contratadas para su arreglo personal.

Ese viaje a China tuvo lugar en una época convulsa por la desaparición de los 43 normalistas de Ayotzinapa. A pesar de eso, el Presidente decidió viajar también a la cumbre junto a los presidentes de China (Xi Jinping), Estados Unidos (Barack Obama), Rusia (Vladímir Putin), Perú (Ollanta Humala) y Chile (Michelle Bachelet), entre otros mandatarios.

Entre los viajes más llamativos de la Primera Dama por su vestimenta está su visita oficial a Portugal, el Vaticano y España en junio de 2014. En la comitiva que viajó a la Santa Sede la delegación mexicana incluyó a 17 personas, entre ellas Angélica Rivera y las tres hijas de su anterior matrimonio; su hermano y la hija de éste, algo que igualmente ha sido reprobado. Como otros medios españoles, el periódico *ABC* señalaba que Angélica se inspiraba en la entonces princesa Letizia a la hora de elegir su guardarropa: «Y hace bien, porque en el pasado, más de una vez derrapó con vestidos algo exagerados, colores poco favorecedores y mezclas que rechinaban: vestidos de *patchwork,* mangas abullonadas como jamones de jabugo o arcoíris de colores.

Tras un polémico y poco adecuado posado para una revista femenina, Angélica quizás ha comprendido que no se trata de ser la más
explosiva ni la más llamativa, sino de ir de acuerdo con la situación».
Este diario fue más allá al considerar que la Primera Dama de México
«copiaba» el estilo de la reina de España:

> En sus viajes oficiales no ha dudado calcar los vestidos de encaje que
> tan de moda ha puesto la Reina de España. Incluso los escotes y man-
> gas emulan a los de Doña Letizia: las mangas, extremadamente ceñi-
> das sólo llevan encaje, quedando semitransparentes. Los escotes son de
> tipo «ilusión», una especie de palabra de honor con el torso cubierto
> de blonda o muselina.
>
> Los vestidos de noche y *cocktail* son réplicas de los modelos de la
> Reina. En la toma de posesión de Enrique Peña Nieto como presiden-
> te, Angélica lució un vestido «estilo Letizia» de color gris, con encaje,
> manga larga y falda a la rodilla. Incluso en las fotos de familia apareció
> posando medio girada, casi de perfil, una postura habitual de la Reina
> en los posados oficiales en grupo.
>
> En su primera visita oficial a Francia tampoco dudó en inspirarse
> en el vestido rojo de mangas ceñidas tres cuartos que Doña Letizia uti-
> lizó en el posado para ¡Hola! por sus cuarenta años. El día de la Inde-
> pendencia mejicana en 2013, llevó un vestido de encaje verde asombro-
> samente parecido a algunos de los que la Reina Letizia ha lucido en los
> últimos años. Era una versión más burda, realizada por Benito Santos,
> el costurero de Jalisco que es a Angélica lo que Felipe Varela a nuestra
> Reina. Cuenta Benito Santos —médico metido a modisto de misses—
> que Rivera cuenta con asesores de imagen que se reúnen con él de vez
> en cuando para proyectar la ropa de grandes viajes y ocasiones. Santos
> ha comenzado a tener proyección internacional y alaba la decisión de
> «La Gaviota» de elegir creadores mejicanos.
>
> La cena de gala ofrecida por Don Juan Carlos y Doña Sofía al presi-
> dente de México y su esposa el año pasado fue la ocasión de ver juntas a
> Doña Letizia y Angélica, maestra y vasalla, que iban vestidas y peinadas
> como gemelas univitelinas. Doña Letizia de Varela, Angélica de Benito
> Santos. Una de negro, otra de azul petróleo.

Pero Angélica no es «de piedra» y le ha podido el diseño español y las marcas internacionales que en Madrid se encuentran. Aprovechando que su hija estudia en España, ha hecho varios viajes a nuestro país, en las que ha cursado una verdadera ginkana de compras. Empezando por las visitas de rigor a Felipe Varela, para comprar o «inspirarse», ha recorrido Ortega y Gasset y Serrano de arriba abajo. Le gustan las marcas españolas, los accesorios de empresas francesas de gran reputación y la mezcla tan abundante que encuentra en algunos centros de El Corte Inglés, que supera de lejos la oferta internacional de mejores marcas presentes en «Palacio de Hierro», el gran almacén mexicano por excelencia. La copia es el mejor halago para Doña Letizia y una buena promoción para España como lugar ideal de turismo de compras.

El periódico *El Mundo* publicó en julio de 2015 un reportaje sobre las «vidas paralelas» entre la reina Letizia y la Primera Dama de México, en el que se ponía énfasis en la vida «lujosa» de la esposa de Peña Nieto: «El rol como consorte de Angélica Rivera no ha estado exento de polémica, ya que frecuentemente recibe críticas en prensa por su excesiva afición a los modelos de firma, sus costosos viajes por el extranjero y su gusto por el lujo. Una afición peligrosa».

Un año después, ambas, Angélica Rivera y la reina Letizia, volvieron a coincidir durante la visita de Estado a México. Las crónicas de sociales hicieron análisis de los *looks* de las dos mujeres. La Primera Dama quería estar a la altura de una reina, faltaba más, por eso eligió atuendos costosos de diseñadores mexicanos. En la ceremonia oficial de bienvenida, Angélica vistió un «*outfit* "monocromático" en rosa palo de Alejandro Carlín, que consistía de pantalones acampanados con "pata de elefante" a la cintura y una blusa de seda con moño en la parte de enfrente, complementado con *pumps nude* y un *clutch* de satín en rosa», con joyas de Daniel Espinosa, reportó la revista *Quién*.

El periódico español *El País* criticó el vestuario ostentoso: «Su exclusivo y costoso vestuario ha levantado más de una crítica en un país donde la mitad de la población vive en la pobreza. Las peticiones de información de la prensa sobre el origen del dinero que ha pagado su carísimo vestuario han recibido la misma respuesta de los organismos oficiales consultados gracias al centro de transparencia mexicano IFAI: información inexistente».

CERO INFORMACIÓN

¿Cuánto gasta Angélica Rivera en vestuario, accesorios, zapatos y arreglo personal? ¿A cuánto ascienden sus gastos pagados por el erario? Es un misterio. El gobierno de Enrique Peña Nieto, fiel a su vocación de opacidad, se niega a revelar los gastos de la Primera Dama y su ostentosa vida cotidiana. Los periodistas hemos solicitado, de manera reiterada, información a través del Instituto Nacional de Transparencia, Acceso a la Información y Protección de Datos Personales (INAI, antes IFAI), pero la Presidencia de la República y esa institución simuladora se han rehusado a entregar la verdad. Y sí, la respuesta siempre es la misma: «información inexistente».

El Comité de Información de la Oficina de la Presidencia de la República determinó negar la información relacionada con los gastos de la Primera Dama. No hay nada. Ni siquiera en conceptos de viajes, guardarropa, equipo de empleados, asistentes, asesores y maquillistas. El acta CI/PR/7SO/2014 de «Información Relevante» del Portal de Obligaciones y Transparencia lo dice claramente: «información inexistente». En general, la opacidad que ha caracterizado al gobierno de Peña Nieto se escuda en las unidades de la Función Pública, que tienen tres criterios para negar la información: primero, porque se considera «reservada»; segundo, porque es «confidencial», y tercero, por ser «inexistente». En el portal *SinEmbargo.mx* dieron a conocer que en la sesión de 2014 el comité analizó 15 solicitudes de información. Siete requerían datos sobre los gastos de la Primera Dama; por ejemplo, cuánto costó la vigilancia del Estado Mayor Presidencial a la casa de Sierra Gorda mientras fue de ella; por qué el maquillista Alfonso Waithsman la acompañó a China con Peña Nieto y cuánto costó al erario; qué contratos o recibos han firmado los maquillistas Waithsman y Jorge Beltrán para atender a Angélica Rivera, y cuánto ha gastado la Primera Dama en ropa y accesorios también con cargo al erario. Asimismo, solicitaron al INAI el plan de vuelo, itinerario y reporte de gasto del viaje que hizo al Vaticano en 2012 e información sobre el sitio digital *angelicarivera.com*.

La respuesta a las solicitudes de información sobre los gastos que rodean la lujosa vida de Angélica Rivera siempre topan con la pared de la opacidad y el secretismo sospechoso. La Presidencia suele turnar las solicitudes a la Dirección General de Finanzas y Presupuesto, pero esta casi siempre contesta igual: «Hago de su conocimiento que derivado de una búsqueda exhaustiva tanto en el estado del ejercicio del presupuesto asignado al Ramo 02 Oficina de la Presidencia de la República, como en los registros físicos y electrónicos que obran en la DGFP [Dirección General de la Función Pública], no se identificaron erogaciones presupuestarias por los conceptos requeridos…».

La estrategia tramposa utilizada por Presidencia a través de las distintas dependencias encargadas de transparentar la función pública es simplemente argumentar que la señora Angélica Rivera no tiene cargo alguno en la administración pública, aunque sí goce de una partida destinada para ella desde el presupuesto gubernamental. La modificación del Clasificador por Objeto de Gasto para la Administración Pública Federal, publicada en el *Diario Oficial de la Federación* el 24 de julio de 2013, señala que existen instrumentos que permiten registrar los gastos de funcionarios públicos, pero como ella no lo es, no hay información, así de sencillo. De esta forma, el INAI incrementa sus «expedientes clasificados», que con Peña Nieto han roto récords: 12 millones 120 mil 071, mientras que durante todo el sexenio de Felipe Calderón la cifra fue de 8 millones.

SinEmbargo.mx pidió información sobre lo que costó la remodelación de Los Pinos para albergar a toda la familia Peña-Rivera, pero la respuesta de la Secretaría Técnica del Consejo de Seguridad Nacional señaló en su oficio STCSN/RAI/054/2013 que la información era «inexistente». También solicitó informes sobre el uso de computadoras de los hijos del matrimonio Peña-Rivera: las direcciones de Adquisiciones, de Operación y Servicios Generales, y la del Área Administrativa; la de Bienes Muebles e Inmuebles, la de Riesgos, la de Recursos Materiales y Servicios Generales (diferentes peticiones) determinaron que no localizaron «evidencia documental».

El portal electrónico de periodismo más leído de México, *Sin Embargo.mx,* dirigido por Jorge Zepeda y Alejandro Páez junto a Rita Varela, donde colaboro con mi columna semanal «Daños colaterales», denunció la opacidad:

Tampoco quiso responder, la Presidencia, de la dieta de los hijos del matrimonio Peña-Rivera. La Dirección de Programación y Presupuesto informó que no se identificaron registros presupuestales por concepto de gastos de «alimentos exclusivos» para el Presidente de la República y su familia. Y sobre los elementos del Estado Mayor Presidencial que cuidan tanto al Presidente como a su esposa e hijos, esa entidad comunicó por su parte a este sitio digital a través del oficio 473/13: «El número del personal del Estado Mayor Presidencial, asignado a la seguridad de la Familia del Presidente no es posible proporcionarlo por estar clasificado como reservado por 12 años».

PUERIL, SUPERFICIAL, VACUO

El acelerado deterioro de su imagen a consecuencia de su lujosa vida no parece importarle a Angélica Rivera, quien se ve a sí misma como una heroína al más puro estilo de la novela rosa y romántica de Corín Tellado o Danielle Steel. En lugar de dedicarse a ser Primera Dama, ha preferido seguir siendo actriz, aunque ya no ejerza profesionalmente en Televisa. Entre las decenas de portadas de la prensa rosa dedicadas a la Primera Dama, destaca por su atrevimiento la de la revista *Marie Claire* de junio de 2014, donde aparece con su hija Sofía, entonces de 17 años, bajo el título «Redefiniendo el poder femenino». Entrevistadas por Ariadne Grant, ambas hablaron sobre sus «carreras» artísticas y revelaron sus «más íntimas experiencias» en la casa presidencial. Angélica Rivera posó en la residencia presidencial de Los Pinos, con un vestido largo abierto y una gabardina con zapatos de tacón de aguja, sentada en una silla, mostrando ampliamente las piernas. Otra de las fotos en blanco y negro la presenta de pie en unas escaleras y al lado su hija. La sesión fotográfica fue en plan sensual y atrevido. En 22 páginas publicaron imágenes de ambas con poses un tanto estereotipadas, pero muy sugerentes, como aquella donde la Primera Dama aparece con los hombros y media espalda desnudos.

«Hay tres cosas en la vida que nadie te puede quitar: tu libertad, tu esencia y tu dignidad. Esta última es algo que las mujeres no debemos perder nunca; tú puedes regalar de ti muchas cosas sin que te afecte, pero esa no», dijo la Primera Dama, que lució, junto a su hija y frente a la cámara del fotógrafo Gregory Allen, prendas de grandes marcas como Dolce & Gabbana, Louis Vuitton, Mango, H&M y Armani.

Por primera vez la esposa de un presidente de México posaba en tan sugerentes actitudes en una revista de la prensa rosa. El *look* más criticado fue un *smoking* de Dolce & Gabanna ceñido a la cintura y pantalones de tubo, con un aspecto masculino, y en actitud retadora que, supuestamente, «redefine el poder».

Pero Angélica Rivera deja claro en la entrevista que no se identifica con su papel de Primera Dama: «Siempre me pregunté por qué soy considerada "Primera Dama", cuando en realidad todas las mujeres en este país deberían ser consideradas primeras damas. Es un título que fue establecido hace mucho tiempo, por eso digo que todas las mujeres son importantes y todas las mujeres mexicanas son "la primera dama"».

La sesión fotográfica de inmediato fue objeto de análisis en el país y el extranjero. *The Washington Post,* por ejemplo, publicó un artículo de la crítica de moda Robin Givhan, lanzando la siguiente pregunta: «Las primeras damas son regias, maternales y patrióticas. ¿Deberían ser sexis?».

En México, las poses de la Primera Dama se volvieron un tema polémico, particularmente porque no se tomaron en cuenta las poses emblemáticas de la esposa de un mandatario, cuyo trabajo debería centrarse, como tradicionalmente ha sido, en la labor social, algo que Angélica Rivera ha ido despreciando cada vez más.

Si bien anunció su renuncia a la carrera artística, sigue haciendo cosas de actriz, lo que no beneficia a los ciudadanos mexicanos. En la entrevista señala que su hija sigue sus pasos en la carrera de la actuación, pero aclara un detalle: «Lo trae desde chiquita, empezó a la misma edad que yo, la diferencia es que yo me iba en taxi a los llamados y ella en camioneta con chofer». Desde luego, la Primera Dama omite especificar si la camioneta con chofer la pagamos todos los mexicanos.

La revista las presenta así: «Estas son nuestras protagonistas, mujeres reales y fiel retrato de lo que somos hoy: multifacéticas, luchadoras y con hambre de todo lo que la vida nos puede dar si somos fieles a nosotras y salimos a conquistar la vida». Y arranca la entrevista:

—Hoy día, hablamos mucho de la mujer poderosa. Pero no simplemente por tener un puesto o tener cierto estatus, sino por lo que somos ahora, porque somos dueñas de nuestro destino y futuro, porque trabajamos, triunfamos, tenemos vida personal, nos preocupamos por los otros así como por nosotras mismas, entre otras muchas cosas, siempre viéndonos fabulosas. Tú eres un ejemplo perfecto remontándonos a toda tu historia, lo de esta mujer poderosa que vive dentro de ti desde hace mucho tiempo…

—Desde los 14 años empecé a trabajar; a los 17 comencé formalmente mi carrera como actriz y siempre estuve muy dedicada a mi trabajo y a mi casa. Después tuve la fortuna de tener a mis tres hijas y más adelante tuve otra fortuna más grande al tener otros tres hijos. Siempre he sido muy mamá, compagino siempre mi trabajo con mis hijos sin olvidarme de lo que los niños necesitan. Como mujer me siento bien, me siento privilegiada […]; dicen que el poder es para poder hacer las cosas. Y yo me siento satisfecha y contenta por todo lo que hago ahora que mi esposo me da la oportunidad de trabajar en la asistencia social, algo que se me hace precioso y que hacía también en mi carrera como actriz.

—¿Qué hacías entonces para ayudar?

—Ayudaba a fundaciones, iba a eventos altruistas, pero no me gustaba decirlo. Como actriz es bonito ayudar porque la gente te quiere ver, quiere estar contigo, y yo pude regalarle a la gente un abrazo, una sonrisa, una buena actitud, y ahora que tengo esta gran oportunidad me siento muy contenta y emocionada de poder ayudar a los niños de mi país, a los que estoy abocada ahora. Trabajar en el DIF, en esta institución tan grande que se hace cargo del desarrollo integral de la familia, es algo increíble. Mi proyecto y mi programa es dedicarme a la protección de los niños. Hemos trabajado mucho, se han publicado pocas cosas porque tampoco me gusta ser la protagonista de algo que se hace de corazón, de programas que haces realmente con el alma, destinados a ayudar a los demás. Pero hay cosas que me llenan de satisfacción, como el haber firmado en tan poco tiempo el convenio con UNICEF para proteger los derechos de los niños.

—¿Qué otros proyectos sociales tienes?

—Tengo varios programas, entre ellos, la Campaña Nacional para el Registro Universal y oportuno de nacimientos, con la que se ha logrado beneficiar a más de 560 mil niños. Estos niños ahora cuentan con su acta de nacimiento, que es la puerta de entrada para todos los demás derechos, a la salud, a la educación, al cuidado y a la protección que el Estado les ofrece.

Un programa que me entusiasma mucho es el apoyo de los niños de los albergues del DIF, ya que cuando cumplen la mayoría de edad tienen que salir de su casa hogar. Es triste ver que niños que han sido protegidos, que les han dado cariño, tienen que enfrentarse solos a la vida, sin casa, sin familia, sin protección y sin cuidados. Mi principal interés en el proyecto es darles, a partir de los 18 años, herramientas para que puedan ser alguien en la vida, formar su familia, ser mujeres y hombres de bien.

En alianza con el DIF de Jalisco se está construyendo el Centro de Atención del Embarazo Infantil y Adolescente en Zapopan, con el que se ofrecerá atención especializada a niñas y adolescentes embarazadas en situación de vulnerabilidad. También, a través de una fundación que conforman más de mil 800 médicos, se está brindando atención y cirugías reconstructivas para niños con labio y paladar hendido completamente gratis, y en menos de un año hemos podido ayudar a más de 140 niños.

Por otra parte, realizamos un convenio con una asociación para donar a la gente de escasos recursos 2 mil estudios médicos gratuitos.

A través de otro convenio, en este caso, con una institución bancaria, obtuvimos el uso gratuito de un inmueble para la adaptación de un albergue para familiares de los pacientes del Hospital Infantil con capacidad para 60 camas en su primera etapa.

Con una asociación civil se acordó la capacitación de médicos y psicólogos de centros de rehabilitación del DIF en diferentes partes de la República, para tratar problemas oncológicos.

Otro programa en el que estoy trabajando es con la Asociación Nacional de Intérpretes para apoyar a los actores de la tercera edad. Gracias a la generosidad de la sociedad civil, ellos recibirán mil despensas al mes y además contarán con un comedor en las instalaciones de la ANDI. Son muchos más los programas que hemos implementado y en los que seguiré trabajando. Sabemos muy bien lo que somos capaces de lograr cuando todos, sociedad civil, empresarios y gobierno, trabajamos juntos. Yo solamente soy una vía, pero estoy convencida de que cada uno de nosotros puede hacer la diferencia para ayudar, para dar esperanza, para sumar esfuerzos y hacer cosas realmente maravillosas por los demás.

Eso dijo Angélica Rivera, para sorpresa de muchos, ya que la constante en los eventos del DIF es su ausencia.

¿DIF? PARA NADA

¿Asistencia social? Es extraño. La opinión pública, a través de los medios, ubica a Angélica Rivera como una esposa que acompaña al Presidente a ciertos actos protocolarios y en especial a las giras internacionales, pero en el DIF su presencia ha sido escasa. A diferencia de otras primeras damas, no ha encabezado ningún programa asistencial importante. Y es que la pareja de Peña Nieto no es la directora, sino Laura Vargas Carrillo, esposa Miguel Ángel Osorio Chong. Angélica Rivera ni siquiera encabezó la ceremonia de su nombramiento al inicio del sexenio; fue la secretaria de Salud, Mercedes Juan López, quien representó al Estado en aquel evento. Luego, a través de un escueto comunicado de dos párrafos, la Presidencia de la República informó que Angélica Rivera de Peña asumiría en los siguientes días la presidencia del Consejo Consultivo Ciudadano del DIF.

Angélica Rivera rompió la tradición, ya que, desde su creación, el DIF siempre había sido dirigido por la primera dama. Pero *la Gaviota* prefirió tener sólo un puesto honorario, tal vez para justificar que no es funcionaria pública y por ende no está permitido ningún escrutinio de su ostentosa riqueza.

En el DIF la esposa de Peña Nieto se dedica a inaugurar eventos y edificios como hospitales, albergues, escuelas, centros de rehabilitación. También acude al Teletón, donde siempre hace donativos que finalmente pagan los mexicanos. El INAI ordenó al DIF entregar información sobre el monto de estos donativos desde el inicio del sexenio, pero la información no ha llegado.

Como institución, el DIF ha sido seriamente cuestionado por la falta de claridad con que maneja sus recursos. Su presupuesto se utiliza lo mismo para entregar despensas en tiempos electorales que para ayudar a personas con discapacidad. Al investigar las labores del DIF desde el inicio del sexenio, la periodista Katia D'Artigues encontró que en 2015 a esa institución se le asignó un presupuesto de 2 mil 462 millones 547 mil 697 pesos:

¿Cuál va siendo el legado de Rivera? Lo cierto es que son notorias dos cosas. O tres.

Primero, que la participación de Rivera en eventos del DIF ha disminuido notablemente si comparamos un buen arranque en 2013 con las actividades reducidas que tuvo en 2014 (aún antes de la Casa Blanca) y ya ni se diga este año.

A partir de ya podría ser incluso menos. Se acaba de publicar en el *Diario Oficial de la Federación,* este miércoles 15, un nuevo reglamento del Consejo Consultivo en el que, entre otros cambios, las sesiones ordinarias obligatorias del organismo, que eran cada tres meses, ahora serán ¡anuales! Si hay otras, extraordinarias, incluso se pueden hacer de «forma electrónica». Pasa igual con los reportes financieros que el DIF daba a su consejo cada tres meses, ahora serán anuales.

Dos, que de los eventos a los que ha ido hay muchos en el Estado de México: al menos cuatro giras para distintos programas; ha ido muy poco a otros estados, como a Querétaro, Jalisco, Quintana Roo.

Si en 2013 tuvo unos 27 eventos registrados del DIF, en 2014 sólo tuvo actos en enero, marzo, septiembre; en total seis.

Efectivamente, Angélica Rivera fue desapareciendo poco a poco de la escena pública. Ha inaugurado algunos eventos, pero en el DIF se le ve poquísimo. Acompañó a su esposo a sus giras internacionales a Estados Unidos, China, España, Portugal, Chile, Ecuador, Colombia, Cuba o Gran Bretaña. Durante 2015 no asistió ni siquiera a la reunión nacional de titulares de Sistemas Estatales del DIF. Sólo fue a la Campaña Nacional para el Registro Universal, Oportuno y Gratuito de Nacimientos, pero no ha mostrado interés por encabezar algún tema favorito o impulsar alguna campaña.

« N O   R E C I B O   S U E L D O »

Todo indica que Angélica Rivera echa de menos su carrera de actriz. Las poses sugestivas que ofreció a la revista *Marie Claire* dan cuenta de una mujer más cercana al modelaje que a los asuntos de asistencia social en un país tan necesitado. En la entrevista va revelando algunos detalles de su vida:

—Cuando eras chica, y mira que empezaste a trabajar joven, ¿qué te significaba? ¿Hasta dónde querías llegar?

—Soñaba con llegar a tener un lugar importante como actriz, estudié mucho para poderlo lograr, porque me visualizaba como una figura importante dentro de ese ámbito. En ningún momento estuvo dentro de mis sueños de vida llegar a ser la esposa del Presidente, simplemente me imaginaba como una mujer triunfadora, exitosa tanto como mamá como en lo profesional. Lo que sí es que siempre quise tener seis hijos, incluso hay una entrevista de cuando tenía 20 años donde lo menciono. Mi mamá me decía: «Apúrate si quieres tener tantos porque yo empecé a los 18 años». Siempre dije que quería tener cinco hijas y un hombre, era mi sueño y se me cumplió.

—¿En serio?

—De verdad que sí. Por eso digo que hay que tener cuidado con lo que uno quiere porque se puede convertir en realidad, y la verdad, a lo largo de toda mi vida y de todo lo que he pasado, se me han cumplido muchos sueños porque he sido una mujer de mucho trabajo y esfuerzo. No soy una mujer que se queda atrás, ni en los problemas, ni en general. Soy muy trabajadora y positiva. Si las mujeres nos sentimos con confianza en nosotras mismas, podemos lograr muchas cosas.

—Eres muy joven y ya has tenido una vida rica en vivencias. ¿Con qué cualidades vino a este mundo Angélica Rivera para haber tenido una vida tan especial?

—Vine a dar lo mejor de mí a pesar de las carencias que tuvimos de niños, porque mi mamá se quedó sola con seis hijos. Yo soy la cuarta hija y desde muy joven empecé a hacer programas, a modelar y hacer comerciales; la publicidad es muy bien pagada, yo era una actriz exitosa y me iba bien económicamente. Gracias a eso pude tomar la decisión de pagarles la carrera a todos mis hermanos porque, si bien todos trabajaban desde muy jóvenes, sabía que se podían quedar sin estudios. Me da mucha satisfacción haberlos ayudado, cada uno tiene su carrera porque me dediqué a trabajar por ellos. Me acuerdo que cuando iba a las sesiones de fotografía, llevaba dos *jeans* y una camiseta porque no tenía nada más, apenas iba reuniendo cosas para todo el glamur que se necesita en la actuación. Me iba a Televisa en transporte público. Pero todo eso me hizo ser la mujer que soy, por esa fuerza interna de salir adelante. Es por eso que con gran orgullo digo que aparte de mi carrera de actriz tengo cinco carreras más.

—Pero el camino del cuento un día cambió, y no llegó el príncipe pero sí el Presidente…

—Más que haya llegado el Presidente, llegó a mi vida un hombre extraordinario. Es un hombre que hizo que yo vibrara y que me sintiera como mujer. Valoró lo que yo soy realmente y vino a tocar todas esas fibras del alma que necesitamos las mujeres para sentirnos amadas y tranquilas.

—Hablas de él y se te ilumina la cara.

—Sí, estoy muy contenta. La verdad es que hablo de él como ser humano. Como Presidente lo admiro mucho y admiro esa capacidad que tiene para llevar una responsabilidad tan grande como la que es gobernar un país. Pero lo admiro y lo amo por la capacidad que tiene de entrega y amor. Es un padre extraordinario. Los dos tomamos la decisión de formar nuestra familia con nuestros seis hijos.

—¿Qué sentiste la primera vez que viste como una posibilidad verdadera el convertirte en Primera Dama?

—Fíjate que yo lo apoyaba mucho en su campaña, pero siempre me mantuve muy al margen, porque respeto muchísimo el trabajo de mi esposo. No pensaba en lo que fuera a hacer como Primera Dama, al contrario, pensaba en apoyarlo a él porque era su carrera y porque era lo que quería hacer. Vine a darme cuenta de lo que realmente significaba ser la esposa del Presidente cuando entramos aquí. Es humano no saber para dónde ir en algo que era por completo desconocido, pero como estaba tan convencida de que no iba a meterme en nada de política, se me hizo mucho más fácil. La esposa del Presidente trabaja de corazón, se dedica de corazón a la asistencia social, no es servidora pública y por lo tanto no recibe un sueldo. Yo no tengo injerencia ni me meto absolutamente en nada de temas del gobierno. Cuando me preguntan qué consejos le doy al Presidente, yo digo que ninguno. A mi esposo le doy fuerza, amor, y me entrego por completo para que él pueda tomar sus decisiones.

—Tú estás dando muchísimo. Tienes seis hijos, un esposo, llevas el DIF y estás al frente de muchas otras iniciativas, viajas sin cesar y dejaste tu carrera de actriz. ¿Dónde queda Angélica? ¿Qué sientes que te ha dado y que te ha quitado el ser Primera Dama?

—Las responsabilidades las he tenido siempre. Yo tuve una escuela que fue como un doctorado con mis hermanos porque, como te decía anteriormente, nos ayudamos entre todos. Tuve que ser hermana, papá y mamá al mismo tiempo para ellos, nos tuvimos que proteger entre todos. Desde muy chiquita asumí la responsabilidad de sacarlos adelante. Muchas veces no me iba de vacaciones con mis amigas porque hacía mis cuentas y no salía con los gastos de ellos. Entonces ahora tener la responsabilidad de una familia se me hace normal. Yo creo que siempre todo lo que viene en la vida hay que tomarlo con una gran responsabilidad. Todo lo que la vida me ha dado, lo que se me ha presentado, lo he tomado así y estoy muy contenta. Mi hija Nicole dice que mis tres hijas son de horno convencional viejito y que los otros tres son de microondas, que llegaron rapidito [risas]. Claro que yo no me imaginaba que de repente iban a llegar tres niños más, pero en el momento que tomé la decisión de casarme y de formar una familia lo hice con amor y una gran convicción de sacar adelante a mis seis hijos, y entonces hago las cosas con tanto gusto que no me pesa. Claro que me canso, que si de repente a Regina no le hago su sopita con carne molida que le tengo que preparar yo, no se la come, que si cualquiera de mis hijos me pide tiempo siempre se los doy. Creo que poder ser mamá de seis hijos me da el privilegio de ver a mis niños siendo buenas personas el día de mañana, así como vi a mis hermanos que estudiaron, se prepararon y tienen una familia hermosa, es la gran satisfacción que yo voy a tener con ellos; entonces, la verdad es que no me pesa. Trato de ser una mamá entregada.

—¿Quién va a ser Angélica Rivera terminando el sexenio?

—Todos los días trabajo para ser una mejor mujer, mamá y esposa. Y voy a seguir siendo esa mujer que ha luchado para sacar a su familia y a sus hijos adelante. Espero que en los años que faltan pueda tener la gran satisfacción de decir: sí logré, sí ayudé, sí pude hacer, sí pude ver a mis hijos crecer. Hay tres cosas en la vida que nadie te puede quitar: tu libertad, tu esencia y tu dignidad. Esta última es algo que las mujeres no debemos perder nunca; tú puedes regalar de ti muchas cosas sin que te afecte, pero esa no. Mi libertad la comparto con mi esposo, por ejemplo, y lo hago con mucho amor.

—¿Qué opinas del fenómeno de las primeras damas y miembros de la nobleza como iconos de estilo?

—Es algo muy interesante porque podemos presentar lo mejor de nuestros países al mundo y poner en alto la elegancia de la mujer, así como la belleza y la riqueza de cada una de nuestras culturas. Yo he tenido el honor de representar a la mujer mexicana cuando acompaño a mi esposo a otros países y he portado los diseños mexicanos que han alcanzado el reconocimiento internacional. Estoy convencida de que nuestros diseñadores son de los mejores del mundo y por eso ahora sólo me visto con sus diseños, porque ellos son capaces de interpretar el estilo de la mujer mexicana actual, una mujer que le gusta verse bien, arreglarse, que es culta, trabaja, cuida a los hijos y a su familia. En México tenemos muchas mujeres con muchísimo talento y reconocidas internacionalmente, y que además son muy dedicadas a su familia. Esta imagen rompe en el mundo con la idea equívoca que se tiene de nuestro estilo.

—La verdad es un placer conocer a la mujer tan cálida que es Angélica Rivera, muchas gracias por haberlo hecho para *Marie Claire.*

—Gracias a ustedes, para mí esto es algo nuevo, diferente, que no había hecho. También quiero agradecer a la gente y, ahora que tengo la oportunidad de poderlo decir, que la gente sepa que todo lo que yo hago, lo hago por convicción y de corazón, por ayudar a los demás, por estar bien, por ser una mejor persona. Yo creo que si tenemos la oportunidad todos los días de poder ser un mejor ser humano, hay que serlo. No hay que complicarnos, hay que vivir tranquilamente. Hay que ser uno mismo y entregar lo mejor de lo que tenemos cada uno de nosotros todos los días. Me siento muy contenta de poder compartir esta experiencia con mi hija, que las dos podamos platicar.

También sus hijas y las de Peña Nieto han sido criticadas por usar ropa cara y de diseñador, al igual que el hijo mayor del Presidente. La vida de estos adolescentes se distingue por el derroche.

En plena crisis económica, la Primera Dama, sus hijas e hijastras y algunas amigas fueron captadas por la cadena de televisión Telemundo mientras recorrían las tiendas de grandes marcas del lujoso Beverly Hills, una de las zonas más caras de Los Ángeles. «A pesar de las críticas que ha recibido el Presidente Enrique Peña Nieto y su esposa, Angélica Rivera, ellos aparentemente continúan cometiendo los mismos errores sin importarles la crisis en la que se encuentra su país de México y tampoco el qué dirán. Fíjense que tenemos imágenes exclusivas de *la Gaviota* derrochando dinero en una de las boutiques más prestigiosas y en la zona más cara de Los Ángeles, y la pregunta es: ¿de dónde salió ese dinero para pagar sus lujos? ¿De su cuenta personal o del bolsillo de los mexicanos?», cuestionó Jorge Bernal, presentador del programa de espectáculos *Suelta la sopa*. El reportaje se tituló «Angélica Rivera derrocha dinero junto a su familia en Beverly Hills».

La historia mostraba una intensa jornada de compras en el *mall* Beverly Center durante tres horas. El recorrido incluyó una parada en la costosa *boutique* Badgley Mischka que, de acuerdo con Telemundo, vende vestidos que cuestan entre 9 mil y 15 mil dólares. Fue allí donde Sofía Castro se interesó por un vestido de graduación de preparatoria con valor de 20 mil dólares. Luego salieron con bolsas de Dolce & Gabbana, Versace Collection, Tiffany y Lord of Optic, y terminaron su intenso día de compras en el restaurante brasileño Fogo de Chao, donde una comida por persona cuesta aproximadamente 61 dólares.

Carolina Sandoval, del mismo programa, comparó a Angélica Rivera con la primera dama de Estados Unidos, Michelle Obama, quien elige vestimenta económica: «Si, basados en el cargo que tienen la mamá y el padrastro de Sofía Castro, analizamos lo que hacen, no combina porque nuestra primera dama de los Estados Unidos, Michelle Obama, usa trajes módicos, como los podemos comprar todos los seres humanos que vivimos en los Estados Unidos por 40 dólares».

ORIGEN Y RIQUEZA

Angélica Rivera insiste en predicar su vida de esfuerzo, en sostener que ella se hizo a sí misma. Jamás ha agradecido a Verónica Castro el apoyo que le brindó. Al contrario, asegura que todo lo que tiene se lo debe a Televisa. Incluso, para justificar la compra de la casa de Sierra Gorda que, costó 7 millones de dólares, afirmó que ganó más de 130.6 millones de pesos, unos 10 millones de dólares, tras 25 años de carrera en esa televisora.

«Les demuestro que tengo la capacidad económica y recursos propios que me han permitido construir un patrimonio para mí y para mis hijas», dijo en el video donde justificó la compra de la casa, que posteriormente acabó por vender.

La versión de Angélica Rivera desató todo tipo de mofas y sátiras en las redes sociales. Y también de comparaciones. La revista *Forbes* hizo un estudio sobre las carreras de Teri Hatcher, Felicity Huffman, Courteney Cox, Ellen Pompeo y Julianna Marguiles, que ganaron menos de lo declarado por la esposa de Enrique Peña Nieto.

En México le llovieron críticas. Hasta sus propios compañeros actores y actrices descalificaron su versión. Ana de la Reguera escribió en su cuenta de Twitter: «Chale… para qué me fui a Azteca y luego a L.A. si en Televisa pagaban tan bien». El cómico estadounidense Rob Schneider también tuiteó: «Bueno. Ya está. Me voy a México a trabajar en una telenovela. Oí que pagan 10 millones». En las redes sociales hubo quienes bromearon que, si a esas íbamos, a Xavier López *Chabelo,* cuyo programa *En familia* se transmitió durante más de 40 años en Televisa, esta tendría que comprarle el Taj Mahal, el Vaticano o el castillo de Windsor. Héctor Suárez fue de los que manifestó inconformidad en Twitter: «Sra. Nieto: sabemos que fue forzada sin duda alguna. Está consciente del daño hacendario que le ha hecho al gremio artístico con sus mentiras?… ¿Sra. Nieto: está usted consciente de las consecuencias que provocarán sus infames y falsas declaraciones que nadie cree con la delincuencia?… EPN: México entero está ¡INDIGNADO! ¡DOLIDO! ¡OFENDIDO! Y ¡AGRAVIADO! Por la facilidad y el cinismo con que nos mienten usted y su compañera… La horrenda Casa Blanca y la extraña cancelación de la licitación ferroviaria te perseguirán por el resto de tus días Peña Nieto… Cargarás con la sospecha de corrupción, una sombra que pondrá en peligro a tu partido en las próximas elecciones, Enrique Peña Nieto… En España están enjuiciando ¡A TODOS LOS LADRONES Y CORRUPTOS DEL GOBIERNO! Empezando por la hija del Rey y su marido. ¡SIGAMOS SU EJEMPLO!».

El periódico *Publimetro* calculó que Angélica Rivera tendría que haber trabajado 53 años para pagar la casa de Sierra Gorda. Analizó los mejores contratos de Televisa, uno de ellos el de Gloria Trevi, a quien la empresa le pagó 8 millones de pesos (unos 588 mil dólares).

También mencionó el caso de Thalía y Adela Noriega, con 7 millones de pesos (unos 514 mil dólares); por supuesto el de Verónica Castro, con 6 millones de pesos, y Victoria Ruffo, con 5 millones.

Héctor Bonilla tuiteó: «Tener una casa de 86 mdp en este país es inmoral. No importa si le pertenece a una actriz o al presidente». Irene Azuela dijo: «A los malos actores, ni pagándoles millones, les salen ciertas escenas. ¡Ay, Gaviota!». Gabriela de la Garza: «Plano abierto y cerrado. ¿Cuántas tomas habrán hecho para grabar la declaración de Angélica Rivera? Iluminación chafísima. Propongo *retake*». Luis Gerardo Méndez: «Mire, señora, a mí no me hable golpeado», por la forma en que Angélica se dirigió a los mexicanos. Sofia Sisniega dijo: «Gooaaoo estoy en shock!!! Otorguemos el premio a la peor actriz de México. Qué manera de querernos ver la cara. Vomito». Y agregó otro tuit: «No hay palabras para describir el nivel de cinismo al que se ha llegado en México». Iliana Fox expresó su sentir así: «Qué bárbara #AngélicaRivera, siempre fuiste pésima actriz. Pero esto si ya fue el colmo! Ni tú te la crees! #nosomostontos #yabasta". Sara Maldonado se unió a la crítica: «La Gaviota y su nueva producción "Yo no pienso en este país pobre" cuántos millones ganará ahora por esto? Pfff qué vergüenza!».

«ESE MATRIMONIO ES UNA FARSA»

Si alguien ha hablado sin reparos sobre el dinero que Angélica Rivera dice haber ganado en Televisa es Kate del Castillo, quien fuera su compañera de trabajo. Según ha dicho, a ella nunca le pagaron ese dinero porque no era lo normal, es una cantidad «atípica».

Entrevisté a Kate vía correo electrónico. Desde que la PGR la investiga por sus supuestos vínculos con Joaquín *el Chapo* Guzmán, no ha podido volver a México. Hija del actor Eric del Castillo, Kate participó en nueve telenovelas en Televisa. En su haber tiene 30 películas y 14 series de televisión. No solamente se ha destacado como actriz, sino también como productora. Con su padre recorrió desde niña los pasillos del espectáculo y muy pronto identificó su vocación.

Teresa Mendoza en *La reina del sur,* Anastasia Cardona en *Dueños del paraíso,* Ana en *Visitantes,* Blanca en *American Visa,* Consuelo en *El clavel negro* o Rosario en *La misma luna*… Todos estos personajes tienen algo en común con Kate: son mujeres fuertes, luchadoras, guerreras, dispuestas a darlo todo por sus convicciones y principios. Kate inició con *Muchachitas* en el papel de Leticia y coincidió en esa etapa con Angélica Rivera, que hacía otras telenovelas. Obtuvo su primer protagónico en *Mágica juventud,* junto a Héctor Soberón. En 2011 interpretó uno de sus papeles más famosos: Teresa Mendoza, en la serie *La reina del sur,* basada en la novela de Arturo Pérez-Reverte. En esa misma línea del narcotráfico protagonizó la serie *Dueños del paraíso.* En 2016 grabó para Netflix la serie *Ingobernable,* en la que interpreta a Irene Urzúa, precisamente la primera dama de un presidente de México. El productor es Epigmenio Ibarra, director de Argos Comunicación, y Verónica Velasco es la nueva directora general de contenidos originales de esa productora.

Acostumbrada a hablar con la verdad, sin ambages, la actriz ha sido muy crítica con el gobierno de Enrique Peña Nieto y también con Angélica Rivera, a quien cuestionó las cantidades que supuestamente le pagó Televisa. Kate se siente perseguida por haber exhibido a las autoridades mexicanas cuando, junto con el actor Sean Penn, se entrevistó con el hombre más buscado, *el Chapo* Guzmán, para hablar de una película biográfica sobre el narcotraficante, líder del Cártel de Sinaloa, actualmente preso. Su instinto la llevó al triángulo dorado, región entre Chihuahua, Sinaloa y Durango, centro de operaciones del capo. ¿Quién puede rechazar la oportunidad de llevar a la pantalla grande semejante gesta? Una película que seguramente pronto será estrenada, un ambicioso proyecto, con un guion que no solamente cuente la vida del capo, sino también la lista de sus socios dentro y fuera del gobierno, las complicidades que hicieron posibles sus fugas, el aparato político del Cártel de Sinaloa, la infraestructura financiera que ningún gobierno ha intervenido y que le ha permitido forjar su poderoso imperio de la droga dentro y fuera del país en los últimos 30 años.

El Cártel de Sinaloa no solamente es de Joaquín *el Chapo* Guzmán. Él es el gran operador dentro y fuera de la cárcel, pero su funcionamiento no se entendería sin el apoyo institucional. La verdadera historia del *Chapo* es de película. ¿Hasta dónde llegan los tentáculos de esta próspera «empresa»? ¿Cuántas instituciones y funcionarios pasan por el organigrama de la multinacional de la droga y el blanqueo de capitales? ¿Quiénes están en la narcónomina del *Chapo*? Preguntas aún sin respuesta. Preguntas que resultan inquietantes, peligrosas, para el gobierno de Enrique Peña Nieto.

Por eso la actriz piensa que su proceso es «ilegal» y que obedece a una venganza. El gobierno mexicano parece estar aterrorizado de la supuesta información que *el Chapo* le haya dado a Kate, particularmente del aparato político, empresarial y financiero del Cártel de Sinaloa y de la colusión de funcionarios de Estados Unidos y México en el trasiego de droga. Kate afirma que esa supuesta información sólo está en la imaginación del gobierno, que se ha empeñado en «lincharla» y «difamarla» mediáticamente.

Pues bien, Kate fue la única actriz, ex compañera de Angélica Rivera, que se atrevió a hablar claro sobre los sueldos de Televisa. En esta entrevista, critica sin cortapisas a la Primera Dama por su falta de trabajo social y su frivolidad.

—En torno a los sueldos que Televisa ofrece a sus actores, tú has declarado que no son tan altos como para comprar una mansión valorada en 7 millones de dólares… Angélica Rivera aseguró haber ganado 139 millones de pesos en 25 años. ¿Esa es la cantidad que puede acumular una actriz de telenovelas, es lo estándar?

—No conozco el contrato de la Primera Dama cuando estaba en Televisa, pero yo protagonicé las nueve telenovelas que hice, excepto una *(Imperio de cristal)*, y nunca, ni en mis sueños más guajiros, me pagaron cercano a esa cantidad. Pero igual siempre fui muy mala para cobrar.

—Angélica Rivera es dueña de varias propiedades en Miami, según investigaciones que he realizado. ¿El sueldo de una actriz de Televisa te permite comprar una casa de 86 millones de pesos, más varias propiedades en Estados Unidos por otra cantidad igual e incluso superior?

—Yo tengo aproximadamente 13 años que no trabajo en Televisa, así es que no sé los sueldos de ahora, pero te puedo decir que ni en la época de Emilio Azcárraga Milmo, que habían sueldos increíbles, podrías comprar tantas propiedades de tu trabajo como actor. Yo no sé si la señora Rivera tenga otros negocios, nunca fuimos cercanas.

—Le he preguntado a otras actrices qué piensan del trabajo de la Primera Dama, es la primera vez que no es la directora del DIF, ahora ocupa ese cargo la esposa de Osorio Chong. A diferencia de otras, ella no hace trabajo social, se le ve alejada de los problemas del país. ¿Cómo valoras su desempeño como Primera Dama?

—Querida Sanjuana, embarazosamente no he seguido el trabajo de la señora como Primera Dama de cerca, sólo lo que de pronto escucho. Lo que sí te puedo decir es que como mujer, más con el puesto que ahora ella tiene, podría hacer mucho más, nos ha ignorado por completo. Tal vez le ha faltado buen asesoramiento, ella no puede ser autodidacta en temas que afectan a la nación. Al menos no debería.

—Angélica Rivera, sus hijas y los hijos de Peña Nieto han sido duramente criticados por la ostentación y la frivolidad en sus vidas. Hay 55 millones de pobres en México y ellos siguen apareciendo en *¡Hola!*, exhibiendo su riqueza... ¿Qué opinas?

—Me parece, una vez más, que no tienen buen asesoramiento, es increíble la falta de tacto y conciencia al exhibirse así. ¿Cuándo van a parar las sorpresas con esta pareja presidencial? Las disculpas ya salen sobrando o simplemente no son suficientes. Hay una pésima distribución de la riqueza en México, de tiempo atrás. Siempre favoreciendo a los más ricos, desde luego. Y una ignorancia inmensa; la educación, creo yo, es en lo que debería el gobierno de invertir más que en nada. Un pueblo con conocimiento es muy difícil que se crea las mentiras de un gobierno corrupto y que se deje manipular.

—Tú sabes lo que significa trasladar la ficción a la realidad. ¿Es acaso la vida de la pareja presidencial como una telenovela donde todo es perfecto, o así nos la han querido vender?

—Bueno, de perfecto yo no le veo nada a ese matrimonio; más que de telenovela, lo veo como una farsa. En las telenovelas, el o la protagonista se preocupa por los que la rodean, tiene conciencia, ayuda y protege y sobre todo AMA y hace el bien sacrificando, incluso, su propia vida. No persigue el poder ni la riqueza. Evidentemente no es el caso.

—Las críticas a la Primera Dama aumentan, en redes sociales, en eventos donde la abuchean... ¿Está justificado este desprecio del pueblo?

—Y cómo no iba a estarlo, cuando el pueblo se muere de hambre. Cuando son más las preguntas que las respuestas. Cuando su cargo de Primera Dama no ha servido al mismo pueblo. Cuando la vemos posar para una revista de moda y no de lucha contra la pobreza.

—Tú has sufrido la persecución. Mucho se dijo que fueron tus críticas a la Primera Dama lo que generó una venganza en tu contra. ¿Tú qué piensas?

—Pienso que va mucho más allá...

—¿Hasta dónde llega? ¿Quién te quiso y te quiere dañar? ¿Y por qué?

—Tal vez sea un poco de la Primera Dama, otro poco el gobierno y un mucho de qué más que quererme hacer daño, no quieren hacerse más daño ellos mismos con la información que piensan que tengo.

—¿Cómo han sido estos meses luego del caso *Chapo* Guzmán que intentaron vincular contigo?

—Difíciles. Me han iluminado, sin duda. Decepcionantes. Alarmantes. Dolorosos.

—Supongo que tu situación legal es muy difícil, pero tengo que preguntártelo, ¿cómo defines tu caso radicado en la Procuraduría General de la República? ¿Te sientes perseguida?

—Ha sido desde luego injusto, basado en nada e ilegal. Si, así me siento [perseguida]. No es posible que un verdadero enemigo de México [Donald Trump] sea bienvenido en Los Pinos y yo no pueda ir a mi país por querer hacer una película del hombre más buscado. Ridículo.

—¿Tienes miedo?

—Ya no.

—Viendo tu historia con Televisa, donde trabajaste haciendo nueve telenovelas, me gustaría que me contaras: ¿qué recuerdos tienes de esa época centrada en las telenovelas?

—Tengo recuerdos de todo, buenos, malos y regulares, pero en general yo siempre disfruto horrores mi trabajo, aprendí mucho, conocí gente bella y gente… no tan bella. Las tablas que te da el ritmo de trabajo que Televisa tiene no te lo da nadie. Dentro de las telenovelas que hice ahí, me siento orgullosa de un par de ellas, como *Ramona* con Eduardo Palomo (q.e.p.d.) basada en la novela de Helen Hunt Jackson; *Imperio de cristal,* con López Tarso; *Alguna vez tendremos alas,* con Humberto Zurita, y *La Mentira,* con Guy Ecker, que hasta hoy ha sido el éxito más grande que Emilio Azcárraga Jean ha tenido desde que tomó posesión como presidente de la empresa. Siempre me trataron con cariño y respeto a pesar de no haber estudiado en el CEA. Y siempre estaré agradecida.

—En 1991 iniciaste en el Canal de las Estrellas *Muchachitas.* ¿Qué significaba para aquellas chicas muy jóvenes llegar a Televisa?, ¿qué te gustaba y qué no te gustaba de lo que ibas descubriendo en torno al ambiente interno de Televisa?

—A mí siempre me gustó ir a trabajar hasta que me dejó de retar mi trabajo, me aburrí. Necesitaba hacer otros proyectos con riesgo, retos. Fue difícil pedir un aumento de exclusividad, nos pagaban lo mínimo a las cuatro muchachitas y trabajábamos demasiado. A veces recibíamos las escenas diez minutos antes de grabarlas, había favoritismos muy marcados. Fue un éxito enorme, siempre la recordaré con cariño. Era otra época, Víctor Hugo O'Farril era el que básicamente manejaba Televisa, o al menos a los actores y el contenido. Era muy difícil tener acceso a las cabezas entonces, sin embargo funcionaba mejor de alguna manera, había otro tipo de programas que si bien no tenían los más altos *ratings,* por lo menos le daban prestigio a la empresa, como *Eco,* telenovelas históricas, *talk shows,* telenovelas inéditas, etcétera. Era una época donde todos traíamos la camiseta de Televisa bien puesta, con orgullo, pues.

—En 2003 terminaste tu última telenovela con Televisa, *Bajo la misma piel.* ¿Por qué decidiste dejar de hacer telenovelas con Televisa?

—Decidí no hacer más telenovelas en general porque me aburrí, tenía ganas de probar suerte en los Estados Unidos y además estaba pasando por un momento difícil personalmente, mi primer divorcio, el cual fue público, humillante y doloroso. Después Telemundo me ofreció *La reina del sur,* que era un formato diferente, una serie; no quería hacer telenovelas, ya que te lleva mucho tiempo y el contenido ya no era de mi interés. Quería nuevos retos.

—Mucho se ha hablado que Televisa urdió un plan para llevar a Los Pinos a Peña Nieto, con su poder mediático; hay documentos que demuestran la venta de espacio para «infomerciales», como propaganda electoral encubierta, por los que cobró cientos de millones de pesos, pero en particular haciendo un plan de *marketing* que incluía una novia actriz famosa de telenovelas… ¿Qué opinas de esta versión?

—No tengo idea si esta versión es sólo eso o no. Si es así… les faltó producción.

—¿Por qué les faltó producción?

—Jaja… me refiero a que si fue así, no lo hicieron muy bien, ya que me lo estás preguntando, la gente al menos se lo ha preguntado ya.

—Actrices de Televisa y políticos han sido un fenómeno que estamos viendo, como en el caso de Manuel Velasco en Chiapas. ¿Qué opinas de este tipo de parejas?

—Pues cada quien sus gustos; cuando te enamoras del novio, como dice mi papá, pues es eso, NO-vió. Jajaja… supongo que habrán algunos políticos que quieren ganar votos con alguien famoso y famosos que quieren hacerse l@s políticos. El poder es muy atractivo, supongo.

—¿Qué tipo de presidente necesita México para salir de sus problemas?

—No es tan complicado. Lo que necesita cualquier país. Alguien radical. Con experiencia. Con agallas. Pero más que nada con corazón y profundo amor a México. Alguien que el poder no lo destruya llevándose de por medio al pueblo de México. Alguien dispuesto a cambiar de fondo y de forma. Alguien que se interese por la educación antes que nada. Alguien INCORRUPTIBLE. ¿Será?

—¿Quién filtró tus conversaciones con *el Chapo* y todo lo demás, y recientemente tu foto con el hijo del *Chapo*?

—Ya saldrá todo. Pero creo que es muy obvio.

—¿Qué piensas del sistema de justicia en México?

—Me parece que es fallido como en casi todos los países. Hay gente inocente que llena las cárceles y los verdaderos criminales están afuera vestidos de cuello blanco. Un nivel de corrupción alarmante que permite que esto suceda y que sigamos más pobres los pobres y más ricos los millonarios, una falta de educación en las escuelas que podrían cambiar muchas cosas, un pueblo educado no se deja engañar tan fácil, la inseguridad y las faltas de oportunidades de vivir una vida sin miedo y a un nivel normal, son nulas.

—Terminaste la serie *Ingobernable,* muy política, donde haces de primera dama, precisamente. ¿Qué puedes decir de eso? ¿Se parece a nuestra realidad en México?

—Esto es ficción. Sin embargo vamos a la par con ciertos temas de actualidad.

—Mucha gente te quiere, te admira, cree en ti, te espera. ¿Volverás a México?

—Sí, volveré. Es mi tierra.

Un problema llamado
Angélica Rivera

Muchas son las leyes en
un estado corrompido.
— Tácito

¿Enrique Peña Nieto habría ganado las elecciones
sin Angélica Rivera? Aquel noviazgo que inició como un
cuento de hadas, la historia de amor perfecta, la novela escrita por Televisa para Enrique y Angélica, con villanos e intrigas que
intentarían separarlos pero que tendría final feliz, terminó siendo un
fiasco, una tragedia para México y los mexicanos.

La mujer, la actriz, la madre, la novia, *la Gaviota* que le hizo
ganar millones de votos muy pronto se volvió un problema. Un problema llamado Angélica Rivera. La fórmula de combinar farándula
y política dio sus frutos durante la campaña electoral y en los primeros meses del sexenio. Después, lo que brillaba en ella como oro
se fue transformando en cobre, hierro oxidado, latón corriente. La
figura popular de *la Gaviota* poco a poco se convirtió en un elemento incómodo, pues fue blanco de críticas, burlas, descalificaciones
y, sobre todo, del odio del pueblo, por mentir sobre el origen de su
supuesta fortuna y su «Casa Blanca», por exhibir su frivolidad en

revistas del corazón, por presumir una vida ostentosa junto a sus hijas e hijastros.

A Peña Nieto le salió el tiro por la culata. Aquella mujer que creyó que sería una fuente de inspiración al estilo Michelle Obama le acarreó más problemas que beneficios a su maltrecha administración.

En suma: Angélica prefirió seguir siendo actriz antes que Primera Dama. No quiso cumplir las funciones asignadas a la esposa del presidente. Tampoco le interesaron los pobres. Despreció la posibilidad de brillar con el trabajo social. Prefirió el *glamour* del lujo, la ostentación, los excesos, el placer, el dinero, las compras, las propiedades, la riqueza.

Angélica Rivera nunca se adaptó a su nuevo rol de Primera Dama. Se concretó a ser acompañante, esfinge muda, figura decorativa. No se sometió al protocolo presidencial. Ignoró las normas de seguridad, discreción y perfil bajo que exige su investidura. Desde un principio se negó a ser funcionaria pública, quizá por acuerdo con su marido luego de analizar las ventajas de ser una figura fantasmal. Oficialmente ella no existe, aun cuando disfruta las bondades del presupuesto, las ventajas de vivir bajo el generoso techo del erario. Ahora es una desempleada, pero vive en Los Pinos y usa los vehículos oficiales, incluidos los aviones, para trasladarse a sus otras casas. Hay una partida presupuestal destinada a ella y su familia para procurarles bienestar. La opacidad cubre su vida. No tiene propiedades a su nombre en México, sólo en el extranjero. Sus declaraciones fiscales han sido resguardadas bajo llave. Su ostentosa riqueza es un insultante secreto a voces.

A la luz de sus garrafales errores, está claro que Angélica Rivera no acepta ser asesorada, al menos no por las personas adecuadas. La Primera Dama se conduce por la vía libre, anárquica. No tiene agenda. Aparece esporádicamente en eventos del DIF, acompaña a su marido al extranjero, se presenta a las fiestas escolares de sus hijas. Hasta allí. En la cotidianidad se le ve de compras en Beverly Hills, se traslada a Madrid con sus hijas para ir a un concierto de Alejandro Fernández y tomarse una foto con el cantante y con un sujeto que aparece atrás de ellas que se llama Francisco Rodríguez Borgio, socio de Oceanografía y propietario de Grupo Gasolinero Mexicano, acusado de compra-venta de combustible robado de ductos de Pemex y de presuntamente lavar dinero en los equipos de futbol Gallos Blancos de Querétaro y Delfines, y para los casinos de apuestas Big Bola. Rodríguez Borgio es sobrino de Ángel Isidoro Rodríguez, *el Divino*. Extrañamente este presunto delincuente de cuello blanco es uno de los más buscados por la justicia mexicana, pero aparece en la foto de Angélica Rivera, sus hijas y el cantante Alejandro Fernández. Igualmente, la Primera Dama decide quedarse en Londres para recorrer con su familia Gran Bretaña luego de la gira de su marido, y en Francia tras la visita de Estado a París, para viajar por Europa y cenar con sus amigos y su hermano en Verona, o decide irse de juerga en Australia al Jade Buddha Bar & Casual Dining, visitado por Kim Kardashian o Justin Timberlake, aprovechando un viaje oficial de su marido.

Para sorpresa de todos, terminó de hundir a Peña Nieto con su histórico video de siete minutos para «salvar su honra y la de su familia». ¿Quién la asesoró? ¿Por qué le permitieron grabar semejante bodrio? ¿Fue ella quien lo decidió? ¿O su marido la echó por delante para calmar la ira de la población? Pues les falló.

A partir de entonces se acabó la buena estrella de *la Gaviota*. Antes, sus portadas y reportajes en la prensa rosa bastaron para revelar una característica importante de su personalidad: la frivolidad. Angélica Rivera se fue inmolando al mismo ritmo que aumentaban sus riquezas, su opulento estilo de vida, los vestidos caros, las propiedades millonarias, las magníficas vacaciones familiares y los viajes glamurosos, por contraste con la pobreza imperante en el país.

Angélica Rivera es ahora sinónimo de derroche, sospecha de enriquecimiento ilícito, certeza de conflicto de interés. Le faltó sensibilidad y tacto para pensar en aquellos que nada tienen, en los desaparecidos, en las víctimas de la guerra encabezada por su marido que ha dejado 80 mil muertos, en los enfermos, los discapacitados... Fue indiferente al dolor ajeno. Finalmente se identificó con su hijastra Paulina, que hizo suyo el mensaje de su novio: «Un saludo a toda la bola de pendejos, que forman parte de la prole y sólo critican a quien envidian».

La familia presidencial ha dejado claro que existe un abismo entre ellos y el pueblo, la prole, pues. Es el mismo abismo que separa a pobres y ricos; a ciudadanos y funcionarios de la alta burocracia que se hacen millonarios a costa del pueblo. Los hijos de estos funcionarios disfrutan de la riqueza, se someten a caras cirugías estéticas, visten costosa ropa de marca y diseñador, se trasladan con un séquito de escoltas en vehículos terrestres o aéreos, pagados por esa «prole» que tanto desprecian. Para ellos no existen los «baños de pueblo». No acuden a ningún acto en la calle o en las plazas por temor a ser linchados. Se han ganado a pulso el rechazo social.

De ser amada, Angélica Rivera pasó a ser odiada.

EL DESAMOR DE LA PAREJA PRESIDENCIAL

Paulatinamente, los problemas han erosionado el matrimonio Peña-Rivera y su distanciamiento es notable. No ocultan en público sus desencuentros y enojos. ¿Vive Angélica Rivera en Los Pinos? ¿O solamente pasa algunas temporadas ahí? ¿Cuántos viajes en avión hace mensualmente la Primera Dama con cargo al erario? ¿Por qué no está permanentemente en México? ¿Sus viajes y salidas son estrategias para ocultarla, resguardarla, congelarla y protegerla de las críticas y la ira social?

Una muestra de la tensión entre Angélica y el Presidente tuvo lugar durante la visita a México de los reyes de España, Letizia y Felipe. Peña Nieto le hizo un desplante a *la Gaviota* que los camarógrafos de CNN capturaron en video: cuando la Primera Dama ingresa al recinto al lado de la reina Letizia, Peña Nieto se adelanta sin permitirle pasar antes que él, lo que es una evidente falta de caballerosidad que a ella le molesta bastante. Cuando el Presidente se da cuenta de su error, regresa para ofrecerle la mano a su esposa, pero esta lo rechaza con una mirada de visible enojo y desdén, barriéndolo de arriba abajo. No fue un incidente aislado, ya que durante la visita de Estado a Francia sucedió algo similar, lo que reafirmó su alejamiento. El episodio fue captado en un video que se volvió viral: vestida de rojo ella, y él de riguroso traje azul marino, caminan en una calle de París dirigiéndose al sitio de una ceremonia como parte de la Fiesta Nacional de Francia; en eso él le extiende la mano y ella decide no aceptarla. Luego Peña Nieto saluda a su homólogo francés y ella intenta tomarlo del brazo, pero ahora es él quien la esquiva, visiblemente enojado.

Los problemas maritales entre Enrique Peña Nieto y Angélica Rivera ya no eran un secreto. Era público y notorio que la pareja presidencial pasaba por mal momento, protagonizando escenas bochornosas de desamor y desplantes mutuos. Estaba aumentando la brecha entre ellos. Su romance de cuento de hadas se estaba pareciendo más a una historia de malquerencia. Los problemas conyugales de Peña y Rivera son también una cuestión de Estado. Primero, porque demuestran el estrepitoso fracaso de la fórmula Televisa-Los Pinos; y luego, porque sentarán un precedente para que el gobernador de Chiapas, Manuel Velasco, y su radiante esposa televisiva, Anahí, dejen de creerse la próxima pareja presidencial.

Las infidelidades y mentiras entre la Primera Dama y el Presidente también han contribuido a destruir su unión. Han cometido errores garrafales que han impedido a su matrimonio llegar a buen puerto. En un país machista como México, las críticas están más dirigidas hacia ella, pero Peña Nieto tiene mucha responsabilidad de que su matrimonio se enfile al fracaso, porque durante el noviazgo y el primer año de casados siguió siendo infiel y porque jamás le dio su lugar a su esposa. Es claro que la falta de amor terminó por separarlos.

Peña Nieto sostenía una relación con Maritza Díaz Hernández —de quien ya se habló en páginas anteriores—, la cual comenzó estando casado con Mónica Pretelini. Todo parecía indicar que cuando enviudó se casaría con Maritza, con quien tiene un hijo, Diego Peña Díaz. Pero no fue así. Su ambición lo llevó a preferir el papel que Televisa le tenía asignado, con novia, casa y Los Pinos, en lugar de tener una vida feliz al lado de la mujer que siempre había amado. Peña Nieto pensó que se podía poseer a dos mujeres a la vez sin pagar el precio que eso conlleva. Sostuvo ambas relaciones de manera intensa. Aprovechaba cualquier pretexto para ver a Maritza y quedarse con ella;

luego volvía al hogar presidencial para desempeñar el papel que le habían impuesto. Peña Nieto estuvo así un año. Hasta los compañeros y amigos de ambos sabían de su prolongada relación con Maritza. Al fin y al cabo, en México tener casa chica es cuestión de orgullo, y entre la infame clase política que tenemos, incluso se aplaude.

Pero —siempre hay un pero— el señor Presidente no contaba con la reacción de una iracunda Angélica Rivera cuando se enteró de su larga infidelidad. *La Gaviota* no estaba dispuesta a aceptar un papel de mujer sumisa, abnegada, de otra época, para tolerar el engaño y la traición conyugal a cambio del *glamour* que le ofrecían Los Pinos y toda su parafernalia. Angélica sabía de la existencia de ese hijo que Enrique tenía fuera del matrimonio, al que este le dio sus apellidos en 2010. Diego Peña Díaz nació en Estados Unidos por orden de Arturo Montiel, el temido y siniestro padrino de Peña Nieto que ya se sentía presidenciable. Dio esa orden atroz, sin consideración alguna de la madre ni de la criatura, para evitar mayores escándalos.

Para Angélica Rivera, una cosa era tener un hijo fuera del matrimonio, un hijo legítimo que nunca ha aceptado, y otra muy distinta aceptar que su marido siguiera sosteniendo una relación amorosa con la madre del menor. Eso sí que no lo iba a admitir, y así se lo hizo saber a Maritza. En mi anterior libro, *Las amantes del poder,* narro con detalle esa escena, digna de una telenovela mexicana, en la que la Primera Dama sienta a su lado a su esposo y lo hace prometer que terminará definitivamente esa relación extramarital. Él jura que lo hará, para evitar el escándalo político y personal, para terminar con la tremenda pelea hogareña. Aunque Peña Nieto se hizo a la idea de terminar la relación con Maritza, su corazón y su alma estaban con esa mujer y no con la que ocupaba su alcoba en Los Pinos.

Fue entonces cuando Angélica Rivera llamó a Maritza para, delante de él, insultarla y amenazarla:

—Enrique me ha prometido que no volverá contigo. ¿Entendiste? —le gritó, y de paso insultó cruelmente al pequeño Diego.

La Primera Dama creyó que era el final de la historia. No fue así. La imagen de Maritza Díaz Hernández ha estado presente durante estos años, particularmente porque se trata de una mujer valerosa que fue capaz de alzar la voz para denunciar la discriminación que sufre su hijo. Y no hubo final, porque cualquier mujer que prohíbe a su esposo convivir con su hijo pagará, con el paso del tiempo, la factura por esa decisión egoísta. Peña Nieto abandonó a su hijo luego de que la actriz de Televisa se lo exigiera.

Acató la decisión de ella, pero eso tuvo consecuencias en su relación matrimonial. Nadie que abandona y discrimina a un hijo podrá ser feliz. Y Peña Nieto empezó a somatizar su acto ruin y mezquino con enfermedades físicas y, lo peor, con enfermedades del alma y el corazón. A pesar de que el Presidente acogió a las tres hijas de la actriz, esta no fue capaz de aceptar al hijo legítimo, ni permitir que conviviera con sus tres medios hermanos. Si Angélica Rivera hubiera tenido un gesto de grandeza al aceptar en el seno familiar la presencia de Diego Peña Díaz, tal vez a ambos les habría ido mucho mejor. Ella se habría destacado por su actitud generosa y abierta, al estilo de Danielle Mitterrand, la primera dama francesa que aceptó a Mazarine Pingeot-Mitterrand, hija ilegítima del presidente francés.

Angélica Rivera prefirió protagonizar un papelucho mediocre y trivial de cualquiera de sus telenovelas al más puro estilo Televisa, apareciendo como una terrible villana. Y su esposo se sometió, aun a sabiendas de que sacrificaría a su propio hijo. Pero esto no es una telenovela. Es la vida real. Y ese asunto en la práctica, tarde o temprano, terminó llevando a la pareja presidencial al abismo. Hace más de un año que ambos ya no viven en la misma casa. Me lo dijo una fuente confiable muy cercana. Ella prefiere habitar su casa de Miami, mientras él sencillamente está obligado a cumplir con su función desde la residencia oficial. Al parecer, fue Angélica quien decidió poner tierra de por medio. Ya no podía más. Los pleitos eran frecuentes, pero aumentaron desde hace más de un año.

Y claro, persistía el otro asunto: las infidelidades. Peña Nieto ya no tiene una relación con Maritza no porque él no quisiera, sino porque su ex compañera decidió terminar con él, después del maltrato que recibió de la Primera Dama y de la discriminación que injustamente ha padecido su hijo. Sin embargo, Peña Nieto lleva la infidelidad en los genes y en su historia personal, y volvió a las andadas.

Las desavenencias de la pareja presidencial terminaron por ser evidentes. De ahí los últimos desencuentros en la visita oficial a Francia, y antes, durante la visita de Felipe y Letizia a México. Y las vacaciones de ella y sus amigos en Italia. Y es que no puede ir bien lo que mal empieza. La historia montada por Televisa se encamina hacia un mal final, va directo al divorcio, aunque en México el presidente de la República no se enferme, no se muera, ni mucho menos se divorcie. El presidencialismo es eso, un espejismo de un ser omnipresente, todopoderoso y sobrenatural.

La falta de sensibilidad de la actriz de Televisa no es nueva, pero pocos la conocían. Una mujer que separa a un hijo de su padre es capaz de hacer cualquier cosa. Por lo pronto, los mexicanos estamos condenados a seguir presenciando los capítulos de este interminable vodevil de quinta, mientras el país se va a pique en todos los sentidos. Y sí, pueden estar seguros, habrá divorcio, obviamente después de que termine el sexenio.

Los rumores de divorcio van y vienen. Fernanda Familiar comentó esa posibilidad en su programa de radio y dijo que, aunque no haya anuncio oficial, el Presidente y su esposa «ya están separados y el divorcio es inminente». La conductora mencionó las señales visibles de enojo entre ellos: «Se acabó ya la luna de miel en Los Pinos. Yo creo que usted está viviendo uno de los momentos más álgidos en la historia de su administración… En la relación con Angélica se nota ya el distanciamiento importantemente, ya ni la mano se dan. Yo hablé de un divorcio y me quisieron censurar […]. Aquí las cosas se ven cada vez más complicadas… Si mañana no salgo al aire, ustedes ya sabrán por qué fue».

Los comentarios sobre su separación de hecho, aunque no legal, surgieron también en el extranjero. La periodista Maribélle Moliére publicó en la revista *Coquette* sus impresiones sobre un posible flirteo entre el presidente francés, François Hollande, y Angélica Rivera, y especuló al respecto: «¿Al sospechar que en breve podría ser una joven y archimillonaria viuda o divorciada, la *jollié* Angélique estará buscando un nuevo marido en los salones imperiales de la Europa que acaba de convertir a la altiva Grecia en una colonia africana del XIX *siécle*?».

No es la primera vez que divorcian de facto a un presidente mexicano. El matrimonio tormentoso de José López Portillo y Carmen Romano fue público y notorio. Los secretos de Palacio que se revelaban hablaban de que la pareja dormía en camas separadas. Al igual que Peña Nieto, López Portillo sostenía públicamente sus infidelidades, la más sonada con la actriz Sasha Montenegro, a quien convirtió en su esposa luego de que en 1991 se divorciara de Carmen Romano. Claro, una vez que terminó su mandato presidencial.

Un espectro

Las cosas andan tan mal que la Presidencia de la República decidió retirar la imagen de la Primera Dama de su página web oficial. El motivo, según dijeron, era por las «restricciones electorales» impuestas por las campañas federales de 2015. Pero legalmente no existe tal cosa. La desaparición de Angélica Rivera de la página de la Presidencia se debe particularmente a la caída de su imagen y a su bajo índice de aceptación entre los mexicanos.

Si antes *la Gaviota* daba votos a Enrique Peña Nieto, ahora todo indica que se los quita, o al menos eso fue lo que pensó Alejandra Lagunes, ex directora comercial de Televisa Interactive Media y desde 2012 Coordinadora Nacional de Estrategia Digital, y como tal, responsable del tema digital de la Presidencia de la República. Conocida como «la jefa de los *Peñabots*», Lagunes tuvo la brillante idea de eliminar a la Primera Dama del espectro de internet, tanto su página web como su página en Facebook y su cuenta en Twitter. La especialista en «*marketing* político» que ha manejado las campañas políticas de candidatos del PRI, como Eruviel Ávila o el mismo Peña Nieto, consideró que era mejor desaparecer las cuentas de la Primera Dama porque su presencia en las redes era sumamente negativa para Enrique Peña Nieto.

¿Cuántos bots tiene Enrique Peña Nieto? Un *bot* es una especie de robot, un programador informático cuya función es imitar el comportamiento humano. Y Peña Nieto tiene un ejército de *bots*, dirigidos por Lagunes, personas pagadas con nuestro dinero para cumplir una función indigna en las redes sociales: por una parte, hostigar, presionar, atacar, perseguir y amenazar a todo aquel que se atreva a criticar a este gobierno; y por otra, generar opinión pública para conseguir mayor nivel de popularidad y aceptación para el Presidente. Y es que Peña Nieto y la funcionaria Lagunes están dispuestos a comprar literalmente la aceptación de los ciudadanos, aunque sea mentira. Pagan el «me gusta» en Facebook o el número de seguidores en Twitter con cuentas falsas, e incluso los memes o los famosos *hashtags*.

En el caso de Peña Nieto, tiene todo un departamento dedicado al diseño de manipulación de opinión pública en temas concretos y sensibles para sus intereses. Su labor es alabar al Presidente, con el objetivo de hacer lavados de cerebro a los ciudadanos, y su misión concreta es atacar a los líderes de opinión contrarios y en especial a los líderes políticos de la oposición. La señora Lagunes busca contrarrestar en las redes las tendencias de protesta contra Peña Nieto mediante mensajes a favor del mandatario. En un gobierno como el de Enrique Peña Nieto, cuya popularidad ha caído en picada y su nivel de aceptación está por los suelos —encuestas recientes lo colocan en el peor nivel de aceptación de los últimos presidentes mexicanos, con sólo 30 por ciento—, la estrategia digital de Alejandra Lagunes es fundamental, aunque sea sucia.

Hasta mayo de 2014 estuvo activa la página de Facebook de la Primera Dama. Como vimos, Angélica Rivera fue publicando ahí la campaña electoral de Peña Nieto y videos caseros, fotografías familiares y mensajes con sus actividades cotidianas. La Primera Dama era muy activa en su perfil de esta red social. En esa página, donde tenía más de un millón de seguidores, publicaba también mensajes sobre problemáticas sociales, como la violencia contra la mujer o las dificultades de las personas con alguna discapacidad. Su última publicación fue el 10 de mayo: «La vida me regaló a mis tres hijas, y mi esposo me dio la oportunidad de amar y cuidar a tres niños más», añadió junto a un *collage* de fotos familiares. «Hoy quiero dar las gracias, de manera muy especial, a mi madre, a quien le estoy eternamente agradecida por su guía, ejemplo y por todo el amor que nos ha dado siempre a mí y a mis hermanos. A mi esposo, por amarme y hacerme una mujer tan feliz, y a nuestros seis hijos, porque soy la persona más afortunada de tenerlos conmigo. Los amo Pau, Sofi, Ale, Fer, Nicoluz y Regis».

Precisamente en el mes de mayo de 2014 la medición de la agencia de *marketing* digital Business Thinking colocó a Angélica Rivera en tercer lugar de los 50 políticos con mayor número de seguidores. Pero su popularidad iba a la baja. La gente le escribía para reclamarle, exigirle explicaciones por su proceder, incluso para insultarla. Era natural que decidieran suprimir toda su actividad en las redes sociales. La de Twitter @staff_Angelica fue anulada, también su perfil en Instagram y por último su canal en YouTube, al que subió su último video en abril de 2014, en el cual brindaba su apoyo a mujeres con síndrome de Turner, el mismo que padece su hermana Carolina.

La eliminación en redes sociales de la vida de la Primera Dama obedece a razones de *marketing* digital y político. Aunque otras ex primeras damas, como Marta Sahagún o Margarita Zavala, siguen teniendo sus *links*. Angélica Rivera había sido un activo importante en el trabajo del presidente Enrique Peña Nieto, pero dejó de serlo y se convirtió en un problema.

El Presidente pide perdón

Los actos de Angélica Rivera pesaron tanto en el gobierno de Enrique Peña Nieto, que este decidió pedir perdón durante la ceremonia de presentación del Sistema Nacional Anticorrupción, que se compone de siete leyes para combatir el gran cáncer del sistema político mexicano:

> Hoy inicia la puesta en marcha del Sistema Nacional Anticorrupción.
>
> Estoy convencido de que en unos años recordaremos este día como el inicio de una nueva etapa para la democracia y el Estado de Derecho en México.
>
> Hoy, los mexicanos, como aquí lo han referido quienes ya me antecedieron en el uso de la palabra, nos sentimos lastimados y dolidos

por la corrupción. Todos los días, en buena medida gracias a las nuevas tecnologías de la información y a la libertad de expresión, la sociedad se entera de actos de corrupción de servidores públicos y de particulares.

Frente a ello, la ciudadanía tomó la iniciativa de combatir con decisión este cáncer social. Y a esta exigencia, el Estado mexicano ha dado respuesta con la creación de dos nuevos pilares institucionales: el Sistema Nacional de Transparencia y, a partir de hoy, el Sistema Nacional Anticorrupción.

El sistema anticorrupción es fruto de la activa participación de la sociedad civil organizada, de académicos y de expertos, en favor de la honestidad, la integridad y la rendición de cuentas.

La corrupción es un reto de la mayor magnitud, que requiere acciones de la sociedad y de las instituciones, y estoy convencido de que tiene solución.

Si queremos recuperar la confianza ciudadana, todos tenemos que ser autocríticos; tenemos que vernos en el espejo, empezando por el propio Presidente de la República. En noviembre de 2014, la información difundida sobre la llamada Casa Blanca causó gran indignación. Este asunto me reafirmó que los servidores públicos, además de ser responsables de actuar conforme a derecho y con total integridad, también somos responsables de la percepción que generamos con lo que hacemos, y en esto, reconozco, que cometí un error.

No obstante que me conduje conforme a la ley, este error afectó a mi familia, lastimó la investidura presidencial y dañó la confianza en el Gobierno.

En carne propia sentí la irritación de los mexicanos. La entiendo perfectamente, por eso, con toda humildad, les pido perdón.

Les reitero mi sincera y profunda disculpa por el agravio y la indignación que les causé.

Cada día, a partir de ello, estoy más convencido y decidido a combatir la corrupción.

De ahí la importancia del sistema nacional con el que estoy comprometido y el que habré de impulsar con toda determinación.

Estoy seguro de que en México habrá un antes y un después de este sistema.

Con el nuevo Sistema Nacional Anticorrupción trabajaremos para erradicar los abusos de quienes no cumplen con la ley, de quienes dañan la reputación de millones de servidores públicos que se desempeñan de forma íntegra y honesta.

Como Presidente reitero mi reconocimiento al Congreso de la Unión, a las y los legisladores Federales por la aprobación de las leyes del Sistema Nacional Anticorrupción. Quiero resaltar la activa y positiva contribución de la sociedad civil. Sus valiosas aportaciones y liderazgo fueron esenciales para concretar esta gran transformación institucional.

Este es un logro de México.

La democracia fue la vía para construir consensos y eso es lo que hoy celebramos: una reforma histórica, que se alcanza con la participación de todos.

El sistema que estamos construyendo es único. Nació de los ciudadanos, será presidido por los ciudadanos y servirá a los ciudadanos.

Crea instituciones fuertes y autónomas para prevenir y castigar la corrupción.

Con él, se eliminarán los trámites innecesarios y hará que las contrataciones y obras públicas se realicen con total transparencia.

El servicio público será más íntegro y habrá una real y efectiva rendición de cuentas.

Para lograrlo, se cuenta con una Fiscalía Anticorrupción y salas especializadas en el Tribunal Federal de Justicia Administrativa.

De igual forma, se fortalece a la Auditoria Superior de la Federación y a la Secretaría de la Función Pública, cuyo titular ahora deberá ser ratificado por el Senado de la República.

En los términos de la Constitución, durante el próximo Periodo Ordinario de Sesiones del Congreso de la Unión, enviaré a ratificación el nombramiento del titular de la Secretaría de la Función Pública.

En suma, el nuevo sistema representa un cambio de paradigma, que dota al país de nuevos instrumentos para fortalecer la integridad en el servicio público y erradicar la corrupción. Ahora tenemos que demostrar su efectividad.

Hasta no ver resultados contundentes, la ciudadanía verá en nuestros discursos solamente eso, discursos.

Señoras y señores:

El Sistema Nacional Anticorrupción es una importante transformación para nuestro país. Así como en su momento la creación del Instituto Federal Electoral fue un paso decisivo para nuestra democracia; estoy convencido de que este sistema será un paso hacia nueva era en el servicio público.

A partir del éxito del Sistema Nacional Anticorrupción, podremos reconstruir la confianza ciudadana en sus instituciones y en sus autoridades.

El cálculo político está implícito en el *mea culpa* de Peña Nieto. El perdón llega tarde y mal. El Presidente dejó pasar dos años desde el escándalo de la casa de Sierra Gorda. Su sinceridad es cuestionable. Se acerca 2018 y por consiguiente el posible castigo de los electores a su desastrosa administración y al fracaso de sus reformas.

El PRI y la corrupción han ido de la mano. Los gobernadores más corruptos, ladrones, que se han llevado miles de millones de pesos, son del PRI, aunque también hay de otros partidos igualmente saqueadores. Pero el PRI siempre ha tenido su seña de identidad en la corrupción. Sus dos pilares son corrupción e impunidad. El conflicto de interés, el enriquecimiento ilícito, el robo de caudales, el saqueo del erario forman parte de su forma de hacer gobierno. Llegan al poder, se enriquecen, aseguran tres o cuatro generaciones y se van.

Ser priista es sinónimo de poder robar todo lo que se pueda sin ser castigado. ¿Cuántos gobernadores priistas acusados de corrupción están en la cárcel? ¿Cuántos funcionarios de su administración han sido procesados por robar a manos llenas? Ya lo dijo Carlos Hank González, priista por antonomasia: «Un político pobre es un pobre político». El político que sale se va con la tranquilidad de saber que nunca será enjuiciado por robar. Sabe que quien llega tapará sus corruptelas.

La corrupción de la clase política mexicana es institucional y ahora ha escalado a un nuevo nivel de cinismo. Los llamados «paquetes de impunidad» que blindan a gobernadores contra procesos judiciales por robar caudales públicos deberían ser inaceptables en una democracia. Los gobernadores corruptos —casi todos— se han empezado a blindar vía paquetes transexenales para evadir la acción de la justicia, un método que les garantiza no solamente impunidad, sino la felicidad para disfrutar de lo robado a manos llenas.

Ante la atenta mirada de los tres poderes, el surrealismo en México rebasa cualquier desfachatez y despotismo. La clase política corrupta no tiene límites ni nadie que se los ponga. La inmunidad de los gobernadores debe ser combatida desde el Estado de derecho, pero parece que tampoco ese Estado funciona. Lo que está claro es que todos están en el ajo y se protegen a sí mismos con base en leyes. Es el caso del gobernador quintanarroense Roberto Borge, quien ya se blindó ante cualquier eventualidad llamada justicia. El Congreso de Quintana Roo aprobó el «paquete de impunidad», que consiste en nombrar a un auditor y a un fiscal que sustituya al actual Procurador de Justicia, así como a tres magistrados del Tribunal Superior, para protegerlo al dejar el cargo, pues se le acusa del robo de millones de pesos.

No es sólo la casa de Sierra Gorda. Son los gobernadores, es la estructura de gobierno que impera en nuestro país. Borge no es el único gobernador corrupto que se ha intentado blindarse; le sigue el gobernador de Veracruz, Javier Duarte, acusado igualmente de robarse miles de millones de pesos. Se ha buscado dos alfiles que le perpetuarán la impunidad por los siglos de los siglos, un fiscal anticorrupción y un contralor dóciles, incondicionales y cómplices, nombrados a dedo y aprobados por su Congreso, donde no importa el partido de los diputados, todos se protegen por igual. Por si fuera poco, Duarte ha tratado de blindarse dejando a su fiscal general, Luis Ángel Bravo, durante nueve años más a fin de evitar que lo procesen, y en anticorrupción deja al abogado Jorge Reyes Peralta, sin currículum para el cargo, pero con mucha complicidad a la hora de defender a Duarte y su antecesor contra los adversarios políticos. Aquí no importa la decencia de los personajes para ocupar cargos que aseguren el blindaje. Por ejemplo, Reyes Peralta ha sido mencionado en un expediente judicial por sus supuestos vínculos con los Zetas, señalado como encargado de negociar los rescates de los secuestros ejecutados por ese grupo delictivo, que opera a sus anchas en Veracruz desde tiempos del ex gobernador Fidel Herrera y después con Duarte.

A los priistas no les basta mandar a embajadas y consulados a sus ex gobernadores corruptos, como el caso de Fidel Herrera, cónsul mexicano *non grato* en Barcelona. Ahora la moda son los blindajes. Algo similar sucede con César Duarte Jáquez, gobernador de Chihuahua, a quien el gobernador electo, el panista Javier Corral Jurado, acusó formalmente de «enriquecimiento ilícito» y anunció que pretende someterlo a juicio e iniciar la recuperación de los bienes que adquirió con dinero público. Existen otros ex gobernadores procesados ahora, como Guillermo Padrés, investigado por un sobregiro de 10 mil millones de pesos; su sucesora, Claudia Pavlovich, heredó cuentas por pagar por un monto ligeramente superior a los 6 mil 200 millones de pesos. En igual situación se encuentra el corrupto ex gobernador de Nuevo León Rodrigo Medina, ahora procesado por corrupción, acusado de robarse miles de millones de pesos. La situación está desbordada. Gobernadores millonarios y pueblo empobrecido. Y es que los 12 gobernadores salientes dejan en la ruina a sus estados con una deuda de 177 mil 789 millones de pesos, un incremento de 161 por ciento con respecto de 2010, cuando empezaron sus administraciones.

El sistema consiste en robar a manos llenas mediante la solicitud de préstamos. ¿Y cuáles son los estados más endeudados? Obviamente aquellos donde sus gobernadores robaron más, como Veracruz, Chihuahua, y Quintana Roo. Entre los tres suman una deuda de 111 mil 084 millones de pesos, es decir, el equivalente a 60 por ciento de todas las entidades con gobernadores salientes. ¿Cómo van a pagar semejantes deudas los nuevos gobernadores si el nivel de endeudamiento de los estados crece cuatro veces más que los ingresos que obtienen? Les tocará a los ciudadanos pagar el despojo de los gobernadores corruptos. En Quintana Roo, donde Borge intentó blindarse, los ciudadanos tendrían que pagar 14 mil 946 pesos cada uno. Los habitantes de Chihuahua tendrían que desembolsar 12 mil 023 pesos, y cada veracruzano debería pagar 5 mil 655 pesos para pagar las multimillonarias deudas que dejan sus gobernadores salientes. ¿Y la ley de disciplina financiera? Bien gracias. A nadie le conviene.

Finalmente la clase política es la misma. Allí tenemos el ejemplo del rechazo unánime de los diputados y senadores a la ley «tres de tres». No importa el color del partido, lo que importa es robar y protegerse los unos y los otros. ¿Cuántos gobernadores han pisado la cárcel? Pocos, y generalmente han estado escaso tiempo tras las rejas porque eventualmente las redes de corrupción e impunidad de la clase política los vuelven a proteger. El último caso es el del ex gobernador Humberto Moreira, quien no necesita blindarse porque allí tiene las redes de complicidad de sus hermanos. El ex gobernador de Aguascalientes, Luis Armando Reynoso Femat, quien sólo estuvo unas horas en la cárcel y salió libre luego de pagar la fianza de un millón 993 mil 380 pesos y una multa equivalente a 4 mil 208 pesos. El ex gobernador de Tabasco, Andrés Granier Melo, a quien se le dictó formal prisión por el delito de defraudación fiscal y operaciones con recursos de procedencia ilícita o «lavado» de dinero. El ex gobernador interino de Michoacán, Jesús Reyna García, encarcelado por involucramiento con integrantes del crimen organizado y delitos contra la salud. El ex gobernador de Chiapas, Pablo Salazar Mendiguchía, quien estuvo preso solamente año y medio. El perredista, ex gobernador de Baja California Sur, Narciso Agúndez Montaño, quien fue encarcelado sólo seis meses acusado de peculado. ¿Por qué ex gobernadores y gobernadores entrantes mantienen ese pacto de complicidad y protección? Porque es una cadena que se extiende. El que llega no toca al corrupto que se va, porque finalmente terminará siendo igual o más corrupto que su antecesor.

Efectivamente, como dijo Peña Nieto, la corrupción es un «cáncer social», pero le faltó decir que es un cáncer engendrado por PRI. ¿El acto de contrición del mandatario servirá realmente para frenar la corrupción o se trata de una nueva simulación? Después de casi dos años, el pleno del Senado de la República aprobó en junio de 2016 por mayoría esta Ley General del Sistema Nacional Anticorrupción (SNA). La aprobaron 18 días después de haberse vencido el plazo para su aprobación. Se trató del primer producto legislativo de las siete leyes secundarias anticorrupción. Después de dos años del acuerdo de creación el pleno del Senado aprobó en lo general y en lo particular la reforma a la Ley Orgánica de PGR para la creación de la Fiscalía Especializada en Combate a la Corrupción, cuyo titular será nombrado por el presidente Peña Nieto y deberá ser ratificado por el Senado de la República. «La Fiscalía Especializada en materia de delitos relacionados con hechos de corrupción es el órgano con autonomía técnica y operativa para investigar y perseguir los hechos que la ley considera como delitos en materia de corrupción», señala el dictamen. Extrañamente, sin que existiera un fiscal para ponerla en marcha, la PGR reveló las 20 funciones y facultades que tendrá la fiscalía:

1. Proponer campañas de difusión y denuncia en contra de actos de corrupción.
2. Solicitar a autoridades internacionales información y evidencias para indagar funcionarios en el extranjero.
3. Establecer mecanismos de supervisión de los acuerdos pactados en materia de combate a la corrupción en México y el extranjero.
4. Emitir solicitudes de información a las autoridades federales, estatales y municipales relacionadas con la investigación de funcionarios por actos de corrupción.
5. Proponer instrumentos de colaboración con los tres niveles de gobierno para el combate a la corrupción.
6. Aprobar el estudio de la valoración jurídica de las determinaciones que tomen los agentes del Ministerio Público (MP) adscritos a la Fiscalía.
7. Supervisar el seguimiento de las averiguaciones previas iniciadas en la Fiscalía.
8. Solicitar a las instituciones financieras (bancos) datos que pudieran ser útiles para una indagatoria en curso.
9. Coordinar la operación de los agentes el MP especializados en combate a la corrupción.
10. Definir normas y procedimientos para el eficaz funcionamiento de la Fiscalía.
11. Impulsar una planeación estratégica para definir líneas de acción precisas en materia de combate a la corrupción.

12. Nombrar, previa autorización del titular de la PGR, a los encargados de las unidades que conformarán la Fiscalía.

13. Ejercer la facultad de atracción de aquellas averiguaciones previas federales o locales vinculadas con actos de posible corrupción.

14. Definir la incompetencia o el no ejercicio de la acción penal de una averiguación iniciada por posibles actos de corrupción.

15. Emitir leyes o reglamentos paralelos para hacer eficiente el funcionamiento de la fiscalía especializada.

16. Solicitar medidas precautorias a un juez (como arraigos) si es necesario para una indagatoria.

17. Mantener una «coordinación constante» con instancias gubernamentales para seguimiento de acuerdos relacionados con combate a la corrupción.

18. Formular conclusiones no acusatorias en un procedimiento penal por corrupción si es el caso.

19. Proponer programas de capacitación y actualización en materia de prevención y lucha contra la corrupción.

20. Promover la colaboración con instituciones públicas o privadas para desarrollar tecnología de intercambio de datos.

Entre las tareas que tendrá la nueva Fiscalía sin fiscal está incluida la solicitud de información a otros países sobre cualquier funcionario mexicano bajo investigación, requerir datos de cualquier servidor o exservidor público involucrado en hechos de corrupción e incluso solicitar a los bancos información sobre sus cuentas.

En la teoría todo parece perfecto, pero en la práctica la nueva fiscalía creada el 12 de marzo de 2014 por el entonces procurador de la República, Jesús Murillo Karam —recordado por su frase histórica «Ya me cansé», respecto a los 43 normalistas desaparecidos de Ayotzinapa—, no tiene fiscal. ¿Qué tipo de independencia tendrá este fiscal si es nombrado por el presidente de la República? La elección del fiscal anticorrupción debe ser ratificada por el Senado por una mayoría de dos terceras partes de los votos. Pero en dos ocasiones lo han pospuesto, mientras los casos de corrupción y conflicto de intereses de funcionarios del gobierno de Peña Nieto se incrementan. ¿El Senado le dirá que no a Peña Nieto cuando elija quién lo supervisará a él, a su esposa y a su gobierno? Un fiscal anticorrupción sin independencia es más simulación.

Preocupados por la constante simulación en torno al combate a la corrupción, un grupo de organizaciones civiles como México Evalúa, la Red de Rendición de Cuentas, Causa Común, entre otras 40 asociaciones sociales e instituciones, presentaron un manifiesto sobre el Sistema Nacional Anticorrupción en el que exigen la aprobación de la Ley General del Sistema Nacional Anticorrupción y de la Ley de Responsabilidades de los Servidores Públicos: «Es importante garantizar la existencia de un verdadero sistema civil de carrera que elimine la captura política de los puestos públicos. Es fundamental contar con un sistema capaz de ejercer con independencia y capacidad técnica las nuevas atribuciones legales que contempla el andamiaje jurídico que integra el Sistema Nacional Anticorrupción. Estos son los supuestos mínimos aceptables para el diseño de la política pública que debe sustentar la hechura de las leyes que le darán vida al Sistema Nacional Anticorrupción. De esos supuestos mínimos debe desprenderse la deliberación técnica y jurídica, abierta y compartida, a la que estamos llamando en este manifiesto».

SISTEMA ANTICORRUPCIÓN EN TELA DE JUICIO

Para Ernesto Villanueva Villanueva, investigador del Instituto de Investigaciones Jurídicas de la UNAM, el Sistema Nacional Anticorrupción (SNA) carece de un mínimo de credibilidad.

—Es una paradoja que una de las propuestas de combate a la corrupción sea impulsada por el primer corrupto del país (Enrique Peña Nieto). El SNA lo primero que debería haber hecho es inhabilitar y solicitar la renuncia del propio presidente de la República. En México no hay honor, no hay ética pública, no hay nada en este gobierno errático, que va a pasar sin duda a la historia como un gobierno de una gran corrupción —dice en entrevista.

Recuerda que en un principio proyectaban crear el Comité Nacional de Ética Pública, que iba a ser presidido por el presidente de la República, pero decidieron eliminarlo después de los escándalos de corrupción.

—En la lucha anticorrupción hay un doble problema de diseño institucional, donde el vigilado nombra al vigilante. Evidentemente esto hace que desaparezca la imparcialidad y la independencia que debería tener. Estas leyes son sólo medidas efectistas y de ilusiones ópticas. No habrá ninguna reforma de fondo, porque nadie va contra su propio interés. Si son los vigilados los que nombran a los vigilantes, se trata de una voluntad compartida del Ejecutivo con el Legislativo, que no son gente buena ni decente, entonces evidentemente no vamos a esperar que haya un cambio.

Explica que en las leyes de transparencia de 2013 no hubo cambios sustantivos, sólo que antes la opinión pública no sabía lo que pasaba y ahora sí lo sabe pero no pasa nada.

—El cinismo se hizo evidente y la impunidad. Eso hace que la sociedad esté cada vez más agraviada. El sistema anticorrupción es un esquema que no es de pesos y contrapesos, porque todos los designados finalmente saldrán de común acuerdo entre los vigilados: el Ejecutivo y el poder Legislativo. Es invertir una gran cantidad de recursos del erario que deberían destinarse a cuestiones verdaderamente apremiantes y urgentes y no hacer todo un elefante blanco enorme. En México se ha creado una casta, una burocracia supuestamente encargada de transparentar, promover una mayor ética política y pública, y vemos que eso no ha pasado. Cada día que sucede, en los propios sondeos o encuestas que realizan los organismos internacionales, de 2013 a la fecha, vamos en caída. En Estado de derecho estamos en el número 129 de 162; en materia de corrupción estamos en el número 89 de acuerdo con Transparencia Internacional. [...] Lo único que vemos es que cada vez cuesta más, sin duda es mucho más oneroso y todo para generar la impresión de que hay un combate real contra la corrupción.

Especialista en acceso a la información, Ernesto Villanueva se muestra indignado por la opacidad que cubre la riqueza de la Primera Dama.

—Angélica Rivera debe ser que se sacó la lotería. En la operación de su departamento de Miami tenía un préstamo a 20 años antes de casarse con Peña Nieto, pero luego de casada lo pagó completamente. Esos son recursos que, si bien no son del erario, son recursos a través del conflicto de interés. A través de actos de corrupción ha hecho una fortuna, todavía no sabemos de cuánto, pero sin duda será importante. Y lo será por muchos años más. Una vez concluido el sexenio tiene una pensión y una serie elementos personales, materiales y económicos que le van a permitir mantener, con cargo a todos los mexicanos, un nivel de vida de los más costosos en el mundo. Hay un ejercicio de uso de recursos públicos para fines personales y donde la mentira es la constante en todo. Al mexicano le queda más claro el conflicto de interés con los departamentos en Miami que la señora usa.

—Uno de los departamentos en Miami está a su nombre, pero ¿puede haber uso de prestanombres en las propiedades de Angélica Rivera?

—Por supuesto, es muy probable que eso suceda. Se puede hacer jurídicamente y seguramente Angélica Rivera y Peña Nieto lo tienen muy bien aceitado en el Estado de México, donde puede haber una persona, un tercero hombre o mujer, que aparece como dueño de las propiedades, pero hacen un contrato privado notariado para asegurar que no se vaya a quedar con las cosas, ese contrato no se manda al Registro Público de la Propiedad, se queda en el Archivo de la Notaría y, una vez concluida su administración, simplemente invocan esos convenios para hacerse de manera clara de los bienes que políticamente no era conveniente tenerlos antes.

Intrigado por el derroche y la vida de lujo de Angélica Rivera, en junio de 2013 Villanueva solicitó, a través de la Ley Federal de Transparencia y Acceso a la Información Pública Gubernamental, los gastos de la Primera Dama con cargo al erario. Y entrega una copia del documento que demuestra lo anterior.

«Informe el nombre, puesto, sueldo, prestaciones, y describa la actividad laboral que realiza el personal de la Presidencia que apoya, labora y/o trabaja con la señora Angélica Rivera de Peña». La respuesta del entonces sistema Infomex, con el folio 0210000066413 del 3 de junio de 2013, dice: «Esta Dirección General de Recursos Humanos no cuenta con la información de las actividades laborales desarrolladas por los servidores públicos mencionados, en virtud de que las mismas son asignadas en base a las propias necesidades y requerimientos de la Dirección General Adjunta en comento».

Villanueva dice que desde entonces todas las solicitudes de información son negadas.

—En los primeros meses del gobierno quisieron emular a la oficina de la Primera Dama de Estados Unidos, Michelle Obama, pero el segundo año, casualmente desapareció al menos en lo escrito. En las primeras respuestas de transparencia que me dieron, me niegan la información, pero esa oficina de Angélica Rivera tenía 15 o 20 personas con cargo al erario: asistentes, asesores, elementos de seguridad, logística… y luego la desaparecen en la información pública, de cara a la opinión pública, algo que evidentemente es una violación a la ley. Pero eso no les importa. Es verdaderamente lamentable, al menos quedó huella en el antiguo Infomex, donde se registran las solicitudes y respuestas de acceso a la información pública. Eso no lo borraron. Dicen que ella no es servidora pública y por tanto no tendría por qué hacer transparente nada, pero eso fue una coartada para que no se investigue. Por supuesto que es servidora pública. Lo establece el artículo tercero, inciso *a)* de la Convención Contra la Corrupción de la ONU, que claramente establece que ella es servidora pública. El derroche en viajes y vestimenta genera una «gran inquina» en la gente. Hay una gran molestia en la gente de a pie. ¿Cómo puede ser la insensibilidad de Angélica Rivera gastando en vestimenta en un país con tantas carencias?

Explica que la decisión de Presidencia de desaparecer todas sus cuentas en redes sociales y negar información sobre sus gastos, pagados por todos los mexicanos, tiene que ver con el deseo de ocultar «cosas».

—Eso significa evidentemente que hay cosas. Lo que buscan es invisibilizarla para que deje de ser objeto de escrutinio por parte de los medios de comunicación. Intentan generar disuasivos psicológicos para todo aquel que quiera escudriñar su vida. Quieren proteger ese flanco que ha demostrado ser la debilidad del presidente.

Dice que el trabajo de Virgilio Andrade, desde la Secretaría de la Función Pública, fue una maniobra de «tapadera»:

—En el contenido de la exculpación presidencial y de la Primera Dama se cometen varios errores: el primero, no se revisó exhaustivamente la Ley Federal de Responsabilidades Administrativas de los Servidores Públicos en cuanto al conflicto de intereses que tiene dos hipótesis: la del conflicto de interés real y el conflicto de interés potencial aparente. Ellos simplemente se fueron al conflicto de interés real, pero el conflicto de interés potencial y aparente no se atendió correctamente. Segundo, se partió de una falsa premisa donde se dice que la señora Angélica Rivera no es servidora pública porque no tiene un cargo donde tenga ingresos por parte del erario y se ampara en la definición de servidor público en la Ley Federal de Responsabilidades Administrativas de los Servidores Públicos, y efectivamente allí no dice nada. Sin embargo, debieron haber hecho un análisis sistemático porque ya desde el último día de diciembre de 2011 se reformó la Constitución: el primer artículo, último párrafo, donde se le da valor de rango constitucional a los convenios, convenciones y tratados internacionales. Si uno analiza la Convención contra la Corrupción de la ONU, que además se firmó en Mérida, aquí en México, a propuesta de la Secretaría de la Función Pública, cuyo titular era Eduardo Romero Ramos, se define que servidor público es aquella persona que lleva a cabo una labor de interés público, independientemente de que sea honoraria o no. Esto es un retrato hablado de la figura de la primera dama en México, pero se apresuraron a dejar del lado eso, aprovechando el desconocimiento de la sociedad. No había independencia, Virgilio Andrade es parte del mismo grupo político del PRI que Videgaray y Peña Nieto. El propio nombramiento generó un conflicto de intereses. No podían resolver un problema de conflicto de interés cometiendo un conflicto de interés para resolverlo. Eso es producto del propio diseño institucional. Antes de que eso pasara, la Secretaría de la Función Pública iba a desaparecer, incluso tenían un encargado de despacho porque ya no tenían ni presupuesto asignado. Sin embargo, revivieron esa figura. Todo el esquema era de esperarse. Fue totalmente una operación tapadera, con el propósito de exculpar, de darle una salida jurídica a un problema que había allí. Esa era la misión de Virgilio y, una vez concluida, sale y pasa a formar parte de otra etapa en su vida política.

Villanueva es autor de *Los parásitos del poder,* que trata de los privilegios de los ex presidentes mexicanos y deja claro que el conflicto de interés es una de «las caras de la corrupción».

—Peña Nieto terminará con su pensión vitalicia. Es la más alta en números absolutos y en número de salarios mínimos, lo que refleja una gran inequidad y una gran asimetría. Más de 2 mil 500 salarios mínimos mensuales, contra 40 salarios mínimos del presidente de los Estados Unidos, cuya pensión es sólo por diez años. Aquí es vitalicia y, si muere el ex presidente, su cónyuge, Angélica Rivera, se queda con 85 por ciento hasta que muera.

DEVOLVER PARA TAPAR

Peña Nieto utilizó el *mea culpa,* sincero o de cálculo político, como cada quien lo interprete, para informar a los mexicanos del estatus de esa propiedad, de la casa de su esposa ubicada en Sierra Gorda, en Lomas de Chapultepec. La Presidencia de la República publicó el convenio de terminación de contrato de compraventa con reserva de dominio que habían firmado el 12 de enero de 2012 Ingeniería Inmobiliaria del Centro, S.A. de C.V. y la señora Angélica Rivera Hurtado; dicho convenio de terminación de contrato fue firmado el 11 de diciembre de 2014, aunque dado a conocer el 18 de julio de 2016.

«Con motivo del convenio de terminación, la señora Rivera Hurtado regresó la posesión del inmueble a Ingeniería Inmobiliaria del Centro, S.A. de C.V. Debe recordarse que la propiedad nunca se transmitió, por tratarse de un contrato de compraventa con reserva de dominio», explicó la Presidencia. «Por la terminación anticipada del contrato de compraventa, las partes pactaron que la señora Angélica Rivera Hurtado pagara el equivalente a una renta por el tiempo en que tuvo posesión del inmueble. Por su parte, la inmobiliaria reintegró a la señora Rivera los pagos que había realizado entre el 12 de enero de 2012 y el 11 de diciembre de 2014 más los intereses respectivos. De esta manera, desde esa fecha la señora Rivera no tiene relación alguna con el inmueble, es decir, ni la posesión de la propiedad». El *Diario de Juárez* publicó las claves:

- La SFP investigó la compra de un inmueble por parte de la esposa del presidente, Angélica Rivera, pactada en 2012 con una de las empresas, pero determinó que no hubo una participación indebida de funcionarios y aclaró que ella no es funcionaria pública.
- La primera dama pagó con cheques de su cuenta personal y al término del contrato de posesión pagó 10.5 millones de pesos de renta por el tiempo que usó la casa.
- La SFP informó que investigó 33 contratos federales con empresas propiedad del empresario Juan Armando Hinojosa, en el marco de la investigación de conflicto de interés entre funcionarios y el Grupo Higa.
- Se investigaron 111 funcionarios «directamente involucrados» de las 15 dependencias, quienes declararon no haber recibido presión o «injerencia alguna de otra autoridad superior».
- El [entonces] secretario de Hacienda, Luis Videgaray, también fue exonerado por la adquisición de una vivienda en octubre de 2012 en virtud de que no era funcionario en ese momento.
- En todos los casos se demostró que los tres investigados pagaron los inmuebles en los términos firmados en los contratos de compraventa a través de documentos públicos y cheques certificados emitidos por los compradores.
- Andrade detalló que los dos grupos empresariales que vendieron los inmuebles tienen 33 contratos firmados con 15 dependencias del Gobierno Federal, de los cuales 13 son de adquisiciones de bienes y servicios y los 20 restantes de obra pública.
- La investigación, integrada por casi una veintena de expedientes de 60 mil hojas, «está concluida» y será «abierta al escrutinio».

- Los contratos representan 0.017 por ciento del monto total de los otorgados por el Gobierno Federal desde diciembre de 2012 al 31 de marzo de 2015.
- El 3 de febrero 2015 el presidente nombró a Virgilio Andrade secretario de la Función Pública y le pidió la apertura de esta investigación.

La impunidad que cubre los conflictos de interés de la pareja presidencial tiene que ver con la estadística. En México sólo 2 por ciento de los delitos cometidos por servidores públicos llegan a proceso jurídico. En el libro *México: anatomía de la corrupción,* de María Amparo Casar, publicado por el Centro de Investigación y Docencia Económicas (CIDE) y el Instituto Mexicano para la Competitividad (IMCO), la autora señala que México ha caído 31 lugares en el índice de percepción de la corrupción de Transparencia Internacional, lo cual coloca a nuestro país en el lugar 103 de 175. Según este estudio, los costos por corrupción ascienden a 65 mil millones de dólares anuales. En total, 44 por ciento de las empresas reconocen haber caído en actos de corrupción. El informe señala que del año 2000 a 2013 se acusó a 41 gobernadores, se investigó a 16 y sólo se detuvo a cuatro, de los cuales, dos ya están en libertad.

Agrega el informe: «Finalmente, sólo 2 por ciento de los delitos de corrupción son castigados, siempre los cometidos por mandos inferiores. Además, de las 444 denuncias presentadas por la Auditoría Superior de la Federación desde 1998 hasta 2012, sólo siete fueron consignadas, es decir, 1.5 por ciento».

De los encuestados, 91 por ciento perciben como instituciones más corruptas a los partidos políticos, 90 por ciento a la policía, 87 por ciento a funcionarios públicos, 83 por ciento al Poder Legislativo y 80 por ciento al Poder Judicial.

De acuerdo con el Barómetro Global de la Corrupción 2013 de Transparencia Internacional, el 88 por ciento de los mexicanos pensamos que la corrupción es un problema frecuente o muy frecuente, y la mitad de la población considera que la corrupción ha aumentado mucho en los últimos dos años.

Muestra de la importancia de la corrupción en la agenda nacional es la creciente atención que sirve por parte de los medios: entre 1996 y 2014 el número de notas sobre corrupción en la prensa tuvo un crecimiento de más de 5 mil por ciento. Pasó de 502 a 29 mil 505 notas en 18 años.

La investigación de María Amparo Casar es una «fotografía» de cómo se ven los mexicanos y cómo perciben y califican el mundo en materia de corrupción:

> La corrupción es un lastre por los enormes costos económicos, políticos y sociales que ocasiona en los países que la padecen con mayor agudeza. Identificar y cuantificar dichos costos es indispensable para conocer la dimensión del problema y diseñar políticas públicas adecuadas para su prevención y erradicación. [...]
> Sobra aclarar por qué es importante estudiar el fenómeno de la corrupción pero entre las razones figura el pernicioso efecto sobre el ánimo nacional, sobre la legitimidad y credibilidad del Estado y sus representantes, sobre la supervivencia de la democracia, sobre el desempeño de la economía nacional y sobre el bienestar de las familias.
> Como a cualquier enfermedad, para poder erradicar la corrupción hace falta conocerla: localizarla, medir su extensión, identificar sus causas, encontrar las áreas de oportunidad que permiten su reproducción, examinar sus mecanismos de operación, exhibir sus efectos, mirar experiencias exitosas. Sólo así se podrá construir una coalición ganadora para combatirla, solo así se podrá traducir la indignación en una estrategia exitosa para combatirla.

Pero los mexicanos hemos visto que los servidores públicos y políticos que incurren en corrupción tienen poco que perder y mucho que ganar. Y para muestra basta un botón: Luis Videgaray, ex secretario de Hacienda, cuestionado por su casa de Malinalco construida por Grupo Higa. ¿Las casas caen del cielo? La pregunta es pertinente, porque todo parece indicar que Enrique Peña Nieto y Luis Videgaray pretenden hacernos creer que sus casas les llegaron por arte de magia. Sus coartadas han resultado todo un fiasco. El último subterfugio de Videgaray fue declarar que su casa la compró con obras de arte. La versión es inverosímil y se cae por sí sola. Pero démosle el beneficio de la duda. ¿Cuántos *Picassos* se necesitan para pagar una casa? El Señor Videgaray dice que pagó su casa con tres obras de arte, pero no informa de qué pintores. Tampoco nos dice cuánto le costaron cada uno de los cuadros, simplemente argumenta que él pagó su casa con tres obras de arte que le «regalaron». Muy conveniente y sospechoso.

Videgaray está obligado a transparentar la operación opaca de la compra de su casa de Malinalco, que le costó casi 7.5 millones de pesos. La explicación «Me regalaron tres obras de arte» no es seria, ni profesional, ni aceptable. La primera mentira de Videgaray ha salido a la luz pública. La agencia de noticias *Bloomberg* reveló que, según documentos en su poder, Videgaray completó la compra de su casa después de asumir el cargo de secretario de Hacienda. No fue eso lo que nos dijo en marzo pasado, cuando estalló el escándalo de la «Casa Blanca» de Peña Nieto y la suya de Malinalco, ambas construidas por el Grupo Higa, constructora beneficiaria del gobierno con jugosos contratos públicos. Su declaración fue: «No hubo conflicto de interés, cuando se hizo el trato yo no era funcionario público». Mentira. Sí era funcionario público y el cheque de 500 mil dólares que entregó —aparte de las tres obras de arte— fue fechado el 31 de enero de 2014, pero extrañamente cobrado casi un año después, unos días antes de que fuera publicado un informe sobre los supuestos negocios turbios del entonces secretario de Hacienda con el ahora multimillonario empresario Juan Armando Hinojosa, dueño de Grupo Higa.

Preocupado, Videgaray convocó a conferencia de prensa para decir que la operación se había efectuado «conforme a la ley» y que los documentos del caso «están abiertos para el escrutinio público». La pregunta inmediata es: ¿por qué no hace públicos esos documentos? Al contrario, cuando un periodista le preguntó que con cuáles obras de arte había pagado su casa, Videgaray dijo que no iba a contestar preguntas. ¿En qué quedamos? ¿Es transparente o no es transparente la sospechosa compra de su casa? Videgaray asegura que esas tres obras de arte estaban valuadas en 2.45 millones de pesos. Pero no nos dice quién se las valuó, y lo más grave, no nos informa quién se las regaló.

Videgaray no es el único que ha mentido diciendo que compró su casa antes de que se le designara secretario de Estado; también lo hizo el secretario de la Función Pública que supuestamente lo investigó y lo exoneró, el señor Virgilio Andrade, quien sostuvo que Videgaray compró su casa antes de convertirse en funcionario federal y por tanto no estuvo involucrado en el otorgamiento de los jugosos contratos que obtuvo la constructora de su casa, el Grupo Higa. Pues bien, ahora sabemos que eso es falso. Las evidencias colocan en un lugar sumamente vergonzoso al ex secretario de Hacienda. Lo exhiben como parte de la trama de corrupción que favorece a ese pequeño grupo de amigos y socios comerciales en el que está incluido el famoso Grupo Higa.

A la pregunta ¿las casas caen del cielo?, la respuesta es simple: en México, son regaladas a los funcionarios del gobierno a cambio de jugosos contratos públicos. El Grupo Higa ha obtenido cerca de 2 mil millones de dólares en 80 contratos con el gobierno de Peña Nieto. ¿Alguien tiene alguna duda del conflicto de intereses entre Enrique Peña Nieto, Luis Videgaray y el Grupo Higa?

La enorme fortuna del empresario Juan Armando Hijonosa Cantú empezó con el Grupo Atlacomulco en 1980 y los contratos obtenidos en el Estado de México, primero con Arturo Montiel y luego con Peña Nieto. Existe una larga tradición de corrupción de la clase política mexicana. Solamente hay que recordar cómo se convirtió Carlos Slim en el hombre más rico del mundo. La historia de su imperio está vinculada al ex presidente Carlos Salinas de Gortari y su generosa venta de Telmex al ahora multimillonario mexicano, cuyos orígenes ya casi nadie recuerda. Luis Videgaray cargará con la sombra de la corrupción. Su casa de Malinalco ya fue señalada. ¿La va a devolver, como hizo la Primera Dama con la suya? La impunidad está garantizada e institucionalizada para los corruptos. El escarnio social, también.

30 DE NOVIEMBRE DE 2018

Angélica Rivera representaba la imagen del éxito, ahora no. Los años en el poder la han cambiado. La Primera Dama está distanciada de los mexicanos. No tiene agenda política, ni social, mucho menos de Estado. Las huellas que ha dejado a su paso por Los Pinos son imágenes que retratan su costoso guardarropa, sus joyas, sus viajes al extranjero, su lujosa vida, pues. No hay rastro de su compromiso social. Tampoco de su labor altruista, ni de su vida dedicada a los demás. Todos estos años ha pasado del portal de la Presidencia de la República a las portadas de la prensa rosa, que relatan sus viajes al extranjero en compañía de su esposo.

La crónica de las vanidades ha detallado sus «primeros elegantes pasos como Primera Dama» y ha dado grandes titulares como «Angélica Rivera, la dama de oriente», junto al presidente Enrique Peña Nieto «por los exóticos reinos de las mil y una noches» durante su gira por Arabia Saudita, Emiratos Árabes y Qatar: «Angélica Rivera, pudo disfrutar del espectáculo de fuentes danzantes del Bruj Khalifa curiosamente al ritmo del tema de Enrique Iglesias, *Héroe*, y naturalmente visitar el Dubai Mall [el centro comercial más grande del mundo], toda una tentación para los amantes de la moda». Angélica Rivera ha sido colocada y comparada con las reinas Letizia de España y Rania de Jordania. Elevada a nivel monárquico. Atrás quedo el espíritu republicano constituyente mexicano. Aquí lo que importa son sus ropas: «Con chaqueta de color crudo, y velo en color crema, el elegante *outfit* de Angélica Rivera recordó mucho al que, años atrás, lució Rania de Jordania en estas mismas tierras». «Estilosa y muy cuidadosa del protocolo, la Primera Dama acaparó los reflectores con las vestimentas típicas de la región. El típico velo hizo más de una aparición en distintos colores, siempre perfectamente coordinado con su *outfit*. Del brazo de su esposo, la Señora Rivera mostró la versatilidad de su guardarropa cumpliendo con los códigos de vestimenta, manteniendo su característico sentido de la moda».

Efectivamente, la crónica de su guardarropa está debida consignada. También la de sus intereses culturales: «Angélica Rivera visita en Londres al elenco de *Downton Abbey,* acompañada por la Duquesa de Wessex. Para ese compromiso optó por una falda recta a cuadros blanco con negro, con un breve holán. Además, un saco a la cintura en negro, zapatos y accesorios a juego. La cabellera suelta en leves ondas le da un toque de sofisticación y elegancia». Y también las preferencias de su familia: «Hijas de Angélica Rivera visitan locación del 007». Y de sus eventos: «Todo sobre la emotiva graduación de Sofía Castro», quien lució un vestido de diseñador de más de 100 mil pesos. La Primera Dama marca tendencia gracias a su inseparable maquillista, que la acompaña en sus viajes, claro, cobrando alrededor de 200 mil pesos con cargo al erario: «La Primera Dama volvió a dar lecciones de estilo al lucir un elegante *outfit* en la recepción organizada en el Parlamento Británico ante la presencia del Duque y la Duquesa de Gloucester. Angélica Rivera llegó enfundada en una capa con estola de piel para protegerse del frío, pero una vez dentro del recinto dejó al descubierto su largo vestido negro, un favorecedor *off the shoulder* que además ayuda a remarcar la figura. Complementó el atuendo con largos pendientes de brillantes y una hermosa pulsera a juego. En el cabello lució una trenza relajada, maquillaje con acento en los labios y los ojos y una discreta manicura en tono *nude*». Interminable resulta la hemeroteca rosa: «Las imágenes de Angélica Rivera en su viaje a China». Sin olvidarse de las hijas de Peña Nieto: «Paulina Peña Pretelini, la niña de sus ojos. Las escenas más tiernas del Presidente en la graduación de su hija mayor». Y más: «Paulina y Nicole Peña Pretelini, entre el orgullo y el recuerdo emocionado en la graduación de su hermano Alejandro».

La desconexión de Angélica Rivera con la realidad mexicana es evidente, contundente, ofensiva. También la de su familia. De paseo por Las Vegas, Sofía, su hija mayor, es increpada: «¿Sofía qué opinas de lo de tu mamá? ¡No sigan robando el dinero de México! Rateros, digan algo de Ayotzinapa. ¡Que no tengan miedo! Matan a los estudiantes en México». La joven, en la alfombra roja de los Premios Arlequín 2014, celebrados en la Ciudad de México, despreció el tema de la desaparición forzada de los 43 normalistas de Ayotzinapa: «Creo que ahora no es momento de hablar de ese tema. Todo México está en duelo por lo que está pasando, pero creo que ahorita no es momento, ahorita venimos a disfrutar y a recibir mi premio».

El encono, la indignación, el descontento social han ido creciendo a pesar de que las apariciones de la Primera Dama han sido reducidas al mínimo. Allá donde va, la gente ya no guarda silencio. Así ocurrió en el concierto de la cantante Ana Gabriel en el Auditorio Nacional en mayo de 2016. La escena fue grabada y se volvió viral en las redes sociales. Durante el concierto, Ana Gabriel hace una pausa para bromear sonriendo acerca de Los Pinos y la presencia de una «amiga»:

—¿Qué, ustedes no tienen pinos en su casa? Nuestro país tiene unos Pinos bien grandes, pero en esos Pinos, a pesar de todo lo que nuestro país ha vivido, no puedo dejar de agradecer a una amiga que por circunstancias de la vida está allí y que está haciéndome el favor esta noche de acompañarme. Yo se lo agradezco infinitamente, que sabes que te amo, que te admiro, porque tú eres nuestra «Gaviota». Eres un gran actriz, una gran amiga.

No esperaba la respuesta del público, que inmediatamente reaccionó con una rechifla y abucheos.

Resguardada, aparentemente borrada de la agenda política, eliminada de la vida social pública y anulada del trabajo en el DIF, la vida de Angélica Rivera transcurre apaciblemente en aviones y estancias en el extranjero. De ser un activo fuerte para su marido, pasó a convertirse en su mayor «flanco débil». La Primera Dama se transformó en una crisis recurrente para el gobierno de Enrique Peña Nieto, cuyo índice de aprobación baja estrepitosamente y se coloca en mínimos de apenas 29 puntos en julio de 2016, antes de la visita de Donald Trump, aunque después de ese vergonzoso episodio es posible que llegue a cero. En marzo de 2015 Peña Nieto tenía 56 por ciento de aprobación, pero su desplome es imparable debido a sus constantes errores y particularmente a un problema llamado Angélica Rivera.

Al presidente se le ve preocupado, demacrado, ojeroso, enfermo. ¿Peña Nieto está enfermo? En México los presidentes no se enferman ni se divorcian. Pero a Peña Nieto le afectan ambas cosas. Desde 2014 escribí al respecto, luego de que un amigo me dijera que al abrazarlo en la entrega de un premio lo sintió en «los huesos». Y es que la salud de Enrique Peña Nieto es un asunto de Estado y por tanto los mexicanos deben tener suficiente información al respecto. Es derecho de los ciudadanos saber si padece alguna enfermedad. Su deterioro físico es notable. Abundan las fotos en las que aparece con aspecto enfermo, sumamente delgado. A veces ha sido notoria su dificultad para hilar los discursos, algo que lo deja en vergüenza en importantes eventos. Sus constantes errores a la hora de hablar denotan que está medicado, que las dosis que recibe de medicinas no le permiten tener la suficiente lucidez para ejercer sus funciones cotidianas. En tales circunstancias, las preguntas son obligadas: ¿está Enrique Peña Nieto capacitado para desarrollar cabalmente su puesto? ¿Debe informar al país los detalles de sus padecimientos? ¿Cuáles son las consecuencias inmediatas de sus posibles enfermedades?

Los mexicanos necesitamos saber si Peña Nieto padece algún tipo de cáncer. Fue Rafael Loret de Mola quien dijo que el cáncer que padecía era de próstata. En el Hospital Central Militar la presencia del Estado Mayor Presidencial es constante, según testigos que aseguran que a Peña Nieto lo están atendiendo allí y que el tratamiento exige varias visitas por semana. La enfermedad «secreta» de Peña Nieto cada día va dejando de ser secreta. El poder desgasta, pero si además le añadimos una enfermedad, el deterioro es mayor y si su enfermedad es cáncer, como dicen, las quimioterapias son absolutamente fuertes y en algunos casos devastadoras, porque agotan y disminuyen considerablemente las fuerzas del enfermo.

El 31 de julio de 2013 se sometió a una cirugía para retirarle supuestamente un nódulo tiroideo. Eso fue lo que nos contaron. En esa ocasión estuvo retirado de la actividad durante cuatro días. Los médicos que lo atendieron fueron el general de brigada cirujano Fernando Federico Arcaute; el general brigadier cirujano, jefe del equipo quirúrgico, Juan Felipe Sánchez Marle, especialista en otorrinolaringología, cabeza y cuello; y el doctor Rubén Drijansky, quien es el médico de cabecera de Peña Nieto.

Desde que llegan a Los Pinos, la estrategia para sostener el desgaste de los presidentes es medicarlos. Les dan pastillas para retener líquidos a fin de aguantar los largos eventos, pastillas para dormir, pastillas para no dormir, antidepresivos y una larga lista de sustancias químicas para mantenerlos supuestamente al 100 por ciento. Si a eso le añadimos una enfermedad, el deterioro físico y mental es mayor. Lo cierto es que Peña Nieto, enfermo o sano, ha demostrado su incapacidad a la hora de gobernar. Tiene sumido a México en una profunda crisis después de una interminable batería de reformas que han resultado todo un fracaso. La capacidad de Peña Nieto ha sido seriamente cuestionada. Y nadie puede ocultar lo que se ve claramente: su preocupante y evidente deterioro físico. ¿Le han afectado los excesos de su esposa Angélica Rivera, sus banalidades y lujos?

La pareja presidencial sigue dando de qué hablar, el escrutinio público, la sociedad, exige transparencia en torno a sus riquezas y las de sus respectivas familias; de lo contrario, la sombra de la corrupción y el enriquecimiento ilícito los perseguirá.

Angélica Rivera y Enrique Peña Nieto se preparan para dejar el poder y disfrutar lo acumulado. La telenovela de su vida ha generado a los mexicanos más disgustos que alegrías. No siempre la popularidad, la fama televisiva y la belleza se traducen en bienestar social. Sacrificaron la ética, el honor, la dignidad. ¿Cómo pasará a la historia la pareja televisiva del PRI? Su contrato, como en cualquier otro espectáculo, tiene una fecha de término: el 30 de noviembre de 2018. Pero sus vidas siempre llevarán el estigma del conflicto de interés, el recuerdo del derroche, el despilfarro y el abuso.

Índice